权威·前沿·原创

皮书系列为
“十二五”“十三五”国家重点图书出版规划项目

BLUE BOOK

智库成果出版与传播平台

未来媒体蓝皮书

BLUE BOOK OF
FUTURE MEDIA

中国未来媒体研究报告（2020）

ANNUAL REPORT ON THE DEVELOPMENT OF
FUTURE MEDIA IN CHINA (2020)

主　编／林小勇
副主编／林朝霞　冷莹莹

社会科学文献出版社
SOCIAL SCIENCES ACADEMIC PRESS (CHINA)

图书在版编目（CIP）数据

中国未来媒体研究报告．2020/林小勇主编．--北京：社会科学文献出版社，2021.2
（未来媒体蓝皮书）
ISBN 978-7-5201-7796-2

Ⅰ．①中… Ⅱ．①林… Ⅲ．①新技术应用-传播媒介-发展-研究报告-中国-2020 Ⅳ．①G219.2

中国版本图书馆 CIP 数据核字（2021）第 016498 号

未来媒体蓝皮书
中国未来媒体研究报告（2020）

主　　编／林小勇
副 主 编／林朝霞　冷莹莹

出 版 人／王利民
责任编辑／周　琼
文稿编辑／张　格

出　　版／社会科学文献出版社·政法传媒分社（010）59367156
　　　　　地址：北京市北三环中路甲 29 号院华龙大厦　邮编：100029
　　　　　网址：www.ssap.com.cn
发　　行／市场营销中心（010）59367081　59367083
印　　装／天津千鹤文化传播有限公司

规　　格／开 本：787mm×1092mm　1/16
　　　　　印 张：18.5　字 数：276 千字
版　　次／2021 年 2 月第 1 版　2021 年 2 月第 1 次印刷
书　　号／ISBN 978-7-5201-7796-2
定　　价／138.00 元

《中国未来媒体研究报告（2020）》
编　委　会

主要编撰者简介

林小勇　厦门理工学院文化产业与旅游学院副院长，教授/高级编辑，硕士生导师，福建省高校人文社科研究基地未来媒体发展研究中心主任。曾先后在央媒、地方传媒和政府部门从事广播电视、新媒体的采编、管理和研究工作，2016年调入厦门理工学院从事教学研究工作至今。主要研究方向为未来媒体、广播电视与网络视听等。曾创办"看厦门"App、厦门广电网（台海宽频）；作品曾获中国新闻奖特别奖、中国广播电视新闻奖一等奖、福建省电视艺术奖一等奖等国家级、省部级奖项30多项。近年来曾主持国家广电总局部级社科研究重大、重点项目及特别委托项目等3项，主持福建省社科规划重大项目2项，出版论著4部，在《中国电视》《中国广播电视学刊》等核心期刊发表学术论文30多篇，多篇被人大复印报刊资料、《新闻与传播》全文转载。论文论著曾获全国广播影视优秀学术论文（学术论著）二等奖、福建省电视艺术奖影视论文奖一等奖等。多篇咨询研究报告被国家广电总局、福建省社科《成果要报》采纳。研究成果曾获国家新闻出版广电总局2016年度网络视听年度优秀案例（优秀研究成果）。

林朝霞　博士，厦门理工学院文化产业与旅游学院副院长、教授，硕士生导师，福建省高校人文社科研究基地未来媒体发展研究中心副主任。主要从事互联网与文化产业研究。在《东南学术》《福建师范大学学报》等核心刊物上发表学术论文30多篇。出版《当文化遇上经济：福建文化产业发展思维与路径》《现代性与中国启蒙主义文学思潮》等专著。多次参与国家社科基金项目，主持福建省社科基地重大课题1项、福建省社科规划项目4

项。多篇咨询研究报告被国家文物局、福建省社科《成果要报》等采纳。研究成果曾获第十届厦门市优秀社科成果三等奖。

冷莹莹　厦门工学院文化与传播学院讲师。曾担任厦门广播电视集团新媒体中心责编，主要从事新媒体研究，曾参与创办“看厦门”App（获国家新闻出版广电总局2015年网络视听优秀案例），多次参与重大主题和重大活动策划报道。在《中国电视》等核心期刊发表学术论文多篇，曾主持和参与多项省部级以上课题。

摘　要

2019～2020年，未来媒体在移动互联网、大数据、人工智能、虚拟现实等技术的推动下，横跨了新一代信息技术产业、高端智能制造业、数字创意产业等领域，甚至延伸至新能源汽车、新材料产业等领域，未来媒体产业既是新媒体产业，又是战略性新兴产业的重要内容和组成部分。

《中国未来媒体研究报告（2020）》由“总报告”“行业篇”“热点篇”“调查篇”“交流篇”五大部分构成。“总报告”展现了在媒体融合发展、信息化发展和战略性新兴产业发展等相关国家战略的指导下，2019～2020年未来媒体与战略性新兴产业发展呈现融合化、智能化、全球化等特征，结合福建省战略性新兴产业和厦门市智能视听产业发展，报告探讨了未来媒体与战略性新兴产业融合发展的路径，并提出对策建议。“行业篇”重点从媒体5G应用发展、智能音频、短视频、移动新闻客户端产品、未来媒体智能终端创新等方面，分析了中国未来媒体的发展现状与特点。“热点篇”围绕5G时代下媒体场境分析、智媒体技术分析和新闻算法伦理等热点问题进行深入研究。“调查篇”通过大量一手调研数据的实证分析，研究福建省县级融媒体中心建设发展现状、福建省老年人媒体接触现状等，并提出对策建议。“交流篇”精选韩国智慧媒体发展和芒果TV、云知声等本年度行业发展的部分典型案例，试图从不同侧面、不同视角来总结其发展经验。

本报告指出，2019～2020年，未来媒体发展主要有三大热点。一是未来媒体与战略性新兴产业融合发展不断推向纵深。互联网正从消费互联网向消费“互联网+”产业互联网迈进，产业智能化、跨界融合发展已成大趋势。未来媒体产业与战略性新兴产业的融合交互发展趋势越发明显，彼此间的影响也越来越大。二是5G时代下未来媒体的应用创新发展不断加速。报告提出，5G 业务的发展是全体系、全生态的过程，媒体的 5G 应用必将在新传播时空重塑媒体的影响力、引导力、品牌力。媒体的接收场境发生变化，媒体接收频次也发生变化。人在一天中，接触移动互联网（手机、Pad 等）的频次多达 180 次。据华为公司预测，到 2025 年，平均每人将拥有 5 个智能终端。除了 80 亿台智能手机，个人 PC、平板电脑、VR 眼镜、智能手表、智慧屏等智能终端数量将超过 200 亿个。5G 可以使视频通话、视频娱乐、个人数据在不同终端间无缝切换。三是未来媒体的智能化发展逐步加速，融媒逐步向智媒发展。2019 年以来，智能音频行业呈现“井喷式”发展态势。智能音频从初级起步阶段时追求智能语音内容、形态、设备、技术等，逐步向关注如何与万物互联从智能到智慧的步调相匹配转变。

本报告还着重加强实证调查研究，以县级融媒体中心建设发展和老年人媒体接触现状为切入点，通过大量一手调研数据的实证分析，研究福建省县级融媒体中心建设发展现状、福建省老年人媒体接触现状。报告深入调查分析福建省 84 家县（市、区）级融媒体中心的发展现状，分析发现其仍存结构性困境，传播渠道与用户较单一、内容生产力量不足等深层次问题有待突破。报告以福建区域老年人媒体接触情况作为观测点，通过线上问卷、电话访谈等多种方式收集一手资料，发现新冠肺炎疫情发生以来老年人群体面临的三大困境：两极分化的情感孤独、信息时代的弱势群体、网络安全的重灾区。对此，提出了信息扶贫、数字反哺、网络监管等多项对策。

《中国未来媒体研究报告（2020）》由厦门理工学院、福建省高校人文社科研究基地未来媒体发展研究中心、福建省网络视听应用创新重点实验室、福建省社会科学研究基地文化产业研究中心、福建省高校新型特色智库两岸文创研究院联合编撰。

关键词： 未来媒体　短视频　智能音频　移动新闻客户端

目 录

Ⅰ 总报告

Ⅱ 行业篇

Ⅲ 热点篇

Ⅳ　调查篇

Ⅴ　交流篇

皮书数据库阅读使用指南

总 报 告

General Report

B.1

未来媒体产业与福建战略性新兴产业发展报告（2020）*

林小勇**

摘 要： 在移动互联网、大数据、人工智能、区块链、虚拟现实等技术的推动下，未来媒体产业横跨了新一代信息技术产业、高端智能制造业、数字创意产业等领域，甚至延伸至其他战略性新兴产业。在媒体融合发展、信息化发展和战略性新兴产业发展等相关国家战略的指导下，未来媒体与战略性新兴产业发展呈现融合化、智能化、全球化等特征。未来媒体产业已经成为战略性新兴产业的重要内容和组成部分。本报告结

---

* 本文系2018年度福建省社科基地重大项目“未来媒体产业与福建省战略性新兴产业发展”（项目号：FJ2018JDZ055）的研究成果。

** 林小勇，厦门理工学院文化产业与旅游学院副院长，教授/高级编辑，福建省高校人文社科研究基地未来媒体发展研究中心主任，主要研究方向为未来媒体、广播电视与网络视听等。

合福建省战略性新兴产业，以厦门市智能视听产业发展为例，探讨未来媒体与战略性新兴产业融合发展的路径，并提出营造产业发展良好环境、坚持创新、发挥基地辐射带动作用等对策建议。

关键词： 未来媒体　战略性新兴产业　媒体融合　福建

在传统媒体与新兴媒体融合发展的大背景下，在大数据、人工智能、量子信息、区块链、5G 等新技术以及社会经济发展强烈需求的共同驱动下，以用户为核心、以互联网为主导、以信息技术为主要驱动力的未来媒体发展得如火如荼。[①] 未来媒体的边界正不断扩大，也不断模糊；在媒体融合发展、信息化发展和战略性新兴产业发展等相关国家战略的指导下，未来媒体与战略性新兴产业发展呈现融合化、智能化、全球化等特征。

战略性新兴产业代表新一轮科技革命和产业变革的方向，是引领产业结构优化升级、转变经济发展方式、抢占未来发展制高点的重要途径。“十三五”国家战略性新兴产业发展规划将信息技术产业、数字创意产业等列为五大支柱产业，根据《福建省“十三五”战略性新兴产业发展专项规划》的部署和要求，新一代信息技术产业等在战略性新兴产业中将继续保持主导地位。目前国内外对未来媒体产业与战略性新兴产业发展的研究动态开始呈现从之前的各自独立研究到融合发展研究的趋向。

在移动互联网、大数据、人工智能、区块链、虚拟现实等技术的推动下，未来媒体产业横跨了新一代信息技术产业（如包含新型显示终端 VR 等在内的新型显示产业、“互联网 +”、大数据和云服务、智慧城市与物联网等）、高端智能制造业（如机器人写作、传感器新闻等）和数字创意产业（如手机动漫、影视传媒等）等领域，甚至延伸至其他战略性新兴产业等领

① 林小勇、张苗苗主编《中国未来媒体研究报告（2018）》，社会科学文献出版社，2018。

域，未来媒体产业与战略性新兴产业呈现出强烈的融合发展特征，未来媒体产业已经成为战略性新兴产业的重要内容和组成部分。因此，本报告将从新闻传播学、产业经济学与计算机信息科学的跨学科视角来进行研究，具有重要的理论意义和现实意义。

一　研究背景

（一）研究述评

1. 国际

国外对未来媒体的研究起步较早，可追溯至20世纪50年代达特茅斯会议提出的人工智能，且视角也较为多元。近年来，国外未来媒体研究呈现出三个特点。一是“企业先行”。较多集中于谷歌、Facebook等科技巨头与传统媒体的融合实践探索上，并从中探索未来媒体的发展趋势。二是主张“技术驱动论”。硅谷人工智能研究院创始人皮埃罗·斯加鲁非在2016年提出，未来十大趋势（用户体验技术、大数据、新内容、流媒体、创客文化、众筹、VR、人工智能、新平台、新的变现形式）将颠覆媒体的形态。彭博社总编辑John Micklethwait认为人工智能技术将对新闻业的未来起到决定性作用，传统媒体的影响力将进一步衰退，而拥有技术优势的新媒体尤其是超级信息分发平台开始成为新闻业的新枢纽。三是融合发展形成新生态价值论。韩国学者Chi-Ung Song与Mi-Young Park认为，不同类型的媒体融合技术在价值链上经过规划、生产和分配来扩展内容的生命周期，并正在形成媒体融合生态系统价值链。澳大利亚学者Jonathon P. Hutchison通过研究发现受众与媒体机构之间发生了重大变革，文化融合是研究融合实践活动的有效框架，能让人们观察到技术的社会构架及其文化功能。

美国：早在2015年，美国媒体在人工智能技术应用和实践上便动作频频且颇具成效，呈现出蓬勃发展态势。智能技术使用的流行风潮在传统媒体与新媒体中同步展开，《华盛顿邮报》《纽约时报》等传统媒体欲通过突破、抓住新技术来实现弯道超车；甘奈特集团等老牌媒体集团也在机器人采编、虚拟现实技术等多领域试水；以 Facebook 为代表的新媒体更是动作不断，一些智能技术的实践已在一定范围内落地。

英国：拥有阿兰·图灵（“人工智能之父”）的英国，其人工智能技术起步早于大多数国家，在全球媒体数字化、智能化转型浪潮中，英国媒体也在积极进行智慧媒体转变。BBC 不仅研发、推出了一款叫作 Juicer（“榨汁机”）的人工智能机器人（语意新闻分析工具），更是在 2011 年于曼彻斯特建立了英国媒体城（Media City UK），这是欧洲首个以发展创意、媒体及科技行业为目的的创意与数字媒介集成中心；英国《卫报》从 2006 年起就陆续建立起“开放评论平台”“开放数据平台”“开放技术平台”“开放新闻平台”四大技术平台，努力向互联网科技公司转型。

德国：目前世界上最大的非营利人工智能研究机构——德国人工智能研究中心成立于 1988 年，是德国顶级的人工智能研究机构。其股东涉及 Google、Intel、微软、宝马、SAP、Airbus 等全球顶级科技企业。德国人工智能应用主要集中在机械制造领域，如库卡机器人和自动驾驶汽车，即利用人工智能在客户信息获取上的优势服务于传统优势行业，在媒体方面的应用比较有限。主要应用于智能电视、媒体内容个性化推荐以及机器人新闻写作。

日本：作为传媒大国，日本传统传媒产业发展较为成熟。近年来，随着大数据、人工智能等新一代信息技术的不断进步与发展，媒体行业整体呈现多元化的发展态势。2016 年里约奥运会闭幕式中，日本“东京 8 分钟”中的 VR/AR 技术隆重亮相，一时间吸引了全世界的目光，日本的 VR/AR/MR 技术再次走入人们的视野。政府主导的人工智能开发、传统媒体的数字化转型、ICT 技术的应用都将带动日本智慧媒体产业的发展。近年来，日本智慧媒体产业人工智能技术的不断提高，使其应用领域不断扩大，逐步走向商用化；加速了传统媒体的数字化转型；人工智能技术与媒体产业结合的空间巨大。

韩国：早在2013年5月韩国就启动了Exobrain计划，开发专业领域人机交流的自然语言对话系统。近年来不断发展人工智能技术，从国家层面整体推进机器人产业与其他制造业或服务业相结合，不断追赶前沿，维持在机器人技术领域已有的领先优势。韩国主要发展产业为物联网、云计算、大数据、5G网络、机器人。主要应用于机器人新闻写作（《金融新闻》）、智能音箱（NUGU等智能音箱）、5G及VR（平昌冬奥会）、云服务（SM娱乐公司）与大数据分析（NAVER公司）。目前，韩国未来媒体产业发展呈现三大趋势：物联网即时服务商业模式会持续成长；随着ICT技术的发展，内容的制作和流通平台的界限将逐渐消失；未来数字内容产业将发展成为融合文化服务产业。

2. 国内

未来媒体在我国的发展正如火如荼，并呈现融合化、共享化、智能化、多样化等新特征。国内有关未来媒体的研究也自2015年起出现显著增长，主要集中于以下六个方向：一是未来媒体的内涵与维度；二是未来媒体的发展趋势研究；三是未来媒体的智能化发展研究；四是未来媒体与大数据、虚拟现实研究；五是国内外未来媒体实践探索的案例分析；六是对未来媒体呈现的学科交叉、共享化、智能化、多样化等特征的研究。胡正荣从媒体融合的角度出发，提出“媒体未来的发展方向是要建构一个全媒体的生态系统”①；喻国明、刘瑞一、武丛伟提出“人机协同将成为未来传媒生产的主要模式”，并对未来传媒的发展趋势提出“虚拟与现实的融合，嵌套式平台和产品服务取代形式媒介”的三种预判②；彭兰、沈阳等相继提出了“众媒”“智媒”等概念，彭兰提出“未来媒体的发展趋势是‘万物皆媒’”③和“未来媒体的智媒化”④，沈阳提出“未来媒体将变成体媒”⑤；周晓鹏则

① 胡正荣：《媒体的未来发展方向：建构一个全媒体的生态系统》，《中国广播》2016年第11期。

② 喻国明、刘瑞一、武丛伟：《人机协同将成为未来传媒生产的主流模式》，《中国广播》2017年第4期。

③ 徐峰：《彭兰：未来媒体发展的趋势是“万物皆媒”》，《新闻论坛》2015年第6期。

④ 彭兰：《智媒化：未来媒体浪潮——新媒体发展趋势报告（2016）》，《国际新闻界》2016年第11期。

⑤ 沈阳：《未来媒体将变成体媒》，《新闻论坛》2016年第6期。

从实践的角度出发，提出“未来媒体是智能技术与人类思维艺术的结合体”[①]；商艳青提出“新闻的未来在于数据能力，媒体的未来在于‘智能+’”[②]；郭全中则提出了“未来媒体的六大维度”[③]；童清艳从媒介技术、用户需求、媒介生态与资金投入四维度来宏观分析动态的新媒体发展情况，同时关注未来媒体的社会整合功能（舆论引导、协调社会、娱乐大众、传承文化）[④]。简言之，目前将未来媒体产业与战略性新兴产业进行融合发展的研究几乎没有，且大多是描述性和思辨性的，在访谈、调查等方法指导下完成的研究，存在很大的局限性。

目前国内外对未来媒体产业与战略性新兴产业发展的研究开始呈现从之前的各自独立研究到融合发展研究的趋向，主要表现在以下两个方面：一是从研究主题来看，两者融合发展研究已逐渐成为重点、热点，并逐渐从概念内涵研究深入融合过程的实际问题研究；二是从研究范围来看，已逐步涉及对媒体融合发展中的规制问题的探讨。

（二）政策背景

本文尝试对未来媒体产业和战略性新兴产业发展的文件政策的脉络及其精神实质进行全面梳理，从而真正找到融合发展的突破口，构建产业融合发展的新模式。

1. 未来媒体产业

2013 年 8 月 19 日，全国思想宣传工作会议召开，习近平出席会议并发表重要讲话，此次全国思想宣传工作会议掀开了媒体融合发展的序幕。习近平指出：“要适应社会信息化持续推进的新情况，加快传统媒体和新兴媒体

---

① 周晓鹏：《未来媒体：智能技术与人类思维艺术的结合》，《中国记者》2016 年第 12 期。

② 商艳青：《媒体的未来在于“智能+”》，《新闻与写作》2016 年第 1 期。

③ 郭全中：《未来媒体的六大维度》，《中国传媒科技》2016 年第 1 期。

④ 童清艳：《新媒体现状及未来媒体发展趋势的分析研究——用户自主传播的媒体创意效应》，《今传媒》2017 年第 3 期。

融合发展，充分运用新技术新应用创新媒体传播方式，占领信息传播制高点。”① 他提出：“根据形势发展需要，我看要把网上舆论工作作为宣传思想工作的重中之重来抓。宣传思想工作是做人的工作的，人在哪儿重点就应该在哪儿。”在这个讲话之后，他更加深刻地指出：“如果我们党过不了互联网和新兴媒体这一关，可能就过不了长期执政这一关。”习近平总书记站在党和国家事业发展的全局高度，提出了“互联网已经成为舆论斗争的主战场”和“要把网上舆论工作作为宣传思想工作的重中之重”的重要论断，具有里程碑意义。习近平总书记“8·19”重要讲话，是党中央对未来媒体发展做出的顶层设计，明确了未来媒体必须与信息时代治国理政的新形势、新任务和新要求结合起来的发展方向。

2014 年 2 月 28 日，中央全面深化改革领导小组第二次会议审议通过了《深化文化体制改革实施方案》（以下简称《实施方案》），这是中央全面深化改革领导小组审议通过的第一个专项小组改革方案，也第一次正式将媒体融合发展列为文化体制改革的重要任务之一。文化体制改革的重点改革任务之一就是，推动传统媒体与新媒体融合发展，主动借助新媒体传播优势，完善运用新媒体的体制机制，着力打造全媒体形态的新型主流媒体。《实施方案》明确了文化体制改革的指导思想、目标思路、主要任务和政策保障，为今后一个时期的未来媒体产业与战略性新兴产业融合发展提供了更多可能。

2014 年 8 月 18 日，中央审议通过《关于推动传统媒体和新兴媒体融合发展的指导意见》，从战略层面对新形势下如何推动媒体融合发展提出了总体要求，做出了具体部署。明确了推动传统媒体和新兴媒体融合发展的战略定位和战略任务。媒体融合发展正式上升为国家战略。

2014 年 11 月 12 日，中国共产党第十八届中央委员会第三次全体会议通过《中共中央关于全面深化改革若干重大问题的决定》。改革开放以来，历届的三中全会研究什么议题、做出什么决定、采取什么举措、释放什么信

① 习近平：《胸怀大局 把握大势 着眼大事 努力把宣传思想工作做得更好》，《人民日报》2013 年 8 月 21 日，第 1 版。

号，是人们判断新一届中央领导集体施政方针和工作重点的重要依据。党的十八届三中全会明确提出了“要整合新闻媒体资源，推动媒体融合发展”的重大任务。受中共中央政治局委托，习近平总书记就《中共中央关于全面深化改革若干重大问题的决定》向全会做出说明，在就全会决定涉及的几个重大问题和重大举措介绍中央的考虑时，专门强调指出：“随着互联网媒体属性越来越强，网上媒体管理和产业管理远远跟不上形势发展变化。”① 这也为未来媒体产业规范发展明确了方向。

2015 年 7 月 4 日，国务院出台《关于积极推进“互联网 +”行动的指导意见》，将媒体融合发展纳入“互联网 +”重大战略。从某种意义上讲，媒体融合就是“互联网 + 媒体”，媒体融合就是在社会信息传播领域形成的以互联网为基础设施和实现工具的新的传媒形态。“互联网 +”行动计划激发了新技术环境下新的生产生活方式和商业产业模式，成为推动未来媒体产业与战略性新兴产业融合发展的新引擎。

2016 年 7 月 27 日，中共中央办公厅、国务院办公厅联合印发《国家信息化发展战略纲要》，该战略纲要是根据新形势对《2006 ~ 2020 年国家信息化发展战略》的调整和发展，是规范和指导未来 10 年国家信息化发展的纲领性文件，是国家战略体系的重要组成部分，是信息化领域规划、政策制定的重要依据。《国家信息化发展战略纲要》提出，要完善网络文化传播机制，构建现代文化传播体系。推动传统媒体和新兴媒体融合发展，有效整合各种媒介资源和生产要素，努力提高网络文化传播能力。

2017 年 5 月，中共中央办公厅、国务院办公厅印发了《国家“十三五”时期文化发展改革规划纲要》，提出了“现代传播体系逐步建立，传统媒体与新兴媒体融合发展取得阶段性成果，形成一批新型主流媒体和主流媒体集团，网络空间更加清朗，社会舆论积极向上”的目标任务。

2019 年 1 月 25 日，习近平总书记在政治局集体学习全媒体时代和媒体

---

① 习近平：《关于〈中共中央关于全面深化改革若干重大问题的决定〉的说明》，《人民日报》2013 年 11 月 16 日，第 1 版。

融合发展的会上指出："推动媒体融合发展、建设全媒体已成为我们面临的一项紧迫课题。"① "要运用信息革命成果，加快构建融为一体、合二为一的全媒体传播格局。"② "从全球范围看，媒体智能化进入快速发展阶段。我们要增强紧迫感和使命感，推动关键核心技术自主创新不断实现突破，探索将人工智能运用在新闻采集、生产、分发、接收、反馈中。"③

2020 年 9 月，中共中央办公厅、国务院办公厅印发了《关于加快推进媒体深度融合发展的意见》（以下简称《意见》）。《意见》明确了媒体深度融合发展的总体要求，强调要深刻认识全媒体时代推进这项工作的重要性和紧迫性，尽快建成一批具有强大影响力和竞争力的新型主流媒体，逐步构建网上网下一体、内宣外宣联动的主流舆论格局，运用 5G、大数据、云计算、人工智能等信息技术革命成果，建立以内容建设为根本、以先进技术为支撑、以创新管理为保障的全媒体传播体系。

2. 战略性新兴产业

2010 年 10 月 10 日，国务院下发《关于加快培育和发展战略性新兴产业的决定》（国发〔2010〕32 号），正式吹响了发展战略性新兴产业的号角。文件明确提出，战略性新兴产业是引导未来经济社会发展的重要力量。发展战略性新兴产业已成为世界主要国家抢占新一轮经济和科技发展制高点的重大战略。必须抓住机遇，明确方向，突出重点，加快培育和发展战略性新兴产业。

为推动"十二五"国家战略性新兴产业发展规划顺利实施，满足统计测算战略性新兴产业发展规模、结构和速度的需要，2012 年 12 月，国家统计局制定出台《战略性新兴产业分类（2012）》，适用于对"十二五"国家战略性新兴产业发展规划的宏观监测和管理，适用于各地区、各部门依据本分类进行战略性新兴产业统计监测。

2016 年 11 月 29 日，国务院印发《"十三五"国家战略性新兴产业发展

---

① 习近平：《习近平谈治国理政》（第三卷），外文出版社，2020，第 316 页。

② 习近平：《习近平谈治国理政》（第三卷），外文出版社，2020，第 318 页。

③ 习近平：《习近平谈治国理政》（第三卷），外文出版社，2020，第 318 页。

规划》（国发〔2016〕67 号），提出："'十三五' 时期，要把战略性新兴产业摆在经济社会发展更加突出的位置，大力构建现代产业新体系，推动经济社会持续健康发展。"

2018 年 11 月 7 日，国家统计局出台《战略性新兴产业分类（2018)》（国家统计局令第 23 号），重新明确战略性新兴产业的定义，明确战略性新兴产业是以重大技术突破和重大发展需求为基础，对经济社会全局和长远发展具有重大引领带动作用，知识技术密集、物质资源消耗少、成长潜力大、综合效益好的产业。同时，该分类明确了战略性新兴产业的九大领域，分别是：新一代信息技术产业、数字创意产业、高端装备制造产业、新材料产业、生物产业、新能源汽车产业、新能源产业、节能环保产业、相关服务业。

2020 年 9 月 8 日，国家发展改革委等部门印发《关于扩大战略性新兴产业投资　培育壮大新增长点增长极的指导意见》（发改高技〔2020〕1409 号），提出："加快新一代信息技术产业提质增效。围绕智慧广电、媒体融合、5G 广播、智慧水利、智慧港口、智慧物流、智慧市政、智慧社区、智慧家政、智慧旅游、在线消费、在线教育、医疗健康等成长潜力大的新兴方向，实施中小企业数字化赋能专项行动，推动中小微企业 '上云用数赋智'，培育形成一批支柱性产业。" 国家广电总局提出的构建新时代大视听全产业链市场发展格局，首次纳入国家发展改革委等四部委战略性新兴产业政策文件，涵盖媒体融合、智慧广电、网络视听、5G 广播、超高清视频、高新视频等多项内容。

3. 福建层面

2011 年 7 月 14 日，福建省人民政府正式出台《福建省 "十二五" 战略性新兴产业暨高技术产业发展专项规划》（闽政〔2011〕71 号）。这是贯彻《国务院关于加快培育和发展战略性新兴产业的决定》的重要行动计划和具体工作部署，也对福建未来五年的战略性新兴产业暨高技术产业提出了总体要求和主要任务，也是福建省 "十二五" 规划纲要培育发展战略性新兴产业内容的进一步深化、细化。2011 年 12 月 10 日，福建省人民政府正式出台《福建省加快战略性新兴产业发展的实施方案》（闽政〔2011〕104 号），提出了“到2015年，力争战略性新兴产业增加值达3000亿元以上，占地区生产总值的12%”的目标。

2016年4月25日，福建省政府办公厅印发《福建省“十三五”战略性新兴产业发展专项规划》，提出了“到2020年，力争战略性新兴产业增加值达5850亿元，占地区生产总值比重约15%，年均增长17.5%”的目标任务。

2016年5月27日，福建省政府办公厅印发《福建省“十三五”文化改革发展专项规划》，提出了加快推动媒体融合发展，加快建设多元传播渠道，加快构建科学监管体系，推进现代传播体系建设的任务。同时，组织实施《传统媒体和新兴媒体融合发展重点扶持项目管理办法》。该办法提出，支持新闻媒体建设推广微信、微博、移动客户端等信息传播平台；积极发展移动数字电视业务，扩大公共交通车载电视的覆盖范围；支持福建新闻媒体和传播机构积极参与数字福建、智慧城市、智慧社区、数字家庭等项目的建设。

2016年6月23日，福建省新闻出版广电局再次将“媒体融合发展”正式列入《福建省新闻出版广播影视“十三五”发展规划》，并作为每年的工作重点稳步推进；引导推动各级媒体单位尽早尽快启动，做好中长期发展规划布局，明确时间表和路线图。

2018年1月25日，福建省政府办公厅发布《关于加快全省工业数字经济创新发展的意见》（闽政办〔2018〕9号）。文件提出，在智能制造、物联网、大数据、人工智能等重点领域，突破一批核心技术，初步建立以数字技术创新为主要动能的工业新生态。到2025年，工业数字经济生态更加完善，产业规模与创新能力走在全国前列。数据成为驱动工业创新发展的关键要素，人工智能等新兴数字技术深入应用，工业互联网建设全面推进，形成制造业数字化、网络化、智能化的发展体系。

2018年3月3日，福建省人民政府发布《关于推动新一代人工智能加快发展的实施意见》（闽政〔2018〕5号）。文件提出，到2025年，人工智能成为引领福建省产业转型升级和新福建建设的核心动力，福建将建成全国人工智能产业应用示范区。

2018 年 4 月 20 日，福建省人民政府发布《关于深化“互联网 + 先进制造业”发展工业互联网的实施意见》（闽政〔2018〕7 号），提出：“到 2025 年，建成国内领先的工业互联网网络基础设施，形成一批技术领先、引领行业发展的工业互联网平台，围绕工业互联网的技术创新更加活跃、产业支撑更加有力、供给能力更加丰富、融合应用更加普及，安全保障水平全面提升，工业互联网总体发展水平位居全国前列。”

2018 年，福州在承办“数字中国峰会”的基础上出台了《“数字福州”建设三年行动计划（2018 ~ 2020 年）》，提出“到 2020 年全市数字经济规模突破 4000 亿元、将福州打造成数字中国建设示范城市”的发展目标。厦门自 2003 年起就提出发展战略性新兴产业，并制定了三个相关产业专项规划；2014 年推出《美丽厦门战略规划》，着力推进产业转型升级行动。之后相继出台了《厦门市物联网产业发展规划纲要（2017 ~ 2025 年）》《厦门市 VR/ AR 产业发展规划（2017 ~ 2022 年）》《关于加快高质量发展推动“双千亿”工作实施意见》等政策文件，明确战略性新兴产业中的软件与信息服务、物联网、大数据、人工智能、VR/AR 和文化创意等重点产业的目标任务和举措，其中也包括厦门重点打造 12 条千亿产业链群（其中多条产业链与战略性新兴产业直接关联）的目标任务。

媒体融合战略、战略性新兴产业战略均已上升为国家战略，中央关于媒体融合发展和战略性新兴产业发展的顶层设计，为未来媒体产业与战略性新兴产业融合发展提供了方向和发展机遇。未来媒体产业与战略性新兴产业融合发展、跨界碰撞激荡出什么样的闪亮火花，无疑是人们所殷切期待的。

（三）研究内容

本报告以未来媒体产业为研究对象，从未来媒体产业与福建省战略性新兴产业之间的联系入手，科学界定未来媒体产业概念，结合其主要特征，识别未来媒体产业与战略性新兴产业融合发展的关键要素，剖析国内外未来媒体产业发展的经验和动力机制，归纳未来媒体产业形成和演进的发展路径，提出福建省乃至我国未来媒体产业发展模式，尝试探究福建未来媒体产业发展的基本规律，并提出相应的对策、建议。总体研究框架如图 1 所示。

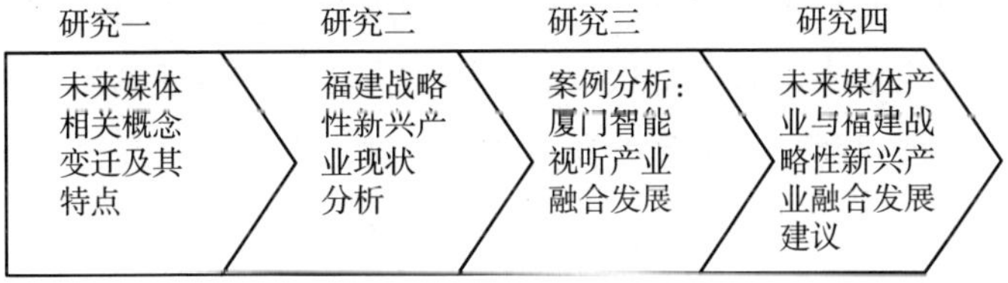

图 1　本报告总体研究框架

二　未来媒体相关概念变迁

随着技术的不断发展，新媒体、全媒体、融媒体、未来媒体等概念相继出现，下文梳理未来媒体相关概念变迁的脉络，并归纳其特点。

（一）新媒体

当下人们所熟知的新媒体与 1967 年美国哥伦比亚广播电视网（CBS）技术研究所所长 P. 戈尔德马克最早提出的“新媒体”早已大相径庭。新媒体作为一个阶段性、相对性的概念，在早期是对某种媒介——电子录像 EVA 的专指，后来演变为相对于传统媒体而言，在时间维度上的任何后一种媒介形态相对于其之前的形态。至于当下人们将互联网等同于新媒体，那是联合国新闻委员会年会（1998 年 5 月）正式将互联网称为“第四媒体”，从而让互联网的媒体属性逐渐被国际认可的结果。在中国国内，“网络媒体”一词在 2000 年前后开始流行并逐步被人们认可。到了 2008 年，中国网民规模已达 2.98 亿，网络普及率首次超 20%（大众媒体门槛标准），达到 22.6%。[①] 中国网络媒体也正式变成了大众传媒。

① 第 23 次《中国互联网络发展状况统计报告》，中国互联网络信息中心，2009 年 1 月 13 日。

（二）全媒体

“全媒体”是我国媒体在“媒介融合”这一学理性概念正式引入之前所进行的媒体融合的本土化探索，是我国传媒业进行本土化探索独有的概念。最早开始于报业集团，后逐步从报纸、期刊向网站、视听媒介等方向探索。但全媒体一度被误解为只是品类齐全的报、网、声、屏等各类媒体资源的拼盘汇总，其实质是使各类媒体资源真正有效整合并融为一体。2019 年 1 月 25 日，习近平总书记在中共中央政治局到人民日报社进行集体学习时发表重要讲话，从四个维度进一步深化并丰富了全媒体的内涵，“全媒体不断发展，出现了全程媒体、全息媒体、全员媒体、全效媒体，信息无处不在、无所不及、无人不用，导致舆论生态、媒体格局、传播方式发生深刻变化，新闻舆论工作面临新的挑战”。[①] 习近平总书记从宏观层面将“四全媒体”形容为一个相互作用、有机融合的整体。

（三）融媒体

“融媒体”的概念是在 2009 年首次被提出的。“融媒体”所带来的是“媒介门类融会贯通”的理念更新，当时是在“全媒体”融合发展到一个更高级阶段的概念时提出的。“融媒体”强调的是，除了全媒体的“全”之外，更重在“融”上面，即更注重打通不同媒介、平台，再造媒体内容生产与消费环节流程，从而达到以最小的运营成本获得最好的传播效果的目的。[②] 在媒体深度融合发展的当下，各大主流媒体的融媒体产品层出不穷。融媒体的概念也不断更迭，更多是指传统主流媒体与基于互联网的新兴媒体的有效结合，借助于多元立体的传播渠道和形式，将内容等广泛传播给用户，从而实现资源通融、内容兼融、宣传互融的新型媒体，是传统媒体与新兴媒体的迭代升级和破界重塑，是媒体融合的高级形态，能够使不同媒体间

① 习近平：《习近平谈治国理政》（第三卷），外文出版社，2020，第 317 页。

② 李玮：《跨媒体·全媒体·融媒体——媒体融合相关概念变迁与实践演进》，《新闻与写作》2017 年第 6 期。

封闭、排异、竞争的关系转变为开放、互补、合作的关系，实现社会效益和经济效益的最大化。

（四）未来媒体

未来媒体这一概念最早由 BBC 提出。2000 年阿什利·海菲尔德受邀进入 BBC 成为新媒体与技术团队负责人，统领新媒体数字业务，并不断壮大 BBC 新媒体团队的规模，由 2000 年的 65 人逐步扩充到由电视平台、多平台与互动电视、音频与音乐节目、手机媒介、“BBC 在线”、技术部以及辅助科室等多部门联合组成的千人军团。[①] 2004 年马克·汤普森出任 BBC 总裁，并于 2006 年提出“创意未来”的改革计划，也正式提出了“马提尼媒体”（Martini Media）概念，其核心就是，BBC 要超越传统“广播电视机构”的定位，让受众可以在任何时间、任何地点，通过任何可上网的设备来消费 BBC 的内容。随后，BBC 内部机构大重组，BBC 新媒体部也更名为“未来媒体与技术部”。马克·汤普森对将“新媒体”更名为“未来媒体”的解释是：过去被认为是“新”媒体的内容，很快就不再“新”；“未来媒体”则表明其使命是着眼于未来的技术和服务。

未来媒体的发展根植于当下媒体，近年来，我国也有部分学者着手未来媒体研究，从战略性和方向性角度出发提出未来媒体的具体内涵：未来媒体是在大数据、移动互联网、人工智能、量子信息、区块链、虚拟现实、5G 等新技术以及经济社会发展强烈需求的共同驱动下，基于传统媒体与新兴媒体融合发展大趋势，以用户为导向、以数字创意为基础、以互联网为主导、以计算机信息技术为驱动的新型媒介和新型媒介组织。[②] 主要包含三层含义。一是未来媒体即未来的媒体，即现在之后所有的媒体形态。二是未来媒体即超媒体，既包含原有媒体的内涵，又进一步拓展了媒体的内涵，以新兴媒体为核心层，逐步外延至由 AR、VR、MR 构成的强调体验的混合现实互联

① 王菊芳：《BBC 之道：BBC 的价值观与全球化战略》，生活·读书·新知三联书店，2013。

② 林小勇、张苗苗主编《中国未来媒体研究报告（2018）》，社会科学文献出版社，2018，第 5 页。

网和以大数据为核心的智能互联网（含物联网）等；同时，除具备传统意义上媒体传递信息的基础功能之外，未来媒体还集合了社交关系、产品服务、使用场景等要素，外延性进一步增强，平台性作用进一步凸显，也呈现更多可能性。三是未来媒体是泛媒体，“万物互联，万物皆媒”的现实越发明显。

本报告采用“未来媒体”的概念，主要是为了凸显研究的重点在于融合发展趋势和发展运营模式方面，强调其战略性和方向性，而不是阶段性和相对性。

三 福建战略性新兴产业发展现状分析

党的十八届五中全会以来，福建深入实施“创新、协调、绿色、开放、共享”的新发展理念，积极落实创新驱动战略，以创新驱动引领动能转换，高质量、绿色发展理念得以落实，大力培育发展战略性新兴产业，新兴行业和新产品不断涌现，新动能、新经济初现端倪，成为工业经济新的增长点。“十三五”期间，福建工业战略性新兴产业增加值占规上工业比重从 2015 年的 18.0% 提高到 2019 年的 23.8%。2019 年，福建省数字经济增加值达 1.73 万亿元，占地区生产总值的比重超过 40%。福建省战略性新兴产业着力打通创新链、产业链、价值链，新动能对稳增长、扩就业、调结构发挥了重要的支撑作用。

（一）基本概况

第四次全国经济普查的结果显示，截至 2018 年末，福建全省从事战略性新兴产业生产的规模以上工业企业法人单位共有 1531 个。其中，新一代信息技术产业 348 个，占工业战略性新兴产业企业法人单位的 22.7%；新材料产业 277 个，占 18.1%；高端装备制造产业 179 个，占 11.7%。[①] 数据

① 福建省第四次全国经济普查领导小组办公室、福建省统计局：《福建省第四次全国经济普查公报（第六号）——部分新兴产业基本情况》。

显示，2018 年，福建省战略性新兴产业增加值达 4300 亿元，高技术产业同比增长 14.1%，高于规上工业增加值 5.1 个百分点。

2020 年 1 月 11 日，福建省第十三届人民代表大会第三次会议《政府工作报告》显示，2019 年，福建围绕产业优，着力创新驱动转型升级，高质量发展支撑更加有力。其中，福建 4 个产业集群入围国家战略性新兴产业集群；福建先后成功举办数字中国建设峰会、中国人工智能大赛（永久落户厦门）和中国短视频大会等，数字经济规模约为 1.7 万亿元，数字产业化、产业数字化加快推进，福建全省战略性新兴产业增加值达 5400 亿元，增长 25%。战略性新兴产业已成为推动福建经济发展、推进产业转型升级的重要力量。

（二）发展特点

福建省委、省政府高度重视战略性新兴产业的发展工作，并较好地把握战略性新兴产业内涵特征，立足省情及科技、产业发展基础，实施“规划先行，适度超前，量力而行”的发展策略，具有以下主要特点。

一是集群化发展。新兴产业在发展初期往往总量不足、质量水平总体不高，集群化发展是其一剂良药。近年来，福建省瞄准具有高成长性和良好市场竞争优势的几个战略性新兴产业，以此为切入点和突破口，重点开展相关关键技术研究，集中攻克一批新技术、新产品，经由“政策驱动 + 项目带动 + 集群发展”，为全省经济扩规模、促增长提供有力保障，形成了福建省长期技术优势并获得了产品标准话语权，为抢占发展制高点、推动经济持续发展提供了动力，实现了跨越式发展。近年来，福建密切跟踪国际科技、产业发展最新变化，从技术链、价值链和产业链出发，加快产业集聚，加快培育壮大新一代信息技术、生物与新医药、新能源、新材料等产业集群。如电子信息产业，厦门通过集群化发展完成了“芯片设计—芯片制造—封装测试—装备与材料”的集成电路全产业链布局，初步构建“芯片—软件—整机—系统—信息服务”的电子信息千亿产业链；如新能源产业，以上汽宁德基地为龙头的新能源汽车产业集群正在加快形成；如新材料石墨烯产业，福建已初步形成以厦门火炬高新区、泉州晋江和三明永安为产业集聚区的产业发展格局；如智能视听产业，以厦门软件园为基地的智能视听产业已拥有由视听内容生产、视听技术服务、视听平台运营、视听教育培训、视听终端产品制造等环节构成的智能视听产业完整产业链，一个国家级网络视听产业基地正在形成……

二是创新驱动。战略性新兴产业的崛起，离不开创新驱动。近年来，福建省强化科技创新激励机制，加大知识产权保护力度，福州、厦门、泉州3个国家高新技术产业开发区被列入国家自主创新示范区改革试验田。仅2019年度就有14项成果荣获国家科学技术奖。截至2019年，福建全省参与制定和修订国家标准123项、行业标准65项，新增地方标准86项。每万人拥有发明专利11件，同比增长13.9%。从产业专利优势指标可以看出，福建省战略性新兴产业中的新材料、生物与新医药、新一代信息技术等三个产业在专利质量和数量相对优势指标方面都有较明显的优势，说明福建这三个战略性新兴产业的创造性成果较多、创新能力较强。同时，福建省也较注重构建高技术企业的成长加速机制，先后出台相关系列文件政策，大力培育“双高”企业，目前高成长企业超过400家，高新技术企业达4500家，高新技术企业中的民营企业占98%。

三是产学研合作，注重研发。福建战略性新兴产业的崛起，与产学研密切合作，打通从研发到产业化“最后一公里”密不可分。如新材料产业的石墨烯领域，厦门火炬高新区、泉州晋江和三明永安都积极加强对石墨烯产业的产学研合作，注重研发；泉州信和新材料股份有限公司每年投入3000万元的科研经费，嫁接国内高校的石墨烯最新科研成果，联手高校科研力量实现弯道超车；厦门积极打造火炬石墨烯新材料专业孵化器公共技术平台，为厦门及周边地区相关企业提供服务，降低企业检测与开发费用成本。如智能视听产业，福建在建设智能视听产业基地的同时，也建设智能视听产业研究基地，由福建省新闻出版广电局、厦门市文旅局和厦门理工学院等省市校三方，联合建设“福建省网络视听应用创新重点实验室”，依托厦门理工学院，以服务地方和产业为主旨，以“5G + VR + AI”为主要方向，聚合国内外政、产、研、学优势力量，致力于智能视听理论政策研究、智能视听技术研发应用、智能视听产业模式创新与评价、智能视听内容产品创新、智能视听人才培养五大领域的研究。

福建战略性新兴产业经过多年发展，虽已有较好的基础，但在五个方面仍有一定差距。一是关键核心技术的储备尚存在不足，核心技术、核心部件制造、核心工艺等仍然存在受制于人的情况，相关关键材料、核心部件等依然依赖进口。二是企业的规模仍然偏小，产业集中度偏低，总体的体量尚不够大，规模化、集群效应有待提高。三是战略性新兴产业的骨干企业偏少，大型龙头企业尚不够多，辐射带动能力不强。四是专业技术人才尤其是领军人才依旧缺乏。近年来福建对高素质人才的吸引力和凝聚力有所下降，以致战略性新兴产业的研发力量仍显薄弱，企业自主创新能力有所不足。五是科技原创能力和成果转化率较低。战略性新兴产业的基础研究能力和创新能力仍有待提升；在重大关键技术、尖端前沿技术、战略性技术、下一代技术的原创研究创新等方面有待进一步突破。

四　厦门市智能视听产业融合发展

（一）基本情况

中国（厦门）智能视听产业基地（以下视情简称“厦门智能视听产业基地”）主要包括核心区（软件园二期视听产业片区）和拓展区（软件园三期 B06 地块片区）两大部分，占地面积共约 500 亩，研发面积共约 33 万平方米。其中，核心区是指由软件园二期观日路和望海路环抱而成的视听产业片区。该片区以动漫游戏产业为主，涵盖网络视听、动漫游戏、数字创意、大数据人工智能行业应用和移动互联五大重点产业，拥有 8 家上市公司、41 家新三板挂牌企业，集聚以美图、咪咕动漫、文广传媒等为代表的领军企业，网络视听产业特色鲜明、优势突出。拓展区是指软件园三期 B06 地块的两栋楼及研发配套楼，共 13.6 万平方米（其中，两栋楼建筑面积为 9.16 万平方米，地上 23 层；地下车库面积为 3.5 万平方米）。厦门智能视听产业基地依托大数据、人工智能、5G、虚拟现实、移动互联网等技术优势积极推动发展，目前已形成由厦门岛（二期）向厦门湾（三期）延伸的跨岛发展态势。厦门智能视听产业具有以下优势。

一是产业链条完整。厦门已拥有由智能视听内容生产、技术服务、平台运营、教育培训和终端产品制造等环节构成的视听产业完整产业链，且每个链条均有领头企业，行业显示度较高。其中，网络视听内容生产企业中有西瓜视频（国内最大 PGC、UGC 短视频平台之一）、咪咕动漫（国内最大移动端动漫发行平台）、倍视厦门（两次获奥斯卡金像奖、三次获艾美奖，国内视觉特效后期制作领域领军企业）、厦门吉比特（连续三年跻身“中国互联网百强”）等；智能视听技术服务企业中有厦门美亚柏科（网络安全、大数据，全球最大电子数据取证上市公司）、云知声全资子公司暨东南总部厦门云知芯智能科技公司（智能语音技术行业领先者）、网宿（CDN 内容分发网络行业领导者）、厦门瑞为技术（北京首都机场、大兴机场全流程人脸识别技术提供商）、厦门快商通科技（拥有智能生物声纹识别、自然语言处理技术，2019 年获吴文俊人工智能科技奖）、厦门帝视信息科技有限公司（拥有基于人工智能技术的视频修复和 4K 增强技术，为互联网视频厂商提供图像视频增强 API 云服务等，国家高新技术企业，入选福建省“百人计划”团队）；网络视听平台运营企业中有 4399 网络公司（综合互联网休闲娱乐平台，连续七年跻身“中国互联网百强”）、美图公司（国内最大影像社交平台，拥有美图秀秀、美拍等产品，连续三年跻身“中国互联网百强”）、美柚公司（纯女性互联网平台，连续三年跻身“中国互联网百强”）；网络视听教育培训企业中有绿网天下（移动互联网绿色上网入口领导品牌、中国在线教育百强）、厦门十点文化传播（全国领先的互联网知识社区，拥有“十点读书”“十点读书会”等产品）；智能视听终端产品制造企业中有厦门宸鸿科技（全球触控技术领先者）、冠捷显示科技、友达光电等。

二是产业业态齐全。厦门智能视听基地积极建构文化生态圈，囊括影视、动漫、游戏、微电影、短视频、直播、电竞、教育培训、终端制造等各类智能视听产业业态。截至 2019 年底，厦门智能视听产业全业态产值超过

500 亿元，其中，智能视听终端产品制造业的龙头企业——宸鸿科技，从 2009 年每年营收 40 多亿元人民币上升到现在每年营收破 200 亿元人民币；动漫游戏业，厦门动漫游戏产业从 2008 年年产值 5 亿元发展到 2019 年年产值达 170 亿元，十年增长了 33 倍，其中，4399 网络公司超 20 亿元，吉比特（含厦门雷霆互动）超 10 亿元，咪咕动漫超 5 亿元，目前基地拥有 134 家市级认定动漫游戏企业，其中有 22 家企业通过国家级动漫游戏企业认定；微电影和短视频，西瓜视频自 2019 年 3 月引驻厦门以来，其年营收已超 55 亿元，美图年营收超 30 亿元，厦门文广影音、天翼爱动漫和舞刀弄影等年营收超 1 亿元；网络直播，本土视听新锐企业思凯文化传媒、泊瀚互娱年营收皆超 2 亿元；教育培训，美柚年营收超 5 亿元，十点文化传播年营收超 3.6 亿元；其他年营收在千万规模以上的视听企业超百家，视听企业整体的成长性十分突出。

三是跨界融合度高。互联网正在从消费互联网向消费“互联网 +”产业互联网迈进，产业智能化、跨界融合发展已成大趋势。智能视听与其他相关行业的融合交互趋势越发明显，彼此间的影响也越来越大。厦门智能视听产业跨界融合趋势明显，如动漫短视频、游戏电竞、电商直播等跨界融合发展态势强劲，近年来涌现出甚妙动漫（厦门）有限公司（《哪吒之魔童降世》后期特效制作公司）、厦门思凯文化（主营网络直播、网红经纪业务，网络直播行业全国十佳）、泊瀚互娱（主营网络直播、网生内容创作、电商直播、电竞业务，网络直播行业全国十佳）、厦门雷霆互动、厦门风鱼动漫、厦门大象映画影视等公司，其增长势头十分迅猛。

四是企业集聚度高。厦门共有大中型视听企业百余家，仅厦门智能视听产业园核心区（软件园二期视听产业片区）就拥有几十家视听企业，其中有 2019 年中国互联网企业百强（4399、美图、吉比特、翔通动漫、美柚等）、2018 年中国人工智能百强（网宿科技、厦门瑞为技术、厦门云知芯、厦门快商通等）。近年来，厦门更成为对接国内各大视听头部平台最具活跃度的区域之一。如短视频已入驻的有中版昆仑、北京字节跳动、西瓜视频等；直播业引入了国内游戏直播第一阵营的“斗鱼”；CDN 云平台已入驻网宿科技等；智能语音已入驻云知声公司（厦门云知芯）；等等。

五是视听活动丰富。厦门市视听展会活动丰富。中国电影金鸡奖长期落户厦门，为厦门视听产业发展升级带来了重要契机；厦门国际动漫节已持续举办12年，成为动漫爱好者的盛会；中国人工智能大赛永久落户厦门；一年一度的海峡两岸文博会、海峡影视季、海峡两岸青年网络视听优秀作品展、海峡两岸青年微电影展等两岸人才、产业交流平台，每年吸引近千位台湾地区人才跨海参与；同时厦门还成功举办了金鹰奖提名表彰仪式、首届电视制片人大会暨影视基地峰会、“美在两岸·青年网络视听作品创作大赛”等活动，吸引了两岸大量青年视听从业者，共同推动智能视听产业做强做优。2020年，厦门和中国广播电视社会组织联合会（简称中广联）一同举办了短视频大会。

（二）发展优势

历经十几年建设发展，厦门智能视听产业园区在行业规模、行业结构、行业生态、行业服务、基础配套、行业品牌和社会效益等方面实现了跨越式升级发展，先后荣获中国互联网行业最佳投资环境奖、中国优秀服务园区奖等奖项和中国最具发展潜力园区等荣誉，形成视听产业全业态、全生态、全覆盖的产业链，并具有以下优势。

一是对台优势。两岸视听产业交流与海丝特色将为厦门智能视听产业发展注入鲜明特色元素，将促进产业差异化、多元化发展。主要表现在两个方面。一方面，目前已有西基动画、宸鸿科技、元顺微电子、正航软件等近百家相关产业台资企业在此生根发芽、茁壮成长。另一方面，2018年6月，商务部、中宣部等部委授牌厦门自贸片区为国家文化出口基地，成为目前全国自贸试验区唯一的国家文化出口基地。4399、厦门文广影音等一批视听企业先后获得“国家文化出口重点企业”称号。美图公司目前在海外已拥有超6.25亿的用户，在巴西、印度、印度尼西亚、日本、马来西亚、菲律宾、韩国、泰国、美国和越南等12个国家各拥有超1000万的用户，有56个国家拥有超百万的用户。

二是营商环境优势。从2015年起，厦门市委、市政府将打造国际一流营商环境作为改革创新的重点任务、提升城市竞争力的重要抓手，厦门营商环境逐步提升。国家发展改革委于 2018 年 8 月发布我国首个营商环境评价体系，在全国 22 个城市进行的营商环境评价中，厦门营商环境名列全国第二，第一、第三分别为北京和上海。从发布的评价结果来看，厦门、上海在企业注册、纳税申报、发票领用等方面都实现了全程网上办理。在普华永道和中国发展基金会 2018 年联合发布的研究报告中，厦门营商环境在副省级城市中名列第一。2019 年 1 月，厦门市人民政府办公厅印发《厦门聚焦企业关切进一步落实优化营商环境政策若干措施的通知》（厦府办〔2019〕10 号），指出厦门营商环境正对标国际一流进行持续优化。

三是科技赋能优势。厦门积极布局新一代人工智能、云服务、新型显示、柔性电子、第三代半导体、高端装备、先进材料等未来发展十大产业，这与智能视听产业发展密切相关，可为智能视听产业提速发展提供强劲动力。厦门的很多细分领域行业龙头或独角兽企业也纷纷助力厦门智能视听产业发展：如 CDN 云平台资源智能规划技术位居行业前列的网宿科技；智能娱乐产业在业界声名远播的美图公司、吉比特；在电子数据取证领域位列全球第一的美亚柏科；图像智能感知技术位居行业前列的瑞为技术；终端显示与触控技术位居行业前列的宸鸿科技；在智慧旅游方面不断拓展深化的任我游，专注于智慧教育的绿网天下，还有生物识别技术位列全国第一的中控智慧等。随着产业的不断深化和融合发展，厦门智能视听产业与人工智能、云服务、大数据、新型显示、文旅业等各行各业的产业融合发展将进一步深化，视听产业融合特点不断凸显，产业融合水平将进一步提升，新型智能视听产业业态将不断显现并不断丰富。

四是政策扶持优势。主要包括三个层面。第一，各综合政策与视听产业紧密相关层面。厦门先后出台与智能视听产业紧密相关的扶持政策几十种，仅 2019 年出台的与智能视听产业相关的扶持政策就有十多种，涉及引进和培育智能视听产业龙头和骨干企业、激发高质量网络视听产品打造、网络视听产业人才引进与培养、鼓励网络视听企业集聚发展、鼓励开展网络视听文化交流及培训活动、扶持网络视听公共服务平台建设等领域，并出台相应实施细则。第二，厦门软件园专门优惠政策层面。其中包括引进奖励、贡献奖励、装修补贴、发展奖励、新人补贴、人才奖励、研发补贴、品牌奖励、创新奖励、特色奖励、平台补贴和参展补贴等相关方面。第三，智能视听产业专项政策层面。《厦门市促进智能视听产业基地（拓展区）发展的若干规定》等规范性政策目前正在酝酿出台中，主要将在“鼓励智能视听企业落户基地”“鼓励创业创新发展”“鼓励内容产品创作和交易”“支持智能视听产品对外贸易”“支持智能视听产业投融资”等方面进一步促进智能视听产业的发展，并在“优化发展环境、加大资金扶持、落实税收政策、加大各种奖励”等方面加强政策保障，进一步凸显产业后发优势。

五是高校科研优势。基地紧邻厦门集美文教区，拥有厦门大学、厦门理工学院、华侨大学、集美大学等众多高校的智力支持、技术服务和后备人才，可在智库参谋、技术研发、人才培养方面发挥优势，助力产业发展。如厦门大学 ATR（智能图像与信息处理）实验室，自 2009 年派出工程技术团队进入厦门软件园二期视听产业片区后，其工程研发能力和科技成果产业化能力得到了快速提升，先后承担国家重大科技专项、“863”专项等多个项目，有大量的研究成果通过厦门软件园内的工程技术中心进行产业化。如厦门理工学院秉承服务地方和服务产业的办学理念，先后建立“福建省高校人文社科研究基地未来媒体发展研究中心”“数据挖掘与智能推荐福建省高校重点实验室”“虚拟现实与三维可视化福建省高校重点实验室”等与智能视听产业紧密相关的科研平台，先后承担国家广电总局部级社科重大、重点项目及福建省社科重大项目等多个项目，研究成果先后 3 次被国家广电总局采纳，智库参谋作用日趋凸显。未来政、产、学、研合作会越来越密切，将加速形成良好的动态合作机制，助力智能视听产业的快速健康发展。

（三）战略定位

中国（厦门）智能视听产业基地的定位是“融媒体、智能化、全链条”产业基地。一是融媒体。厦门智能视听产业基地与大数据、移动互联网、人工智能、量子信息、虚拟现实、5G 等相关产业融合发展，扩大产业边界，拓展媒体外延性，突出智能视听的融媒体属性。二是智能化。呼应技术革新，引发网络生态变化和传媒业发展变革，厦门智能视听产业基地聚焦于智能视听媒体、平台、渠道的变道提速和换道发力，促进基于5G和人工智能技术应用的新技术、新产品、新业态、新模式蓬勃发展。三是全链条。厦门智能视听产业基地覆盖视听内容生产、视听技术服务、视听平台运营、视听教育培训、视听终端产品制造等环节构成的视听产业全链条。

（四）发展目标

把握全球广电和智能视听科技革命的产业变革趋势，以打造融媒体、高科技、全链条智能视听产业聚集地为方向，运用新技术、新手段、新模式，培育原创智能视听内容，搭建智能视听产品展示交流平台，建设国际一流、全国领先的智能视听产业集聚区，推动智能视听产业数字化、网络化、智能化发展。着力打造一批在国内乃至国际具有较大影响力的智能视听作品和产品，培育一批实力雄厚、具有较高知名度和较强竞争力的大中型视听骨干企业，形成覆盖研发、创意、制作、发行、交易、教育、播出、衍生产品和延伸产业开发的智能视听产业链，打响厦门智能视听品牌。力争基地建成3年后，入园企业超百家、总产值超百亿元；到2025年，全市视听产业粗具规模，厦门智能视听产业基地在国内逐步形成视听产业聚集示范效应；到2030年，将厦门基地建设成网络供给全国领先、研发能力不断提升、行业应用深度融合、核心生态高度汇聚、产业聚集效应凸显、两岸合作日渐紧密的智能视听产业基地。

（五）发展思路

随着核心区物理空间的不断饱和，厦门智能视听产业开始从软件园二期向三期拓展区跨岛延伸发展，这也显示了产业冲破物理空间限制的强劲活力，定位调整、力量整合、空间再规划、服务创新、扶持政策加码是推动产业跨越发展的必然需要。发展思路主要有以下几点。

第一，加强顶层设计。厦门市委、市政府对智能视听产业园区建设高度重视，福建省委副书记、厦门市委书记胡昌升，原厦门市委常委、宣传部部长叶重耕和厦门市副市长韩景义先后做出批示，要求大力推进基地争创工作。厦门智能视听产业基地将进一步创新管理体制和运营体制。一是创新管理体制。厦门智能视听产业基地（拓展区）成立由市委分管领导为组长和市政府分管领导为副组长的厦门智能视听产业基地管委会，由相关单位成员组成；管委会下设办公室，主任由市文旅局领导兼任。基地管委会建立办公会议制度，强化行业管理，审核入驻企业相关资质，制定相关政策，统筹协调基地工作的重大事项。厦门智能视听产业基地（核心区）原有的领导管理体制不变。二是创新运营体制。建立“基地管委会 + 管理运作层 + 市场主体”的建设运营模式。管理运作层由厦门文广传媒集团作为运营主体，逐步建立“多方参与、共同治理、共同运营”的产业发展模式。三是发展目标导向。把握全球广电和网络视听科技革命的产业变革趋势，以打造融媒体、智能化、全链条智能视听产业聚集地为方向，运用新技术、新手段、新模式，培育原创网络视听内容，搭建视听产品展示交流平台，建设全国一流的视听产业集聚区，推动智能视听产业快速健康发展。

第二，创新服务平台。在软件园原有服务平台的基础上进一步创新五大服务平台。一是智能视听内容审核服务平台。主要依托厦门广电集团节目审核公信力及新闻出版音像内容审核资质，联合阿里新华智云等国内先进技术机构，共同打造第三方内容审核服务平台。二是智能视听生产服务平台。主要联手网络视听智能生产服务企业，打造一条集人工智能、大数据、VR/AR/MR、5G 等技术应用于一体的智能视听内容生产线，为基地内企业提供智能视听内容快速生产服务，提升产品的生产能力。三是网络视听人才培训认证服务平台。充分发挥行业协会和基地周边高校的作用，以“标准化体系”“专业性认证”为主轴，以基地为链条，开展网络视听审核人员、闽南话视听审核人员、网络主播等视听行业人才培训认证服务，打造国家级视听人才认证培训试验区，探索视听行业人才培训“厦门模式”。四是视听版权智能一体化服务平台。以海峡版权交易中心为核心，提供包括版权登记、确权等集成化一体化服务；引入战略合作伙伴，搭建覆盖大陆、对接台湾、辐射海外的数字版权交易平台。五是智能视听产业展示交流平台。举办中国智能视听论坛，使其成为具有全球号召力、在国内具有较强影响力的行业盛会，为网络视听企业的深化交流提供平台，共同推动行业健康有序发展。鼓励产业基地、行业协会和骨干网络视听企业举办智能视听活动，服务于国家网络文化建设和舆论宣传大局，支持具有一定权威性、覆盖面和行业影响力，有固定举办届次的展会、论坛、交流等智能视听重大活动的举办。

第三，创新技术研发。基地将充分发挥背靠高校集聚区的优势，积极开展政产学研多方合作。一是引驻平台。如引驻“福建省高校人文社科研究基地未来媒体发展中心”等科研平台，以“5G＋VR＋AI”为主要方向，合作建设“智能视听重点实验室”和“智能视听研究院”，努力将其打造成省部级乃至国家级重点实验室，进一步提升技术融合研发能力和效果。二是创新驱动。突出技术引领和强化创新驱动，鼓励视听企业进行技术研发，推动自有著作权、知识产权、高新技术和成果转化。鼓励企业攻坚克难，争取国家重大科技专项、省市重大科技专项。三是政策引导。积极培育和推动智能视听企业参与国家级高新技术企业、技术先进型服务企业认定。重点加大对新落户智能视听技术研发企业的扶持力度，在财税、奖励、科研补贴方面给予政策倾斜。

第四，推动媒体融合。依托厦门广电融媒体平台，联合腾讯公司共同打造“厦门智媒体中心平台”，通过“人工＋AI”内容安全审核平台，集成台海新闻资讯视听内容，建成国内最大台海新闻资讯集成分发基地——海峡两岸融媒体中心。一是内容开放平台。大力推动共融互通，引入人工智能和大数据等技术，共同构建融媒体矩阵，全面提高主流媒体舆论引导能力。二是内容审核平台。针对本地新闻、台海新闻、舆情监测等相关服务，依托第三方内容审核服务平台，开展版权、内容审核等业务。三是分发平台。联合网络视听企业，发挥平台智能触达和分发优势，共建融媒体产业生态链，构建融媒体培训中心、数字媒体发布中心、舆情大数据展示中心及微视频创作空间等。四是创建人才平台。依托腾讯产品、品牌及流量优势，以腾讯内容开放平台、腾讯微视和腾讯众创空间等生态建设工作为契机，吸引优秀创作人才，特别是短视频达人及生产机构，输出行业标杆内容。

第五，推动两岸合作。立足厦门，聚焦两岸，辐射21世纪海上丝绸之路经济带，探索打造“世界闽南文化音视频全媒体运营区”。以闽南文化视听内容为特色，吸收两岸闽南文化内容生产机构，探索打造全国首个视听产业园区台湾入驻企业生产服务区，聚集更多台湾优质视听企业和人才来厦为视听产业发展做出贡献，通过建设全国首个视听产业园区台湾入驻企业生产服务区，聚集更多台湾优秀视听企业和人才。依托厦门广电集团媒资库2.5万小时视频资料和每年实时生产至少1500小时的节目素材，启动建设“世界闽南话音视频数据与资源服务平台”（入选2016年国家新闻改革发展项目库）。着力打造世界闽南文化网络视听综合运营平台和大陆首个对台闽南文化传播网络融媒体服务平台（含移动端），建成200个CDN分发节点、150个内容集成渠道和300个全媒体分发渠道，以提高跨媒介、跨渠道的全网、全域、全屏传播覆盖能力。

五　未来媒体产业与福建战略性新兴产业融合发展建议

以习近平新时代中国特色社会主义思想为指导，坚持党管意识形态、党管媒体，坚定不移地贯彻执行党的路线方针政策，深入贯彻习近平总书记关于推动媒体融合发展、推动我国新一代人工智能健康发展、加速发展战略性新兴产业、加强健康向上的网络文艺创作生产等系列重要论述和指示精神，围绕“机制活、产业优、百姓富、生态美”的新福建目标定位，发挥数字中国峰会落地福州、国家级文化与科技融合示范基地及中国人工智能大赛落户厦门的优势，积极抢占新经济制高点，以集聚特色产业高端要素为核心，以科技创新为支撑，以体制机制和供给侧结构性改革为动力，以培育和弘扬社会主义核心价值观为根本，以满足人民群众精神文化需求为出发点和落脚点，坚持正确政治方向、舆论导向、价值取向，坚持围绕中心、服务大局、守正创新、融合发展，推动未来媒体产业和战略性新兴产业融合发展，发挥示范引领和辐射带动作用，为福建在更高水平上推动高质量发展落实赶超，加快建设新福建提供强大的价值引领、精神动力和充分的文化条件。

（一）培育生态：营造产业发展良好环境

一是打造一流营商环境。进一步贯彻落实国务院《优化营商环境条例》，进一步贯彻落实中共中央、国务院《关于营造更好发展环境支持民营企业改革发展的意见》，持续深化“放管服”改革，让“马上办、网上办、一次办”成为常态，全面落实各项支持政策，真正帮助未来媒体产业与战略性新兴产业实现创新发展，保持福建营商环境全国领先。大力巩固和提升减税降费成效，进一步推动降低企业交易成本，大力减轻企业负担，让企业有更高的获得感。加大力度培育未来媒体产业与战略性新兴产业上市企业，支持符合条件的企业扩大股权融资、知识产权质押融资和债券融资，更好地缓解民营企业和中小微企业融资难、融资贵问题。

二是完善产业管理模式。进一步理顺政府与事业、事业与企业、公共服务与市场服务等方面的关系，实现由未来媒体产业与战略性新兴产业管理向未来媒体产业与战略性新兴产业治理的转变。更好地发挥政府作用，健全政策引导机制，提高行政效能；更好地发挥市场机制作用，促进产业发展与市场机制的全面对接，激活市场活力和社会创造力。进一步推进政企分开、政事分开，简政放权，放管结合，优化服务，分类施策，分步推进。

三是实施供给侧结构性改革。进一步解放和发展未来媒体产业与战略性新兴产业生产力，充分发挥市场机制作用，鼓励民营企业依法进入更多领域，鼓励社会资本投资部分未来媒体产业和参与国有文化传媒机构改制经营，全面激发市场活力。支持未来媒体产业与战略性新兴产业中小微企业发展，推出孵化培育计划，开辟市场蓝海，鼓励其特色化、专业化经营。

四是进一步完善配套政策。落实好国家和省市已有的关于深化媒体融合发展和推动战略性新兴产业发展的各项政策。发挥财政资金对银行等金融机构、社会投资机构参与福建省未来媒体产业与战略性新兴产业融合发展的带动作用，促进“投贷奖”向未来媒体产业与战略性新兴产业融合发展源头延伸。引导、推动金融机构建立投融资孵化平台，推动金融机构开设福建省未来媒体产业与战略性新兴产业融合发展企业融资绿色通道，研究设立面向未来媒体产业与战略性新兴产业融合发展园区和企业的产业引导基金。加大未来媒体产业与战略性新兴产业企业上市奖励扶持力度，探索建立未来媒体产业与战略性新兴产业企业上市孵化平台。落实相关税收优惠政策，支持未来媒体与战略性新兴产业技术领域企业认定高新技术企业，支持技术知识性流程外包服务类未来媒体产业与战略性新兴产业企业认定技术先进型服务企业，对未来媒体产业与战略性新兴产业科技企业中符合条件的研究开发费用执行税前扣除政策。基于新形势、新任务研究、制定、出台新政策。

五是做好公共平台服务。加强未来媒体产业与战略性新兴产业园区（基地）的公共服务平台建设。积极优化各类配套设施和功能，规划建设一系列公共服务平台等，为企业提供便利，服务于未来媒体产业与战略性新兴产业等各个环节，帮助未来媒体产业与战略性新兴产业企业降低成本投入，增强产品投送能力，加强未来媒体产业与战略性新兴产业公共服务硬件设施的管理维护工作，探索企业提供、用户购买、政府补贴的运维服务模式，提升公共服务的长期效果。搭建未来媒体产业与战略性新兴产业融合发展的展示交流平台。在未来媒体产业方面，创办中国智能视听产业论坛，使其成为具有全国影响力的行业盛会，为智能视听企业深化交流提供平台，共同推动行业健康有序发展。鼓励产业基地、行业协会和智能视听企业举办智能视听活动，服务于国家网络文化建设和舆论宣传大局，支持具有一定权威性、覆盖面和行业影响力，有固定举办届次的展会、论坛、交流等智能视听重大活动的举办。在战略性新兴产业方面，进一步办好“数字中国峰会”“中国人工智能大赛”等活动。大力提升公共服务能力和水平。确定与福建经济社会发展水平相适应、具有前瞻性的未来媒体产业与战略性新兴产业基本公共服务范围和标准，明确公共服务的种类、数量、质量等方面的要求。坚持政府主导、社会参与、重心下移、共建共享，不断创新供给方式，完善政府购买智能视听公共服务流程，通过委托或招投标等方式，吸引有实力的社会组织和企业参与未来媒体产业与战略性新兴产业公共服务体系建设中，增强非政府组织和企事业单位的公共文化责任意识。建立科学的公共服务评估体系，引入第三方专业评估机构，提高公共服务绩效和供需匹配度。建立健全多终端的公共文化服务大数据采集系统，推动信息资源共建共享，促进未来媒体产业与战略性新兴产业公共服务的优化升级。采取“菜单式”“订单式”服务，实现供需有效对接。

（二）坚持创新：确保创新驱动核心地位

一是提高技术研发创新能力，充分发挥科技创新支撑引领作用。深入实施创新驱动发展战略，抓好国家自主创新示范区建设，培育一批新型研发机构，提升未来媒体产业与战略性新兴产业企业技术创新能力。以5G、AI、VR、IoT等新兴技术进一步推动未来媒体产业与战略性新兴产业融合发展。加快人工智能等新一代信息技术、新材料技术等在网络媒体制作播出和传输覆盖中的部署和应用。推动打造面向5G的更高格式、更新应用场景的未来媒体业务新形态。推动VR/AR/MR技术与未来媒体产业整合，催生具有高度互动性的包括短视频、综合视频、音频产品在内的未来媒体产品。密切跟踪和研究区块链技术发展现状和趋势，推动区块链技术在未来媒体领域的创新应用，提高运用和管理区块链技术的能力，使区块链在媒体融合、媒体5G发展、网络视听提质增效等方面发挥更大作用。支持云采编、云分发、云安全管理、云运营支撑系统，推进产、学、研、用相结合，加快科技创新成果转化及推广应用。

二是依托国家文化和科技融合示范基地、中国（厦门）智能视听产业基地，打造一批文化科技企业品牌。依托厦门人工智能、数字取证、声纹识别等技术企业来集聚资源，加大基地技术的应用服务范围，推动未来媒体产业和战略性新兴产业创新发展动能。依托海峡版权交易中心，利用区块链技术，实现未来媒体数字内容确权、授权、维权服务，围绕IP资产证券化的协议转让交易模式，研发电子交易系统，通过打造文化、科技、金融有机融合的互联网金融服务平台，为众多IP数字文化产品生产企业提供投融资渠道。

三是推进媒体融合，鼓励产业创新发展。在内容生产、传播渠道、数字化平台、经营模式、技术研发、云计算、大数据应用和“互联网＋”等方面，积极探索推进传统媒体与新媒体的全方位对接、融合式发展。打造未来媒体产业与新一代信息技术业加速融合的平台，推动产业、技术和媒体融合发展，建立健全5G商用时代活力生态圈，推进媒体融合纵深发展。打破媒体边界，从智能硬件、智能家居、智慧生活，赋予传统媒体更多内涵、更广阔的业务形态。抢抓全媒体时代的发展机遇，通过“5G＋AICDE”“5G＋Ecology”“5G＋业务”“5G＋服务”，为未来媒体产业和战略性新兴产业融合发展与创新赋能。坚持共建共享，与社会各界共同构建资源共享、生态共生、互利共赢的“5G＋”新生态，推动未来媒体产业与战略性新兴产业生态融合发展。打造全国性新型主流媒体平台级产品，依托福建对台交流优势，集结福建省主流媒体的资源与平台，通过“人工＋AI”内容安全审核，集成台海新闻资讯视听内容，面向各大头部信息渠道进行分发，建成国内最大的台海新闻资讯集成分发基地；面向全球6000万闽南语系人群，吸收两岸闽南文化内容生产机构，打造以闽南文化为特色的世界闽南文化智能视听综合运营平台。

（三）优化布局：发挥基地辐射带动作用

实施国家文化和科技融合示范基地、中国（厦门）智能视听产业基地扩容计划，进一步集聚产业，改变散点发展态势，优化产业载体布局。

推动产业集聚。以中国（厦门）智能视听产业基地为核心，根据产业发展需求进一步扩大基地用地面积，通过土地建设、产权购置、租赁等方式，形成具有一定规模、聚集程度较高的智能视听产业基地拓展区，逐步形成智能视听产业基地品牌。力争至2022年，基地引入智能视听龙头骨干、独角兽及新锐企业筑巢引凤的能力不断提升，入驻企业超过100家，产值超100亿元。至2030年，力争入驻基地企业数超过200家。加强上下游企业间的合作，不同类型企业间的合作，内容生产和平台运营企业间的合作，前端创意、后期制作和技术服务企业间的合作，加快技术传递，形成技术溢出效应。

加快业态布局。积极构建未来媒体产业与战略性新兴产业生态圈。如智能视听产业，基地核心区以动漫、游戏等为主要业态，拓展区以影视、微电影、短视频、直播、电竞、教育等为主要业态。重点发展拓展区，推动产业发展对接要素市场、业态更新对接技术服务市场、内容产品对接需求市场、企业融资对接资本市场。加强基地对周边产业的辐射和吸附能力，引导相关资源和市场向基地及其周边汇聚。

（四）扩大交流：推动实施产业“走出去”

进一步深化闽台经济社会文化交流合作，力争至2030年，引进台资企业数占总企业数的10%，尤其是引入的科技含量较高的信息服务、后期制作、技术应用类企业，可依法享受高新技术企业入驻奖励、税率减免和研发费用补贴政策，提高基地的技术研发水平、应用水平和转化水平。

推动福建未来媒体产业和战略性新兴产业“走出去”。如未来媒体方面，一是重点挖掘闽南文化和海丝文化，提升特色文化在未来媒体数字内容生产中的比重，增强对传播闽南文化的责任意识。定期开展有关闽南文化的优秀数字内容产品评选活动，给予一定的激励，并形成品牌效应。加强闽南文化传播，发挥福建对台交流的地缘及区位优势，创建大陆首个闽南文化传播网络融媒体服务平台（含移动端），打造以闽南文化为特色的智能视听分发集成平台，建成数量足够多的CDN分发节点、内容集成渠道和全媒体分发渠道，实现跨媒介、跨渠道的全网、全域、全屏的传播覆盖能力。二是对走出国门的优秀数字内容产品按出口版权收益给予专项奖励。三是精准施策，推进闽台青年融合，在闽建立台湾青年影视后期制作产业基地，不断吸引台湾优秀青年人才来福建交流、工作、生活。四是推动两岸数字版权交易，依托海峡版权交易中心，搭建立足厦门、覆盖大陆、对接台湾、辐射海外，集创作者资源、内容创意、内容策划、内容制作等环节为一体的版权交易平台，实现数字版权的线上交易。

（五）人才保障：构筑产业人才聚集高地

深入贯彻落实人才政策，遴选和培训未来媒体产业与战略性新兴产业行业领军人才。鼓励未来媒体产业与战略性新兴产业在用人制度、激励措施等方面与市场对接，积极探索人才制度改革，建立适应市场发展、符合未来媒体产业与战略性新兴产业特色的人才制度。创新激励措施，加强对创新型、复合型人才及新媒体新业务人才的在职培训。吸引人才、培养人才、留住人才、用好人才，为未来媒体产业与战略性新兴产业持续健康发展提供有力支撑。

优化人才培训与激励机制。支持国家级文化与科技融合示范基地、智能视听产业基地、行业协会及未来媒体产业与战略性新兴产业企业发挥行业资源优势，积极与在闽院校合作，开设专业课程培训，开办专题讲座，开展产业专题研究，探索建立定向人才培养机制、实训基地项目。支持行业协会开展人才培优计划，探索将未来媒体产业与战略性新兴产业相关专业人才纳入福建省职称评定范围。逐步形成“产、学、研、用”一体化发展机制，实现人才集聚和产业升级的良性互动。推动人才中介组织和市场建设，为人才在区域内的合理化流动创造良好环境。建立从业人员培训合作机制，组织创作生产、经营管理等各类专业研讨会，开展智能视听从业人员互访式、代培式培训活动。共同推进国际优秀人才、本土优秀人才的引进，优化人才配置，发挥福建作为中国未来媒体产业与战略性新兴产业人才资源聚集基地的重要作用，为全国和全球提供专业化的智能视听服务。

行 业 篇

Industry Reports

B.2

媒体5G应用发展报告（2019~2020）

丁 迈 周欣欣*

摘 要： 5G商用将给整个视频产业带来深远影响，其推广应用以及5G与人工智能的结合给电视大屏带来了全新的机遇和挑战。5G发展之下，大屏收视场景被重构，电视成为直点播的混合载体。由此，整个传媒市场的竞争格局与受众对视频的消费观念将被改写，更趋年轻化、高知化的优质受众向大屏回归，引发大屏家庭场景价值、品牌传播价值以及用户流量价值的重估。5G业务的发展是全体系、全生态的过程，媒体的5G应用必将在新传播时空重新吸引受众回归客厅大屏，重塑传统媒体的影响力、引导力、品牌力。

* 丁迈，中国广视索福瑞媒介研究有限责任公司董事、总经理，中国传媒大学教授、博士生导师，主要研究方向为应用统计、传播心理测量、抽样调查、精确新闻报道；周欣欣，中国广视索福瑞媒介研究有限责任公司市场部副总监，主要研究方向为媒体调查分析。

关键词： 5G　AI　电视大屏　IPTV/OTT 互动平台

5G 即第五代移动通信技术，能支持更高效的信息传输、更快速的信号响应以及海量的终端接入。英特尔公司在委托世界电信产业权威咨询公司 Ovum 发布的《5G 娱乐经济报告》中预测，5G 用户的月平均流量将在未来 10 年内增长 7 倍，而其中 90% 将被视频消耗。在中国，5G 的正式商用也将为视频行业带来全新的机遇与挑战，业界普遍认为，未来 5G 的推广应用以及 5G 与人工智能的结合将给电视大屏带来深远的影响，这个影响要远超小屏。CSM 机构的《2020 年短视频用户价值研究报告》也显示，55.8% 的短视频用户通过电视大屏播放过短视频。可以说 5G 时代大小屏融合发展将成为趋势，而“5G + AI”也将极大地改变大屏的收视环境，提升大屏观众的收视体验。未来，电视将更大、更清晰、更智能，信号的传输也将更快、更低延时，5G 将为电视媒体开启一个新的智能电视大屏时代。本文即以 5G 之下大屏收视为切入点，通过对 5G 智能化时代大屏收视景观、广电媒体 5G 应用为主要内容，研析 5G 时代的媒体市场格局及未来发展。

一　5G 重构大屏收视环境与收视场景

（一）5G 进一步催化各类互动平台的发展

在大屏收视场景之中，核心毋庸置疑是“大屏”本身。大屏作为新传播环境下家庭客厅娱乐消费的中心，其内容消费生态背后是接入大屏的不同信号来源的设备。从目前的情况来看，数字有线机顶盒、IPTV 机顶盒、OTT 机顶盒（智能电视和互联网机顶盒）是目前接入大屏的最为常见的三种设备，其运营主体、传输方式和提供的内容存在一定的差异。

5G 技术在通信等领域的应用，带来了更为快速的网络传输速度和更为稳定的信号传输效果，在传统的数字有线之外，进一步催化了其他互动平台市场的成长和发展。根据 CSM 媒介研究于 2018 年、2019 年分别在 52 座城市、59 座城市的基础研究数据（见图 1），2019 年 OTT 设备的家庭覆盖率已经超过数字有线机顶盒，达到 51.1%，其中包括联网和非联网 OTT 设备，联网率为 61%。数字有线机顶盒的家庭覆盖率仅次于 OTT，达到 48.3%，其中包含了只能看直播的单向设备以及可以进行回看和点播的双向设备，但其覆盖率较 2018 年下降较为明显，下降了 8.2 个百分点。IPTV 目前的家庭覆盖率略逊色于其他两种设备，2019 年为 41.0%，但其增速可观，同比增长了 9.2 个百分点。

从三种设备在 2018 年、2019 年的家庭覆盖率来看，其占比之和超过 100%，这意味着当前受众家庭中存在多种设备并存、同时使用的情况，可以预见，随着 5G 技术的进一步发展和渗透，设备冗余现象将更为普遍，这为受众选择收视设备和内容来源提供了更多选择的同时，也必将加剧为视频收视市场提供不同内容的互动平台之间的竞争。

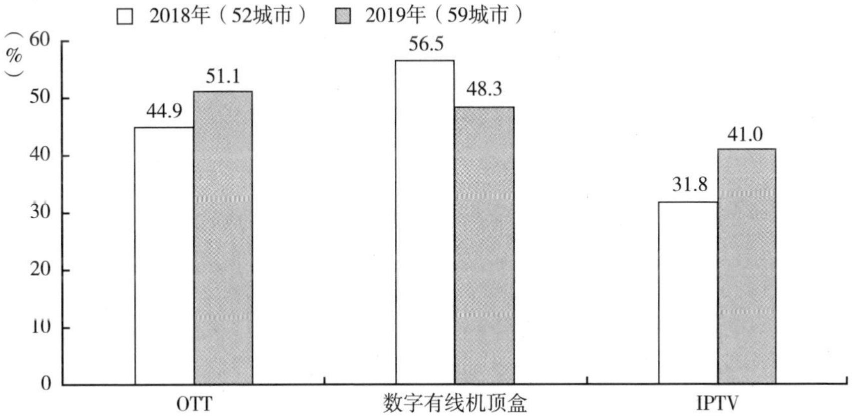

图 1　2018 年、2019 年收视设备的家庭覆盖率

资料来源：CSM 媒介研究对 59 城市（2019）、52 城市（2018）的调查。

（二）5G 促进大屏成为直播和点播收视混合载体

传统电视的收视，本来是以各级频道的直播收视占据绝对的主体地位的。

近年来，一方面得益于数字化收视设备的快速普及，非直播收视具备了硬件条件；另一方面随着双向交互技术的应用和发展，尤其是5G环境下信号传输速度的加倍提升，原有IPTV专网、DVB内网的传输方式与接入互联网的OTT方式一道，全部进化为互联网传输方式，这直接导致观众大屏收视构成中的非直播收视迅速增长，电视日益成为直播和点播的收视混合载体。

从CSM媒介研究的收视调查数据变迁来看，在电视直播收视以外，以所有互动平台的非直播收视行为为主体的部分，在CSM的数据体系中，被归为“其他频道”，而这一“其他频道”的市场份额近年来呈现加速增长之势，已经由2016年1月的10.97%增至2020年1月的23.54%，四年间增长了12.57个百分点，成为大屏收视端不容小觑的一股力量（见图2）。而如果我们进一步将收视主体聚焦到OTT家庭观众甚至具备联网条件的OTT家庭观众时，以非直播收视为主的“其他频道”的市场份额最高已超过40%（见图3）。而且我们可以预见，随着未来电视大屏进一步5G化、智能化的发展，受众视频收视中的“非直播”比重会越来越大，重新聚集在客厅大屏前的电视观众，或者说视频用户，其内容消费的渠道、方式和标的，已经与传统线性直播时代截然不同，直播与点播混合收视将成为5G时代的一个显著特征。

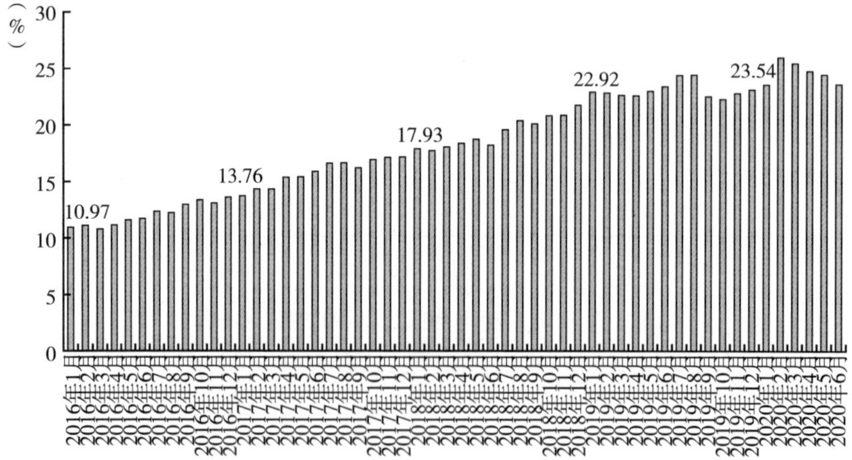

图2 2016年以来所有观众对“其他频道”的收视份额（52城市）

资料来源：CSM媒介研究。

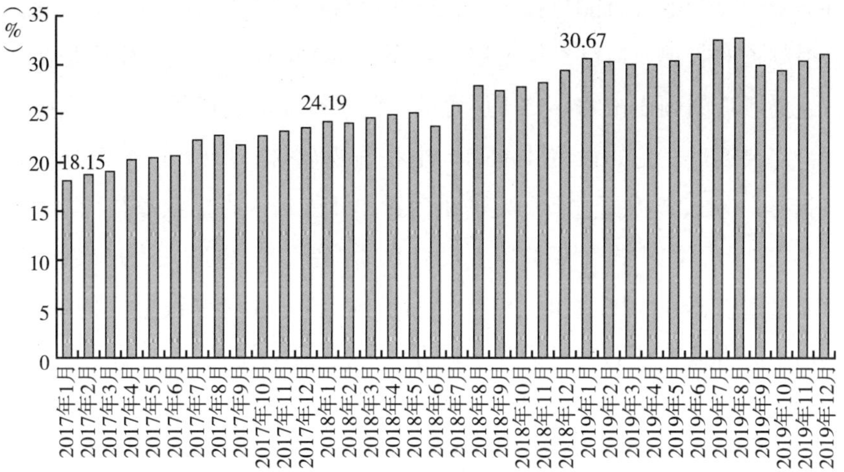

a

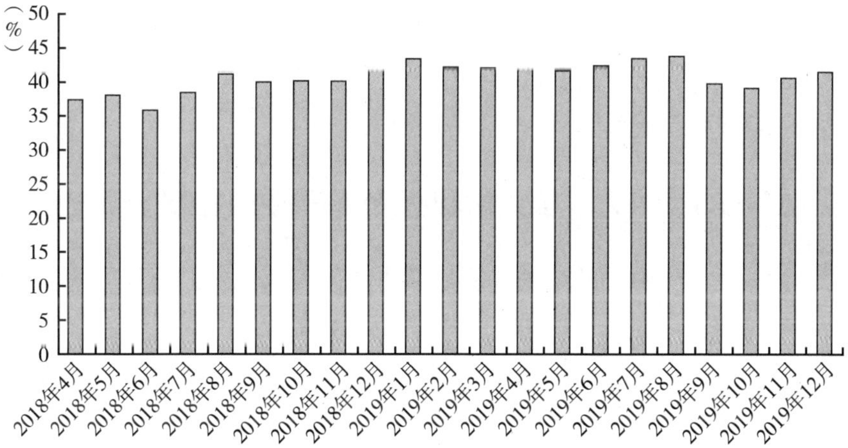

b

图3　2017年以来OTT家庭观众及OTT联网家庭观众对“其他频道”的收视份额（52城市）

注：a为OTT家庭观众对“其他频道”的收视份额；b为OTT联网家庭观众对“其他频道”的收视份额。

资料来源：CSM媒介研究。

（三）5G引发大屏收视入口向点播倾斜

在双向交互收视设备的普及和网络传输速度倍增的双重作用之下，传统收视场景中打开电视就能直接进入直播频道收视的场景已经悄然被改变，电视直播频道的收视入口已经被层层“包裹”：DVB 开机界面中往往是交互主页，直播频道的画面被缩小置于屏幕的一角；智能电视机的开机界面中没有直播，需要通过一定的设置才能启动电视直播软件；IPTV 首页面开机默认为“推荐”模式，需要进行一定的手动操作才能进入直播频道收视入口。

不仅如此，很多设备遥控器上没有直播按钮，如想进入直播收视场景，需要通过遥控器在大屏主页上将信号切换到 IPTV 或者有线电视的信号源，这无形中为直播收视的实现设置了障碍，电视遥控器的设置推动电视进一步向点播收视的入口倾斜。

除此以外，上述智能双向交互收视设备，也在直播频道的节目之外，为受众提供了海量的视频点播内容，以及可供观众随时随地进行回看的节目库，在更为自由、自主的收视选择之中，受众在电视大屏前的视频收视行为更为灵活、多样，可合理安排自身的时间，这些特征加速了电视大屏收视从直播向点播收视的倾斜。

（四）5G 之下大屏互动平台的竞争环境优于直播平台

作为客厅娱乐中心的电视，从最早的地面模拟无线，历经“免费数字电视平移工程”，在 21 世纪的第一个十年迎来黄金时代。随着 2010 年后宽带的井喷，基于宽带的 IPTV 从最初作为广电的颠覆者面目出现，到在广电总局协调下设立并运营 IPTV 播控总平台以及在各省（区、市）广播电视台建立二级播控分平台，成为电信运营商与广电新媒体的有机融合样板，在 21 世纪的第二个十年迎来飞速发展。随着 5G 时代的来临，OTT 智能电视以其强大的芯片与存储、计算能力，更为友好和便捷的人机交互模式，成为与上述两大互动平台并行发展且具备分庭抗礼能力的平台之一。

在当前 5G 智能化发展趋势之下，电视大屏三大互动平台中，有两个半属于广电机构所有并由其负责内容运营。CSM 媒介研究 59 个测量仪城市数据显示，IPTV 和 OTT 互动平台在电视大屏整体收视中所占的份额，在 2020 年第一季度分别达到 8.21% 和 9.44%，二者共占“其他频道”市场份额的

70%，成为直播频道外大屏收视的有益补充。

如果将IPTV互动频道的收视份额还原至省市地面频道，则其在整体频道竞争格局中大大提高了省市地面频道的竞争力和声量，还原了一部分传统广电在大屏上的收视价值。以2020年第一季度为例，如果将IPTV互动平台8.21%的收视份额合并至省市地面频道中，则其收视份额超过27%，与中央级、省级上星频道呈鼎立之势，极大地还原了其收视价值（见图4）。

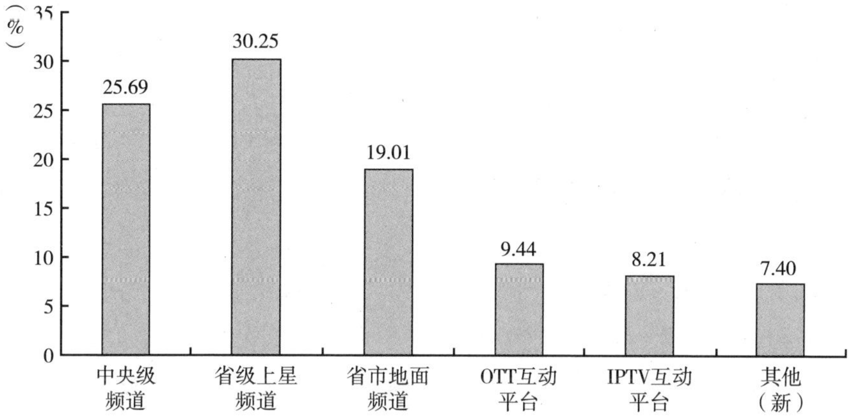

a

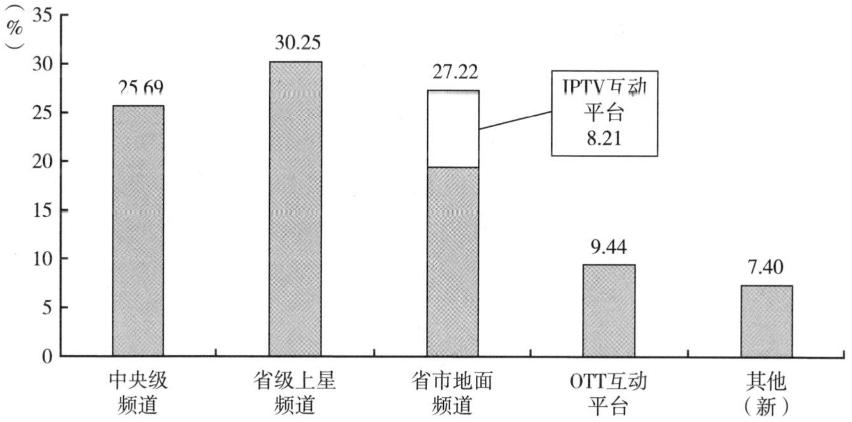

b

图4　2020年第一季度各级频道及互动平台收视份额（59城市）

注：b为将IPTV互动平台收视份额合并至省市地面频道后的数据。

资料来源：CSM媒介研究。

二　5G重构电视市场格局与受众收视行为

（一）5G之下IPTV、OTT互动平台收视份额粗具规模

5G智能化时代的到来，使大屏收视端非直播收视快速增长，观众既可以在电视大屏上依托有线传输方式收看直播频道，也可以通过IPTV、OTT盒子收看直播和回看点播的内容。不同来源的内容在电视大屏端的收视行为和时间是彼此独立且互斥的，CSM通过对不同信号源形成的收视行为的拆分，将非直播收视中的IPTV互动平台和OTT互动平台的收视行为彼此独立出来，对大屏端非直播收视的结构，有了更为精准的测量和呈现。

从2020年第一季度59个测量城市的大屏收视竞争格局来看，经过多年的累积和并行发展，IPTV和OTT互动平台收视份额粗具规模，IPTV互动平台共获得8.21%的收视份额，OTT互动平台共获得9.44%的收视份额，二者收视共占“其他频道”收视的70%，占比很高。如果把它们也视为一个频道组来看，IPTV互动平台和OTT互动平台收视份额之和已经逼近整个地面频道组的收视份额，较Top5省级卫视的收视份额也高出3.7个百分点（见图5），成为当前收视市场中具有一定影响力的一极。随着5G智能化时代的到来，非直播收视在受众整体收视中的比重有不断增长的趋势，这也预示上述互动平台的收视增长在未来仍有较大的空间，对整个大屏收视市场也将产生深远的影响。

（二）5G推动互动平台受众的年轻化

近年来，传统电视的受众老龄化趋势不断加剧，不仅年轻观众的收视时长呈现逐年下降趋势，45～64岁中老年收视群体的收视时长也趋零增长，仅65岁及以上老年观众的收视时长一直保持着稳定的上升趋势。随着5G智能化时代的来临，以IPTV和OTT为代表的互动平台得到了快速发展，这

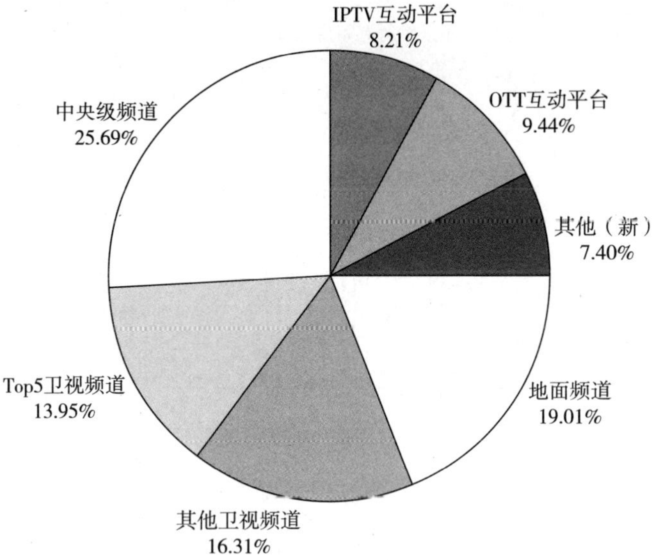

图 5　2020 年第一季度电视大屏分频道组收视份额（59 城市）

资料来源：CSM 媒介研究。

不仅在直播收视之外延长了受众点播、回看等收视时间，还使大屏收视价值得以放大；从受众结构的角度来看，上述互动平台引发年轻收视群体重新向大屏收视回归，为电视大屏带来了更多具有活力的年轻收视群体。

2020 年第一季度，CSM59 城市市场中，OTT 互动平台的观众中，4～14 岁、25～34 岁、35～44 岁、大学及以上学历的观众占比明显高于同期所有频道，其涨幅均在 30% 以上，尤其 4～14 岁观众较所有频道的涨幅为 76.9%（见图 6）。可以说 OTT 互动平台为电视大屏带来了更多年轻与优质的收视群体。

IPTV 互动平台的受众结构，与 OTT 互动平台同中存异。以 2020 年 6 月数据为例，中国 IPTV 互动平台观众中，4～14 岁、25～54 岁观众占比均高于所有频道。其中 4～14 岁观众较所有频道的涨幅为 89.9%（见图 7），与 OTT 互动平台表现出较为类似的少年儿童观众集中化的特点。而二者相比较，IPTV 互动平台的核心受众分布较为广泛。

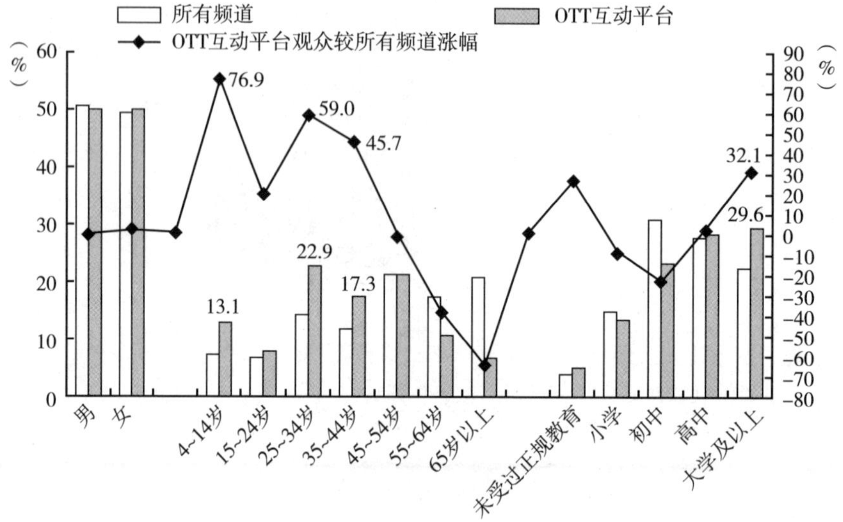

图 6　2020 年第一季度所有频道与 OTT 互动平台观众构成及 OTT 互动平台观众较所有频道涨幅（59 城市）

注：左纵坐标轴为观众构成，右纵坐标轴为涨幅。
资料来源：CSM 跨平台收视数据。

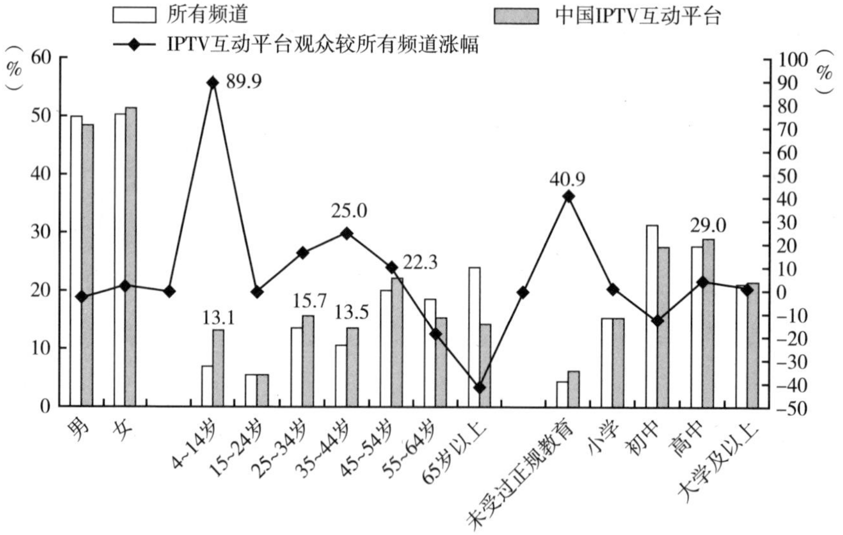

图 7　2020 年 6 月所有频道与 IPTV 互动平台观众构成及 OTT 互动平台观众较所有频道涨幅（59 城市）

注：左纵坐标轴为观众构成，右纵坐标轴为涨幅。
资料来源：CSM 媒介研究。

（三）5G提高互动平台受众黏性引发收视时间增长

受众的媒介消费，一方面可以从触达规模的角度进行衡量，这是进一步使用和消费媒介的基础和前提；另一方面对于特定媒介的消费时长则反映了受众对媒介使用的深度和黏性，是媒介持续在受众中形成影响的关键。近年来，随着技术进步下媒体融合进程的推进，传统电视端面临受众被分流、受众媒介消费日趋碎片化的种种冲击。而从上述两个维度来看，近年来造成传统电视收视下滑的更为重要的原因是触达观众规模的不断减少，在CSM机构调查的所有城市中，TTV的平均到达率已经由2015年的62.3%降至2019年的48.9%，平均每个实际观众的日收视时长近年来则基本稳定在250分钟左右，变化不大（见图8）。

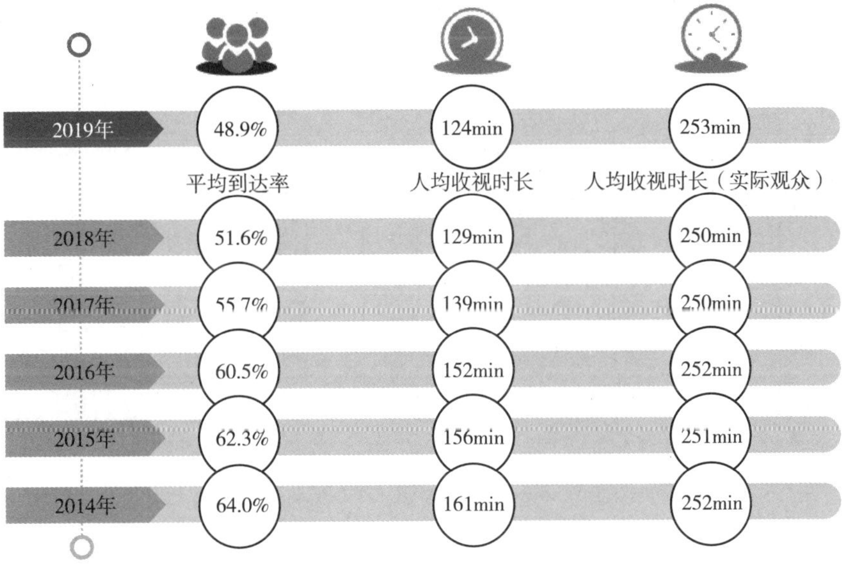

图8　2014年以来所有频道观众平均到达率及人均收视时长（历年所有调查城市）

资料来源：CSM媒介研究。

正因如此，如何有效吸引受众回流、提高受众黏性成为5G智能化新传播环境下电视大屏获得新发展的突破口和必然路径。一方面，上星频道、地面频道都在从不同的角度创新传播内容和模式，力图吸引更为广泛的受众，使其回归传统收视；另一方面，以 IPTV 和 OTT 互动平台为代表的大屏端新入局者，也通过更具便捷性、交互性、自主性的内容消费模式，引发受众回流大屏，从触达规模的角度为大屏收视的回归助力。2020 年第一季度，59 城市晚间 20:00～22:00 时段，Top5 卫视频道总计排重到达率为 73.8%，与 IPTV 互动平台组合后的总计到达率为 77.5%，与 OTT 互动平台组合后的总计到达率为 77.0%，IPTV 互动平台贡献的独立到达率为 3.7%，OTT 互动平台贡献的独立到达率为 3.1%，互动平台已经在电视直播之外为大屏带来了可见的增量受众。

不仅如此，从受众黏性的角度来看，以 OTT 互动平台为例，2020 年第一季度全国七大区 OTT 互动平台观众的人均收视分钟数均较 2019 年同期有显著增长（见图 9），其中华东和西北地区的增幅均在 20% 以上，收视时间最长的西南和东北地区 OTT 互动平台观众人均收视分钟数同比增幅也都超过 17%。

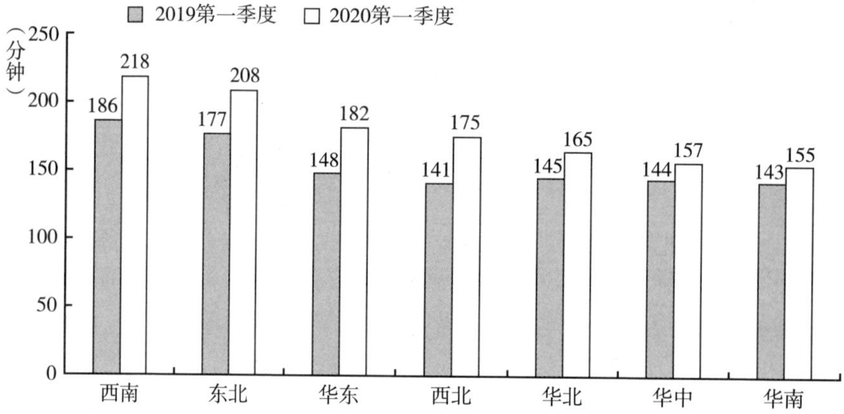

图 9　2019 年第一季度与 2020 年第一季度 OTT 互动平台观众人均收视分钟数

资料来源：CSM 媒介研究中 59 城市（2020 年第一季度）、52 城市（2019 年第一季度）的跨平台收视数据。

三　5G 重塑大屏生态价值及传播价值

5G 的应用和发展使电视大屏传播加速进入智能化时代，弥补了传统电视传播的单向、线性以及营销割裂等方面的不足，电视大屏原有的家庭场景传播特征和广电平台的品牌优势被保留，大屏生态价值及传播价值得以重塑。

（一）家庭场景传播价值被重估，广告预算回流至大屏直点播市场

近年来，随着各类新媒体加速入局传播市场，广告主在各类媒体广告预算上的分配不断调整变化。根据 CTR 发布的《2019 年广告主营销趋势报告》，2016～2019 年，传统电视的广告预算份额持续流向以移动互联网为代表的小屏，电视广告预算份额不断缩减，而移动互联网的广告预算份额则持续提升。在大屏端近年来不断展现活力与发展势头的 OTT/IPTV 互动平台，其广告预算份额近年来涨势看好，但由于其本身体量较小，目前尚未对整个媒体广告预算市场形成较大的影响。

随着 5G 智能化时代的到来，电视大屏作为家庭休闲娱乐的中心、未来智能设备的控制中心和智能家居的入口，其传播价值将被重新认识，由此带来电视大屏的家庭场景传播价值与广告价值的回归。不仅如此，大量回流至大屏端的年轻受众和高学历受众，也成为电视大屏传播价值增值的砝码，尤其在国家鼓励二孩政策的驱动下，在电视大屏端以少年儿童为核心形成的老、中、青、少协同收视场景，将进一步增强电视大屏在广告营销中的传播广度、深度和效度，引发其价值的重新界定与回归。不过，媒体间广告价值的体现与流动，往往滞后于媒体自身的发展变化。5G 对电视大屏智能化发展的驱动，终将使电视大屏发展为与移动小屏“功能相同、应用相同、受众相同只是尺寸不同、场景不同”① 的全新价值载体。

（二）品牌传播价值递增，头部内容价值由直播频道扩散至互动平台

品牌是给拥有者带来溢价、产生增值的一种无形资产，它的载体是用于

① 丁迈、刘晓华：《5G 智能时代电视大屏受众收视价值研究》，《新闻战线》2020 年第 4 期。

和其他竞争者的产品或劳务相区分的名称、术语、象征、记号或者设计及其组合，增值的源泉来自消费者心中形成的关于载体的印象。对于电视市场的频道和节目而言，品牌无疑是承载受众的娱乐或其他预期、能满足受众不同层次需求的频道、节目乃至模式。

传统线性直播模式下，节目和频道品牌的形成和传播过程较为单一，即随着节目的线性直播不断积累和推进。而随着5G智能化时代的到来，不仅不同来源的内容极大丰富，内容消费的方式和渠道日益拓展，而且在时空维度上纵横交错，形成了一张复杂的传播网络。电视频道/节目的品牌价值也借助于这些由多方面交错而成的不同维度不断传播，以时间线维度的延伸为例，在传统电视直播中具有品牌价值的头部内容，其内容价值借助于IPTV、OTT等互动平台的以回看和点播为代表的非直播模式实现了扩展，由直播频道向大屏的三个互动平台（DVB互动平台、IPTV互动平台、OTT互动平台）扩散。以2019年CSM在55个城市的时移收视为例，《奔跑吧》（第三季）首播收视率为2.01%，时移收视率高达1.31%，形成了相当于首播65.2%的非直播收视增量；《极限挑战》（第五季）首播和时移收视率分别达到1.69%和0.79%，时移收视为首播收视带来了46.7%的收视增量。由此，头部内容价值正在由直播频道向互动平台扩散，且电视大屏的点播视频也呈现品牌化特征，头部内容获得了生态化的发展空间。

（三）互动平台用户粗具规模，用户流量价值获再开发潜力和空间

随着媒介融合的技术障碍被不断破解，媒体和受众之间的关联日趋强化，用户文化逐渐取代受众文化成为传播领域的一个新的概念。简单来说，受众文化时代的媒介传播是线性的、技术化的，是一种消费型工业模式；用户文化时代的媒介传播则是非线性的、社会化的，是生产与消费融合的一种模式。

5G智能化时代所具备的高宽带、高可靠、低延时、广覆盖、大连接的特性，推动电视大屏端互动平台不断发展和壮大，将具有点播、回看

等主动收看行为的受众不断转变为用户，加速大屏端的内容价值由受众侧向用户侧扩散，为电视大屏的用户流量价值开发提供了全新的契机。

IPTV互动平台的用户增长目前已经进入相对稳定的发展平台期，对其经营开发的重点从扩大用户规模进入提升价值为目标的新阶段。从上文分析中可知，2020年第一季度IPTV在整个电视大屏收视端获得了8.21%的收视份额，以此推测其用户流量所带来的广告价值空间将以百亿计，在未来具有较大的潜力。OTT互动平台的用户数量近年来则随着家庭中收视设备的更新换代而进入快速增长通道，尤其是5G时代网络接入的普及、网络速度的大幅提升，联网OTT设备的数量也将不断创出新高。2020年第一季度OTT互动平台在总体收视中获得了9.44%的收视份额，可以预见未来OTT互动平台用户规模的增长仍会继续保持，由此衍生出的用户流量价值和广告价值值得期待。

四　广电5G应用拓展大屏传播新视野

5G发展之下，媒体大屏端迎来了全新的发展契机。5G不仅重构了大屏收视的场景，更是借由更趋年轻化、高知化的优势受众向大屏的回归，引发新传播变局之下家庭大屏的价值流动与重估。而这无疑又成为广电媒体进一步加快5G技术落地、积极探索5G应用新场景、加速建设智能化广电新生态的催化剂与推动力。尤其是2019年6月6日，中国广电与其他3家运营商一起拿到了5G牌照，上述5G应用探索更成为新时代广电媒体加速发展的全新目标和切实动力。从中央到地方，各级广电单位已经开始在诸多业务领域积极展开5G相关应用的布局，大胆创新5G应用新模式与新领域，在5G全体系、全生态的建设发展过程中，以媒体人特有的智慧与扎实干劲，顺应技术与媒体发展之潮流，重现传统媒体品牌的强大市场感召力与非凡影响力。

下面将从重大事件契机下媒体的5G应用探索、5G新需求背景下广电内容资源的整合与升级、5G“智慧家庭”新风口中全媒体综合信息内容服务体系的构建三个维度，展现当前5G初体验阶段广电发展的高速度和强执行力，为未来5G充分发展阶段，广电媒体蓄力再出发做好充分的准备。

（一）以重大事件为契机，解锁5G应用新场景

在5G时代，电视大屏契合家庭休闲娱乐场景，5G的高带宽、高网速等与4K/8K视频有着天然“适配性”，大屏无疑是承载4K/8K视频的最佳载体。广电媒体则以重大新闻事件为切入点和契机，充分运用5G技术，从节目制作直播模式创新和新闻云采访系统创新等多个维度，不断探索尝试解锁广电5G应用的新场景。

2019年国庆70周年阅兵，是5G商用后第一次最为重大的5G应用契机。中央广播电视总台与中国移动、中国电信、中国联通、华为公司通力合作，“5G+4K”高清直播、北斗卫星阅兵训练考核系统、5G回传方案、5G背包等新的通信技术的应用，为观众呈现了更精准、更多样、更便捷的国庆阅兵直播。本次阅兵式的直播实现诸多“首次”突破：首次引入4K主观视角回传技术；首次对阅兵式进行4K超高清直播，并引入电影院线；首次对阅兵式进行多视角直播；首次对阅兵式进行VR直播。本次直播的数个4K摄像机被设置在行进的花车和自行车上，并通过5G技术实时回传至总台。当花车与自行车缓缓移动时，电视机前的观众仿佛也成为行进队伍的一部分，大带宽、低时延的5G网络赋予了4K摄像机移动化的能力，为观众提供了前所未有的观看体验。本次阅兵式还在最佳观看地点部署VR摄像机，结合5G实时回传技术，让用户通过一台具有4K解码能力的VR头显，观看分辨率高达8K的超高画质VR视频，体验到进入阅兵现场的超真实感觉。

2020年5月21日，全国“两会”在北京召开。疫情特殊时期举办的“两会”，也借助科技创新丰富了传播手段，实现了不一样的报道。一方面，此次“两会”，从中央广播电视总台到各级省台，广电媒体尝试充分融合“5G+4K/8K+AI”等技术，转换采编运作模式，唱响“两会”好声音。其实早在2019年全国“两会”前夕，中央广播电视总台5G新媒体平台已经

成功实现4K超高清视频集成制作，总台5G新媒体平台在2019年“两会”报道中正式投入使用。2020年“两会”，中央广播电视总台更是成功进行了国内首次“5G＋8K”实时传输和快速剪辑集成制作。利用“5G＋4K/8K集成制作”技术，对8K外景信号进行实时传输，对收录的8K信号进行快速编辑；利用“AI云剪辑”技术实时收录多路信号，通过人工智能计算主要算法逻辑，生成AI剪辑成片。另一方面，疫情特殊情况下，“两会”报道的采访方式应疫情防控之需也发生了转变，得益于5G传输的低延时和高速率，“云采访”被普遍运用在各级广电的“两会”报道之中。记者利用“5G＋AR”采访眼镜，可以即时掌握人物、事件信息资料；还可以用第一视角连线直播，拍摄、直播等任务只需要手势或语音控制即可轻松完成。湖南广播电视台等省级台也开发“5G新闻云采访”系统，由出镜记者与委员、代表，以及他们议案、提案中涉及的目标主体进行多方连线，共同讨论相关问题。

（二）整合与升级内容资源，开启融合传播新景观

作为信息传输的革命性升级，5G加速了万物互联时代的来临，传统媒体以此为契机进行融合传播转型成为当务之急。内容资源是广电行业长期以来的核心竞争力，而以长视频见长的广电媒体，近年来也在不断尝试适应新传播时代的受众媒介消费需求，以“长视频＋短视频”共振的模式，开启联动“大屏与小屏”的融合传播新景观。

2019年11月20日，我国首个国家级5G新媒体平台——中央广播电视总台“央视频”5G新媒体平台正式上线。这是中央广播电视总台基于“5G＋4K/8K＋AI”等新技术全新打造的综合性视听新媒体旗舰。“央视频”定位为视频社交媒体，以短视频为主兼顾长视频和移动直播。在技术构架上，“央视频”通过云服务打通传统媒体的生产环节和物理空间，实现从内容数据到用户数据的互联互通。在内容上，“央视频”以账号体系为内容聚合逻辑，连接撬动总台长期积累的优质内容资源和社会头部创作力量，开放共建，实现共赢。就此，中央广播电视总台成为国内第一家建设5G智能化媒体平台的主流媒体。

除中央广播电视总台以外，各省级电视台在我国以媒体融合为国家战略的推进过程中，也在逐步从相“加”迈向相“融”，在新闻传播等领域实现了一系列的创新突破。CSM媒介研究2019年通过省级台新闻融合传播指数对31家省级电视台的500余档电视新闻栏目、近2000个以新闻内容为主的微信、微博、短视频账号及近50家电视台的自有新闻客户端进行综合评估，数据显示，上海台作为“新闻立台”的代表，重点发力“三微一端”，传播效能不断提升，用户沉淀成效显著，斩获全年省级台新闻融合传播指数榜首；广东台电视新闻节目传播优势突出，微信、客户端传播效果不断提升，新闻融合传播指数高居第二位；北京台电视新闻栏目高学历观众占比最高，在新媒体品牌建设过程中，全年爆款短视频频出，名列新闻融合传播指数第三；山东台、江苏台在新闻传播领域继续深度、高效融合，打造融媒新闻品牌，在短视频、微博、自有客户端等新媒体领域持续发力，分列新闻融合传播指数第四位、第五位。

以新闻融合传播指数中短视频领域的传播融合效果为例，在“看看新闻”融媒体品牌的带领下，上海台2019年在9个短视频平台发布了近50万条新闻短视频，产生了超250亿次的传播量，占全部省级台总传播量的三成。北京台“时间视频”系列品牌重拳出击新闻短视频、直播，传播效果显著，全年短视频传播量突破140亿次，为全台传播贡献近九成流量。江苏台融媒体品牌“荔枝新闻”“荔直播”密切追踪社会热点，全年短视频传播量近76亿次，全台短视频的单条传播量破百万次，居全部省级台之首。

除利用“三微一端”传播外，省级台也在建设自主可控的新闻传播平台中不断发力。从用户规模、传播效能来看，2019年省级台新闻传播平台总体上仍与商业平台有明显差距，但部分客户端用户使用情况已有扩大态势。2019年，上海台“看看新闻”、广东台“触电新闻”、江苏台“荔枝新闻”、浙江台“中国蓝新闻”、山东台“闪电新闻”月活跃用户数量不断增加，月度新闻融合传播指数不断攀升，年度新闻融合传播指数分列第一位至第五位。

（三）构建全媒体综合信息内容服务体系，拓展政用、商用、民用功能

5G时代的一个显著的特点就是智能化场景越来越深入受众的日常生活之中，而对于在传统客厅中担当智能控制中心的大屏来说，则亟须把握“智慧家庭”的风口，与上下游多方展开全面合作，除传统视听产品之外，在政务、教育、购物、电商、健康等方面，为用户提供垂直领域的多场景应用服务，通过构建综合信息内容服务体系，不断拓展大屏的政用、商用、民用功能。

以在民生中最为重要的医疗领域为例，长期以来，广大民众对智慧医疗怀有高度的期盼，在5G高宽带、低时延的技术保障之下，广电5G实验室与数字医疗资源联手，跨界合作促成了广电与医疗领域的深度碰撞。2020年7月6日，湖南电广传媒与湖南有线集团宣布了一则关于广电5G的最新合作用例——湖南广电5G与湘雅医院实现了首次跨界合作，医师通过MR（混合现实）全息影像技术辅助导航系统开展了全膝关节的置换手术。本次手术作为湘雅医院与湖南广电5G实验室合作共建“马栏山数字医疗体系”的首场手术，为未来数字技术与临床手术的共研共建提供了合作基础与应用示范。此外，在2020年的抗疫之战中，5G远程医疗让北京的医学专家跨越1200公里，与远在湖北“战疫”前线的临床医生“面对面”交流治疗方案；“方舱医院”采用的5G智能医护机器人、5G无人防疫车，实现了无接触医疗监护服务。广大人民对智慧医疗的愿景，在5G技术的支撑下正在逐步实现。

随着广电5G网络建设的不断推进，在线教育也逐渐成为5G商用落地中又一个重要的应用场景。2020年新冠肺炎疫情期间，歌华有线与北京市教委合作推出“歌华教育—北京云空中课堂”，致力于通过搭建全网络、全媒体终端的在线学习平台，为K12阶段、学前阶段的学生及其家长、教师提供系统的教育资源。此外，歌华有线还依托“北京云”融媒体平台，融合大小屏终端优势，下沉布局多种场景需求，将北京优质资源不断推向全国，辅助教育主管部门、学校、家庭教育教学管理活动。歌华有线通过与华为公司合作，结合广电5G网络进一步实现固移融合，推动“5G＋”教育的应用。

5G业务的发展是全体系、全生态的过程，在传统视频内容之外，大屏上诸多服务型内容均符合家庭场景，且具有一定的政策激励作用。面向未来，传统广电须利用自身优势，与其他行业相关领域通力合作，发挥细分场景的优势，实现个人用户、企业用户和家庭用户的共同发展，让用户的多元需求得到尊重和呼应，让用户重新回归客厅。

B.3

智能音频发展报告（2019～2020）

陈曦　孙宇　宫承波*

摘　要： 进入2019年以来，智能音频行业呈现“井喷式”发展态势。较此前处于初级起步阶段时对智能语音内容、形态、设备、技术等层面的广泛涉足，现阶段的智能音频更关注如何与万物互联从智能到智慧的步调相匹配。因此，本报告既盘点了当前各类智能音频的发展成果，对其的特性进行了总结，也对智能音频在人机融合向高级阶段发展的进程中所暴露的问题及其困境进行了梳理，从而提出了发挥语音优势、拓宽场景入口、鼓励科技创新、传递声音温度四个层面的升级路径。智能声态将成为过去式，而智慧声态的实现，还需要各方关注并贡献力量。

关键词： 智能音频　人机融合　智媒素养

一　各大智能音频产品现状盘点

2019年以来，智能音频产业发展进入加速阶段，各类智能音频产品出现在大众视野，无论是其类别、形式还是用途，都较此前有了明显变化。首先，我们需要对各类智能音频产品进行盘点。

---

* 陈曦，中国传媒大学广告学院博士研究生，主要研究方向为媒体创意、网络视听；孙宇，中国传媒大学传播研究院博士研究生，主要研究方向为媒体融合、媒体创意；宫承波，中国传媒大学新闻学院教授，博士生导师，中央文史馆特约研究员，主要研究方向为传媒理论、媒体创意及文化创意产业。

（一）“性格迥异”的智能语音助手

综合来看，国内外不同品牌的智能语音助手在使用途径、助手形象、智慧程度等层面呈现不同的特色。

1. 苹果手机——Siri

从苹果手机 Siri 用户的角度来看，Siri 一方面提供给用户解放双手、获取信息的便利，另一方面也具备与用户进行互动交流的智慧。

第一，Siri 是便利功能的集合。作为一个语音助理，它能够协调各种服务，还能帮人实现各种要求。第二，Siri 是一个具备性格特征的伙伴。Siri 不仅是一个工具，它还是一个有着性格特征、能与人进行对话的存在，智慧程度较高。第三，Siri 在技术层面学无止境。支撑 Siri 的核心技术，比如自然语言理解、系统分类等，都是很细碎的子领域，Siri 正在把人工智能的“碎片”汇聚起来，并且逐渐学会探知用户的需求，开始学习人类的语言规则，理解某个特定说话方式的整体内容，确定用户交流内容的所属领域。但是，苹果公司 Siri 是有第三方接入限制的，只允许与一小部分苹果公司自主开发的应用程序进行连接，这是一个重大局限。①

2. 小米手机——小爱同学

仅从智能语音助理——小爱同学来看，近几年发展较快的国民品牌小米手机仍稍显稚嫩。虽然基本的信息问询和资讯获取并无失误，但在需要智慧程度较高的语音交互中，就显得较为笨拙了。② 这也是大部分国产智能语音助手的通病。因此，在智慧层面的小爱同学及其他国产智能语音助手还需要进化升级。

3. 微软——小娜

在微软公司，语音助理主要存在于电脑系统中，目的在于直接模仿真正

---

① 《智能助理风云：那些你已知与未知的智能助理》，搜狐网，2018 年 11 月 23 日，https：//www. sohu. com/a/277332583_ 100186155。

② 《用设备和场景倒推 AI 技术进步，智能手机 + IoT 是 AI 的无限生态》，深圳湾社区，2018 年 4 月 24 日，https：//zhuanlan. zhihu. com/p/36047694。

人类行政助理的行为，能够掌握每个用户包括日程安排和联系人在内的细节信息[①]，这也直接导致较多青年白领使用微软小娜的绝大多数场景为办公场所。

4. 亚马逊——Alexa

不同于嵌入电脑系统的微软小娜，亚马逊似乎试图让 Alexa 成为人们亲切的朋友。[②] 可以看出，与 Siri、小爱、小娜最大的区别在于，Alexa 具有较强的性格特征和个人喜好，与人类形象更为接近。

（二）“多才多艺”的智能音箱

从交互层面上看，腾讯的听听 9420 音箱、华为小艺音箱关于歌曲方面的指令比较灵敏，而涉及聊天互动时，整体而言小度音箱更加智能一些。尤其是百度推出的“小度在家”系列，添加了用于观看视频的可触摸屏，可以方便地用语音指令打开各类音视频节目，并能通过 App 的设置远程监控家中儿童、老人的动态，是青年白领群体实现顾家、工作两不耽误的帮手，实现了家居互联和娱乐生活的一体化。然而，在智能音箱的屏幕设计上还存在一些争议，有人认为，这种设计让人感觉过于烦琐，音箱只发挥听觉层面的功用已经足够。[③]

从技术层面上看，整体来说国内智能音箱的智能语音技术还处于初级阶段，智能音箱几乎都或多或少存在唤醒敏感度不稳定，远场识别、多语种识别不够完善，对语言情感的理解有偏差等问题[④]，而这也是影响智能音箱智能程度的关键因素。

---

① 《微软 Cortana 退出江湖，语音助手市场认栽了?》，百度百科，2019 年 11 月 18 日，https：//baike. baidu. com/tashuo/browse/content? id = 82a3cad5ed290114658fe74e。

② 《微软 Cortana 退出江湖，语音助手市场认栽了?》，百度百科，2019 年 11 月 18 日，https：//baike. baidu. com/tashuo/browse/content? id = 82a3cad5ed290114658fe74e。

③ 《高速狂奔一年后，智能音箱“变换阵道”》，2020 年 7 月 3 日，http：//www. 360doc. com/content/20/0703/15/66143359_ 922065840. shtml。

④ 《百度超谷歌跃升全球第二，硬核语音技术成抢夺智能音箱“C 位”的王牌》，知乎，2019 年 8 月 3 日，https：//zhuanlan. zhihu. com/p/80483714。

（三）“精于沟通”的聊天机器人

与在大多场景下用于短时问答的智能语音助手和智能音箱不同，聊天机器人更侧重于长期的交流和陪伴。目前，聊天机器人主要有用于访谈的采访机器人和用于情感陪伴的虚拟人格机器人两种类型。

第一，主打访谈的采访机器人。中央广播电视总台在 2018 年推出“小白”采访机器人，这是基于语音合成技术对主持人白岩松的声音进行采集和分析的产物，由此可以替代真实的主持人来对采访对象进行简短问答。然而，就目前的技术而言，诸如“康晓辉”“小白”“新小萌”等采访机器人或 AI 主播虽然可以替代人类完成一些较为枯燥的访谈和播报工作，效率高且错误少，但除了此类纯播报的工作类型，在其他部分仍然无法替代新闻工作者，比如在面对突发情况下机器人的应答能力仍然比较弱。[①] 总体而言，其使用率并不高，只是智能语音在新闻工作中的一次尝试。

第二，主打情感陪伴的虚拟人格机器人。当前比较前沿的科技平台 PullString 可以实现用户对来自亲人的情感陪伴的需求。用户可以在平台添加使用指南，在其中勾勒聊天机器人的框架，通过添加特定亲人真实声音片段的语音库，比如他/她喜欢的歌曲和笑话等对话素材，设计“内容农场”，听起来仿佛是亲人在用原声说话。除此之外，用户还可以为机器人设置性格特点，如热情、有同情心。机器人能根据对方说的话感知到对方的情绪，如得意、振奋、疲劳、厌恶、牵挂等不同状态，以此做出不同的回应。[②]

但当前技术开发能力有限，想要获得近乎真人的聊天机器人，并实现多回合的语音交流，使其拥有真人的性格特征、生活细节等还有一定

① 《中央广播电视总台、北京广播电视台有了新员工：机器人来了》，北京广播电视报社，2019 年 4 月 8 日，https：//www. sohu. com/a/306556403_ 120060070。

② 《和机器人谈“感情”，是人类未来亲密关系的一种选择?》，搜狐网，2019 年 11 月 20 日，https：//www. sohu. com/a/355005732_ 99970711。

距离。尤其是让聊天机器人通过算法自动模仿某人独特的语言模式和个性特点，使它不但能够复制某人已经说过的话，而且能生成新的话语，还是一大难点。未来，人们可以通过语音技术支持下的聊天机器人获得情感慰藉，满足其对至亲的情感依赖，这是智能音频产业中可以挖掘的一个重要领域。

（四）"能说会道"的智能语音可穿戴设备

在移动场景下，人们通常更倾向于可穿戴的智能语音设备，尤其在运动、旅行、会议等场景下的需求度较高，应用智能语音技术可以帮助人们完成枯燥、重复的机械工作，将人从繁重的低需求工作中解放出来，如采访之后的语音转写、语音文本和文字文本之间的高效转化等，大幅度提升办公效率及生活使用感。

1. 谷歌——智能眼镜

谷歌旗下的智能眼镜是谷歌公司继智能语音助理后开发的一款智能语音可穿戴设备。其使用方式简单易操作，一方面可以进行手动触控眼镜，另一方面还可以进行语音操控。近两年来，谷歌也在不断完善和升级眼镜。例如在语言本土化层面植入汉化包，方便用中文进行操控；除此之外，借助于谷歌强大完善的数据系统，用户的个人信息可同时传递、备份至谷歌邮件、谷歌相册、谷歌地图等程序中，使用户在外出时拍照和导航更便捷，提升其工作效率；2019 年谷歌眼镜提供定做近视镜片服务，为用户减少使用障碍。但由于网关的限制，谷歌眼镜针对中国开发的程序稍少一些，导致用户在国内仍有使用时不够便捷的情况发生。[①]

总体而言，对于青年白领群体，尤其是需要时常出差和高效办公的年轻人来说，谷歌眼镜的便利性极高，但网关限制使其功能在国内无法完全发挥出来。这也提醒国内智能语音从业者，需要研发出适用于中国环境的智能可

---

① 《2020 年媒体技术趋势报告：13 大领域、89 项变革全输出》，2019 年 11 月 20 日，http://www.myzaker.com/article/5dd521258e9f0973212b54ea/。

穿戴设备，这部分用户市场不容小觑。

2. 搜狗——C1智能录音笔

对于日常需要进行语音记录和转写的记者、律师等白领来说，录音笔的智能化在节省办公时间方面显得尤为重要。目前，科大讯飞的智能录音笔功能较齐全、使用起来较高效，但由于其定价较高，用户在日常工作中也无须使用所有功能，因此搜狗公司的 C1 智能录音笔成为消费者首选。它外形小巧，便于携带，操作方便；功能方面，连接 App 即可实现录音及实时转写，满足远场、近场、会议等多种场景的录音需求；语义识别方面，语音文字转化准确率达 80% 及以上，可以准确识别部分方言、英语和歌词，并具有对已录音部分自动分段、实时纠错和编辑等功能。① 总体来说，C1 智能录音笔的功能可满足绝大多数场景下用户对于录音笔的使用需求，既节省时间，又解放人力，使白领可以投入自主性更高的工作当中。

3. 腾讯——同声传译

腾讯作为体量较大的科技公司，其在智能音频产品方面探索较广，在人数较多、语种多元的大型会场中使用较多的为腾讯同声传译系统。该系统基本可实现“秒翻译”“秒投影”的效果，在语义识别、理解、转换过程中效率极高。②

4. 科大讯飞——翻译机

与同传设备较为不同的是，翻译机的携带性更强，适合在国外旅行、工作的场景中。国外有微软 Skype Translator、谷歌 Pixel Buds 蓝牙耳机，我国科大讯飞出品的翻译机在年轻群体中也较受欢迎。它可以实现近距离语句对话的多语种实时切换，支持上百种语言的即时人声翻译，方便用户在陌生环境中的沟通交流。而在开车途中，用户大多使用科大讯飞语音输入文字软

---

① 《搜狗智能录音笔 C1，颠覆录音笔业界的一场革命》，搜狐网，2019 年 6 月 18 日，https://www.sohu.com/a/321422168_323083。

② 《腾讯翻译君推出全新“同传”黑科技　一秒上拉解决沟通难题》，中文科技资讯，2018 年 6 月 6 日，http://www.citnews.com.cn/news/201806/78060.html。

件，使说的话直接变成文字。[①]

在更为小众的领域——手语翻译中，便携式的手语翻译设备可感知和识别用户的多种标准的手语动作，并将其转换为所需语种，准确率极高。[②] 此类设备对残障人士的意义重大，突破了传统的翻译设备概念，使他们在日常交流、工作洽谈中减弱甚至消除感官屏障。

5. 有道——语音翻译

智能录音笔、翻译机或同声传译适用于采访现场和会议大厅等特殊工作场所，而语音翻译平台较多用于日常室内工作场景。当前有道翻译在文字的多语种转换方面表现出色，但基于语音的翻译较纯文字的翻译而言还需要语音技术的加持，有道翻译近期推出了较为成熟的语音翻译技术：一方面，可以实现准确率较高的多语种语音翻译；另一方面，用户可以选取不同音频进行对应文字、对应语种的实时编辑，无须重复校对，极大地提升了工作效率。[③]

（五）“趣味好玩”的智能音频平台

除了单独的智能音频设备，万物互联时代，智能“声”态的布局和搭建也从未停止。无论是社交软件、智能音频平台还是艺术展览，都将语音技术运用于各个方面、各个角落。腾讯公司的社交软件产品一直走在前列，使用率和知名度较高的为 QQ 和微信。而这两款产品虽同为社交软件，其在定位和使用目的方面仍然略有差异。

QQ 作为一款诞生十多年的产品，从最初的纯聊天、空间动态分享等功能逐步向趣味聊天、“玩起来”的方向发展，较多注重聊天互动过程中的趣味性。比如 QQ 最新版中就更新了几个小功能：聊天互动时的“一起听歌”模式，实现跨时空的同步听歌；此外，双击聊天中的文本消息，即可“朗

① 《科大讯飞发布新一代 AI 翻译机，科大讯飞翻译机 3.0》，中科院长春光机所，2019 年 5 月 23 日，http：//www. elecfans. com/d/940937. html。

② 《解读 AI 手语翻译机的技术硬核》，雷锋网，2019 年 5 月 20 日，https：//www. leiphone. com/news/201905/zAI85Iz32ZRpr0jj. html。

③ 《8 亿用户 AI 有道，超强神经网络翻译技术大揭秘!》，新智元，2019 年 7 月 30 日，https：//baijiahao. baidu. com/s? id = 1640473727321909345&wfr = spider&for = pc。

读文字”，在不方便看屏幕时，轻松“听消息”；而不方便听语音时，可以将语音信息转化为文本，从而满足了用户在娱乐、驾车、工作等各种场景下的语音需求，轻松应对各类场景的变化。①

微信与 QQ 稍有不同，更偏重于朋友圈强关系下的交流互动。近两年来，各类公司和产品都会选择在朋友圈投放大数据广告。比如，2020 年新年临近之际，电商直播“一哥”李佳琦的拜年语音推送即吸引了大量粉丝的眼球。其实，定制型拜年语音就是运用语音合成技术，实现文字和语音的转换，并在此基础上选取明星等流量人物的语音包，增添了拜年语音的趣味性和个性。

（六）“放空解乏”的智能语音展览

随着高度现代化、智能化生活的推进，人们在快节奏生活中更需要直抵心灵的放松方式，而与听觉相关的展览形式往往别出心裁，令人耳目一新。

1. 喜马拉雅 FM——商场“声”态圈

喜马拉雅 FM 音频平台为人们所熟知，其与手机 App 相关的“声”态拓展形式也多元多样。比如，“喜马拉雅森林”项目中，将 App 中种类多样的音频节目搬到了商场中，用户可以在逛街休闲时戴上耳机，体验感兴趣的音频节目，选择喜欢的音频节目进行收听。② 但目前仅仅将手机中的音频内容搬到实景中已不能满足用户需求，他们更为期待的是可以在更具沉浸式的主题场景内与耳机进行语音对话，实现更智能、更灵活的声音交互，找到适合个人的情感宣泄口和释放区。

2. 单向街——商场语音书展

纸质书籍是一种情怀，如今在电子书、有声书的冲击之下，图书出版集团也在不断地迎接和拥抱新技术，以革新书展和书本推广的形式。单向街为了不让好书被忽视和埋没，推出了很多具有新意、前沿先锋概念的活动。比

① 《腾讯 QQ iOS 内测版 8.1.3 更新：视频悬浮播放，聊天“一起听歌”》，搜狐网，2019 年 8 月 17 日，https://www.sohu.com/a/334337060_233813。

② 《全国首个入驻购物中心的“有声图书馆”落地西安熙地港》，搜狐网，2018 年 12 月 21 日，https://m.sohu.com/a/283477361_120045303。

如商场的线下语音书展，在较为空旷的活动场地中搭建了不同的展板，每个展板代表一本书，上面写有一两句与本书主题相关的句子，用户可以戴上耳机，下达语音指令，智能化选择希望听到的片段，彰显声音的独特魅力，让听者在这种语音交互过程中被感动、被“种草”。① 这种语音书展形式独具匠心，深深把握住了声音传递情感的魔力，使用户在逛街看展中不仅放松了身心，也实现了对自我阅读兴趣的唤醒。

3. 798艺术中心“园音”展览

798 艺术中心“园音”艺术项目，是一种运用先进语音装置的多媒体现场艺术项目，其突破了传统静物展览的形式，将艺术展览和 Live 音乐形式融合在一起。与传统音乐会或现场表演不同，该展览将之前拍摄好的素材进行艺术化处理，对各类音乐中的声音进行解构重组，提炼风格各异的音乐元素进行混合拼贴，将所有参与录制的音乐艺术作品通过语音合成技术处理为一个全新的声音作品，最终主办方在展览大厅通过四屏视频装置将和谐独特的合奏完整再现。还有类似的很多实验剧场、声音艺术等当代艺术项目，比如《声音博物馆》，其将探索的历史中的声音进行网络语音互动，重点孵化多元化的声音艺术项目。②

谈起智能语音技术，大多数人会倾向于新奇高级的智能语音装置，或者是为了更便捷的生活而使用的智能“黑科技”。但实际上，让听觉在闲暇生活中无痕嵌入，也是一种高级体验。当前，用户需求呈现更高的标准，类似听觉体验的升级、声音展览主题的创新、智能技术的合理运用等，都是该领域在音频用户体验上需要关注的问题。

（七）“共通互联”的智能家居产品/系统

近年来，智能家居产品受到追捧和喜爱，无论是生态一体化的全套智能

① 《单向街再次求救遇冷：实体书店直面市场的口子被撕开》，搜狐网，2020 年 7 月 13 日，https://www.sohu.com/a/407279354_116132?_f=index_pagefocus_2。

② 《有声有色：园音艺术项目 Voluntary Garden 启动》，2019 年 10 月 22 日，http://www.sg.com.cn/main/?l=view&cate=6&id=1906。

家居，还是依托或附加于智能语音技术的家居单品，都体现出声音连接人、家、物的特性。

1. 华为——全场景智慧生活

华为公司作为我国电子产品的龙头企业，在各类设备互联共享、语音交互控制方面表现优秀。在其系统中，平板、智能耳机、智能手表、智能手机等产品都可实现场景互联，在通勤、办公、驾车、运动、居家等环境中，可使用语音指令进行操控。综合来讲，其重视多个产品之间的互联共通，再加上语音操控，体现多设备的便捷性，促进多设备一体化的形成。

2. 小米有品——智能家居生活

智能家居是近几年比较热的概念，小米旗下的“小米有品”专攻智能家居领域，加上其种类齐全、价格亲民，所以成为大众生活的不二选择。小米家居可以替代生活中纯机械重复的动作，如“米兔儿童手表”“米兔故事机”在很大程度上解决了父母的育儿负担，既能保障孩子安全，又能代替父母讲故事；智能摄像头可以实时监控家人安全，可实现与家中老人的远程互动；做饭时，发布语音指令后小米电视就可以搜索出相应的菜谱；唤醒小爱同学后可以指挥其控制窗帘等家具。①

总体而言，智能家居互联的要义在于同一品牌的统一设置，这是通过前期操作来实现后期语音便捷操控的最为关键的部分。智能家居互联还需要一定的设置和操作，这使智能家居的普及成本提升了不少。

3. 全自动养猫智能语音装置

对于独居群体来说，家里如果养了宠物，其在白天外出工作的时间段内几乎无法顾及它们的正常生活。而全自动“1+1”养宠物智能装置可以帮助他们突破时空屏障来照顾宠物。此装置在视频的基础上增加了语音声控的技术，比如主人与小猫视频的时候可以和它对话，还能通过手机 App 语音

① 《拆解产品：小米有品——品质电商之路》，搜狐网，2020 年 7 月 6 日，https://www.sohu.com/a/406084461_114819?_trans_=000014_bdss_dkwhfy。

远程声控来实现喂食、换水、清洁猫砂等。[①]

宠物是陪伴高压生活下的人们的重要家庭成员，智能语音技术应发挥科技的作用，便利他们的生活，帮助他们守护爱宠。这其实也是新型社会结构下的新型关系，而智能语音从业者应关注这部分用户的使用体验，满足其多元化需求，实现智能家居生活的升级优化。

4. 智能美妆/穿衣镜

在智能家居产品中，除了以做家务和消磨碎片化时间为目的的设备外，人们对智能语音美妆设备也有一定的使用需求。

女性更多关注在化妆过程中智能美妆镜对个人妆容的分析和建议。比如天猫精灵美妆镜，是以智能音箱为底座的智能镜子。使用者在化妆和护肤时，一方面，美妆镜可以根据环境智能调节光亮程度；另一方面，使用者即使不需要美妆建议，也可以呼唤天猫精灵播放音乐、新闻等音频信息，使用者能充分利用此时间段获取资讯、愉悦心情。

智能美妆镜更适于家居场景或私人空间，而智能穿衣镜则大部分用于为消费者提供着装搭配和购买建议，年轻男性对此有较高需求。除了提供着装时尚搭配建议外，目前比较先进的日本 Seraku 镜子还实现了用手机进行操作的功能。这是一面搭载安卓系统、支持触摸操控和语音交互的智能镜子。用户可以在镜子中的显示器里看到日常天气、便签等信息，也可以感知用户体重，对用户健康状况进行语音播报等。但目前该镜子的普及率较低，原因一方面是这一数字家居造价较高；另一方面是用户在使用过程中可能会遇到技术故障，受限于较多的使用条件。[②]

总体来讲，智能语音家居产品的使用，实际上展现了大部分用户“让科技融入生活”的态度，他们既有使用反馈，又有使用需求，还有使用期待，这是在移动互联新时代，关注和优化智能语音相关产品使用体验的原动力。

---

① 《智能时代，养猫养狗都有哪些高科技产品?》，搜狐网，2018 年 7 月 17 日，https://www.sohu.com/a/241615806_406273。

② 《日本公司推出可触摸智能镜子　洗漱时亦可看资讯》，《广州日报》2012 年 5 月 17 日。

二　智能音频发展特性及困境概观

从上述智能音频产品的盘点中，不难看出，智能音频产业发展呈现出一系列特点，一些细碎的问题也随之凸显。

（一）智能音频成长步伐逐渐加速

当前，中国已正式进入智媒时代。各类智媒优势逐渐凸显，而智能音频更是在内容生产、分发渠道、用户反馈、人文价值等层面突破较大。

1. 触点增多：智能音频设备普及率提升

智能媒体从专业化、精英化，开始逐步走向泛众化。随着媒介与用户的接触渠道不断全场景、多元化，越来越多的智能音频设备成为人们日常生活中的必需品。

当前我国智能音箱用户逐渐增多。总体而言，国内用户使用本土品牌较多，中国自主品牌智能音箱市场份额具有压倒性优势。其中，小米音箱、小度在家音箱、天猫精灵 CC、华为小艺智能音箱等广受欢迎。在使用目的层面，听音乐、信息搜索、新闻播报、控制智能家居、聊天、购物成为用户使用智能音箱的重要目的；在使用场景方面，客厅、卧室及办公室都占有一定比例。VR/AR 等智能音频设备尽管应用前景广阔，但充满未知，仍在探索阶段，目前其适用范围具有局限性且价格昂贵，因此普及率较低。总体而言，在人机结合的趋势下，智能音频技术加持的现代设备已应用于生活的方方面面，在无声息中影响人们的生活方式。

2. 体验升级：从实用需求到情感满足

智媒发展加速进程中，智能音频用户对相关产品的使用需求与期待也在发生改变，从最初“将人们从烦琐劳动中解放出来”“获取音频信息”的实用主义逐渐转变为“听，成为一种生活方式”“注重听觉体验”的情感满足需求。其一，在实用需求层面，各大媒体不断地在智能音频新闻领域加以尝试，一些新闻媒体已经逐步探索出新型音频叙事模式，重点关注基于用户兴趣的个性化内容呈现。其二，在情感娱乐满足层面，一方面为情感陪伴，智能机器人及智能玩偶通过不同声音特质来塑造风格迥异的形象，并在多轮对话过程中使用户在情感上得到慰藉；另一方面为娱乐满足，较多地体现为智能音频可穿戴设备在用户进行游戏体验时所带来的更深维度的交互性和沉浸感。

3. 双脑融合：语音交互智慧程度加深

现阶段，信息生产、传播等环节已不再是单独由人工智能或传统人力的方式完成，人机界面逐渐模糊，既不是机器主导人，也不是人操控机器，而是呈现出双脑融合、相辅相成的趋势。虽然当前仍为弱人工智能阶段，但双脑互为辅助这一点在智能语音技术应用层面表现得尤为突出。比如不同品牌和类型的智能语音产品，在应答方面表现的差异较大，归根结底是它们程序编码的类型及深度学习适配的能力不同。也正因如此，智能语音产品的类人形象程度问题受到关注，人们逐步意识到，机器已经远不止停留在记录记忆阶段，它们正在往情感、价值、审美识别的方向发展，这虽然标志着人工智能在智能音频层面的跃进，但其所带来的影响仍是未知的。

4. 伦理争议：隐私安全成为关注之首

在人人隐私无处可藏、几乎透明的状态下，用户深知安全隐私的重要性。因此，在选择智能音频产品时，用户不但看重其使用价值，对其安全性能也很关注，希望在尽可能的条件下减少隐私泄露情况的发生，降低安全隐患。当语音数据被收集后，后台将用户贴标签分类，充分了解其使用习惯，以便进行后期的广告投放获取利益。但用户所关心的是，一旦所有信息被暴露，隐私信息也会被读取，这是否会对其造成骚扰，同时是否会对其个人生命安全造成威胁。科技发展速度往往超乎人类的认知，尤其是万物连接的密切程度往往也会让人大吃一惊。总体来说，用户已经逐步有了安全意识，人们呼唤科技向善，以人为本。

（二）智能音频发展进入瓶颈阶段

与前两年情况明显不同的是，智能音频产业已进入较快、较高的发展层级，无论是在产品形态、应用领域，还是在互动体验、人文关怀层面都在逐步优化，正在从智能音频迈向智慧音频。然而实践证明，越是在高速发展阶段就越容易暴露实质问题。只有充分意识到困境所在，才能更好地为实现智能音频产业良性发展寻找出路。

1. 弱人工智能：语音技术智能化程度有限

语音技术的发展程度直接决定智能语音的使用体验，其主要包括语义识别、语义理解、语音合成、语音应答四个过程。然而，尽管当前语音技术发展迅速，但程度比较有限，还处于弱人工智能阶段。目前来说，语义识别环节发展较为成熟，但仍有值得继续完善的地方，需充分加强的部分主要为语义理解和语音应答。

第一，语义识别。虽然智能音频产品在唤醒敏感度、多语种/方言识别和远场识别方面表现及格甚至优秀，但智能音箱及其他家居设备的“幽灵唤醒”现象，即无指令时突然应答的情况偶有发生。第二，语义理解。这是当前语音技术层面的难题，也是大多使用者感受较为明显的部分。一般较简单的问答对于智能音频设备来说不是难事，通常可以实现无停顿、零失误的回复，但一旦涉及较深层次的话题，或复杂的情绪表达——如用不同语气表达一句话而意思不同的情形，智能语音往往就束手无策了，要么答非所问，要么逃避话题。第三，语音合成。语音合成技术运用广泛，操作复杂程度不高，原理也较为简单，是用户在日常生活中接触较多的技术应用，但目前语音情绪、语气等多种元素的运用不够自如，语言完整及情感饱满程度较低。第四，语音应答。这是最为关键的环节，也对技术层级要求较高。当前大部分智能音频产品可完成单一正确答案的回应，但对于回复的语句形式、用词选择、语气形式等，仍有待进一步突破和提升。

2. 强智媒风险：安全隐私及数据保护堪忧

在智媒发展进程中，万物互联程度不断加深，在此情形下，越来越多的智能音频用户开始担心与智能音频相关的安全隐私问题。一方面，部分智能音频设备内置的语音信息储存功能，使用户担心个人生活被别有用心地窥视，并极为警惕个人语音数据泄露导致的信息骚扰或安全隐患问题；另一方面，随着智能语音合成技术到达较为成熟的阶段①，由此引发的语音诈骗及音频信息失实等恶性事件，不但提高了音频信息传播过程中的智媒风险，也丧失了音频传播的道德伦理导向，成为个人、组织甚至国家的敏感焦点。

3. 无聚焦意识：宏观理论性指导体系缺位

2019 年以来，智能音频产品“百花齐放”，版本更新、形式更多、体验更好的科技新品层出不穷。但正是在更迭过快的状态下，智能音频出现了细碎无章、没有焦点的问题。

其一，在语音内容层级，垂直细分程度不够。当前智能语音内容的获取主要呈现两类特征：为了方便获取某一信息和为了帮助学习某种技能。移动互联时代的智能媒体用户，更倾向于利用智能语音指令进行新闻事件、日常资讯和生活百科三方面具体信息的获取；而涉及知识技能提升时，文字、视频等视觉媒介较听觉媒介需求高。但当前智能音频在内容生产层面的重心模糊，没有充分了解用户对于音频信息的真正需求，进而缺乏对听觉媒介优势的挖掘。

其二，在语音交互层面，机器类人化程度不明。对于智能语音形象，用户会在各大智能语音产品使用过程中感受到不同的特性。然而，面对不同的形象，在进行语音交互时，关于语音助理是否被允许具有主观性或者有一些属于“个人”观点的争议较多：有些用户认为，应对语音助理过度拟人化持谨慎态度，它们不是“人”，要保留一定的机器特征，不能太类人化；另一些用户则认为，人类不是纯粹寻求信息的生物，人们的情绪表达需要对应的拟人式回应。那么，智能音频相关从业者要看到用户在媒介使用过程中感知能力不断提升的事实，因此对于语音交互形象设计的平衡问题要给予重视。

总体而言，智能音频产业发展过程中即使暴露出一些亟待解决的问题，也不可否认其广阔的发展前景值得期待、挖掘、提升，从而使智能音频在这片蓝海上乘风破浪，扬帆远航。

---

① 刘思杙：《智能媒体时代事实核查的新特征》，《青年记者》2019 年第 23 期。

三　从“智能”迈向“智慧”的升级路径展望

从长远发展来看，目前与智能音频产业相关的生产研发、制度政策、受众素养等诸多层面都需要有所精进，但归根结底，智能音频的生产研发，即内容生产、技术升级、互动创新等方面才是最为基础和关键的环节。

从智能音频生产层面来看，无论是内容、技术还是交互渠道，并无须覆盖所有类型，而应重点关注、合理布局和全力挖掘智能音频优质内容、创新服务系统、深度体验项目等。

（一）发挥语音优势，顺应健康传播热潮

智能音频在内容层面要紧随时代趋势，尤其是随着新冠肺炎疫情的暴发，可以预计，未来几年将迎来大健康传播热潮，而智能语音在生理和心理健康领域的运用必将开创一番天地。因此，除了常规语音信息的获取外，相关从业者需对智能语音健康层面的应用进行新的尝试。

从语音内容层面来讲，人们对自我关爱和心理健康的重视程度有所提升。现代都市生活节奏快、压力大，导致大众对健康状态的提醒功能尤为关注，掀起语音健康传播热潮。目前，与新冠肺炎症状检测相关的 AI 智能检测机器人已出现，比如搜狗公司的 AI 产品和由百度—新华网联合出品的智能机器人，基本上达到了触屏初步检测的效果。这足以证明，在人工智能自动化时代，无论是便捷程度还是使用准入门槛，语音对话比用触屏翻看的交互形式更具优势。因此，智能语音产业应抓住机遇，运用语音交互技术，“主动积极”地提供贴心的健康提醒，为用户提供便利。

从语音功能层面来讲，人们对精准可及的“非接触”商业逐渐关注。一方面，快速、准确的内容搜索使宅家娱乐成为时尚；另一方面，到位、贴心的服务品质更受青年群体的青睐。比如必须通过“人—人”传输的工作可以交给智能机器人，在餐饮、快递等服务行业尤为适用，而智能语音在机器人与顾客的交互对话中起到了重要作用，是信息传达的沟通桥梁。

总而言之，这些都是公众对“语音信息安全感”的需求，声音的播报往往比浏览文字更能引起人的重视，也能使其获得一定的陪伴感。从更深层面来讲，人们对信息获取的方式较为看重，文字和视频固然更加清晰明了，但及时的、简短的、准确的、亲切的声音也变得越来越重要。

（二）拓宽场景入口，深化智媒听觉体验

如今，媒体融合进入更高、更复杂的阶段，用户通过语音与万物相连的触点增多。因此，多场景下运用各类智能语音设备深化听觉体验，需要相关从业者在交互体验层面重点关注。

第一，从物理空间角度来讲，应细分用户智能音频使用场景，运用智能传感与精准识别技术，在不同情境下满足用户不同的听觉需求，传递更快、更全、更有用的信息资讯，为大众日常生活提供便利；第二，从生理空间角度来讲，要实现智能音频可穿戴设备在游戏娱乐、赛事观看、音乐/演唱会、艺术展览等场景中的优质听觉体验，让五官都能“声”临其境；第三，从心理空间角度来讲，需关注用户在智能音频使用过程中的体验及反馈，并以其需求为焦点，进行基于兴趣、社群及价值的智能语音精准分发，拓展基于实时场景、历时数据、行为情绪、用户关系等层面的个性、细分、垂直、多维的智能语音服务。

基于物联网生态的人机融合智能探索，使物联网时代信息获取门槛降低，传统生产方式已无法适应大众的个性化需求。而智能音频更是基于为用户提供语音信息的目标所不断生发、崛起的行业，因此更要具备物联网生态的敏锐度，深入挖掘智能语音核心技术在听觉体验层面的应用，做到可洞察、可应变、可扩展、可定制。

（三）鼓励科技创新，重点研发核心技术

当前，造成智能音频用户体验不佳的主要原因是不成熟的语音核心技术。尤其是智能语音合成及应答环节对语音技术要求较高，因此不仅要在现阶段使用较成熟的程序编码技术，还应重点将机器学习与情感计算技术深度

嵌入其中，这是“智能音频”向“智慧音频”发展的最终目标。

其一，针对当前智能语音技术在分析、合成及应答等环节仍处于起步阶段的现状，相关从业者要对不同品类的智能音频产品进行调研与测评，从程序编码、情感计算分析等层面展开对产品的技术升级；其二，随着机器智能逐步进入高级阶段，部分智能音频产品会表现出性别偏见及其他社会偏见，如年龄、种族、宗教偏见，相关从业者需警惕和关注由人工智能技术所带来的过于“社会化”的声音形象，类似的伦理问题也是智能音频领域应思考和规范的难题之一。

为了实现语音技术在以上两方面的改进及优化，各大科技公司及媒体平台应充分认识到语音技术对于智能音频产品及良好用户体验的重要性，须加大在财力、人力等方面的投入，重点关注智能语音核心技术在情绪与意识唤醒、情绪识别与语音交互、自主学习与模仿、深度态势感知、新模型的实时反应构建等方面的升级。

（四）传递声音温度，坚守人文主义关怀

人工智能时代，机器虽然可以赋能人，但不可取代人。因此，技术驱动的智媒时代，仍须始终坚守人文主义。一方面，在智能语音技术的应用上，要从用户不同的情感需求出发，在相关智能音频产品声音形象的塑造上，要发挥语言优势，打造抚慰和陪伴用户的“心灵触媒”；另一方面，跨物种、越属性的人机交互智能生态科学体系正逐步形成，也由此引发人类难以控制与支配的机器伦理与决策判断问题，这是科技发展过程中亟须解决的难题。比如人机融合智能是由“机器智能＋生物智能＋意识慧能”构成的，但在此过程中，语音机器是否应该像人的大脑一样能产生伦理道德情感、替人做出判断决策等，类似问题平衡点的构建都应从“人作为主体”的角度出发，明确对智能和智慧的探究不应仅是在技术层面，还应在更高的“人本”层面修复和建构和谐共生的生态，这可能包含更多人类对新的伦理思想和文明共识的期待。

总而言之，在智能音频大步向前发展的过程中，应充分发挥声音介质传

递温度的优势作用，这一点比智能语音信息本身的广度、精度更重要。人工智能在方便人们日常生活的同时，还要体现人作为主体的核心价值，人文情怀始终是信息传播的更高目标。这既是企业责任心的体现，也是智能音频产业长久发展的根基。

结　语

全球新冠肺炎疫情再次提醒我们：信息孤岛已不复存在。在这个人机不断融合的万物互联时代，可谓万物感知、万物连接、万物智能。智能音频使人、物、声之间不再是简单的单向连接，而是通过语音技术的赋能，逐步转向双向甚至多向连接。

诚然，当前语音已较深地融入智慧城市、有声出版、影音娱乐、儿童教育、城市旅游等领域，无论智能音频产品种类、智能语音交互形态，还是智能语音技术成熟度，都已有较大发展。然而，在物联网向着更加智慧方向发展的重要阶段，大数据智能、群体智能、跨媒体智能、混合增强智能、智能自主系统等智能技术形态正不断推进；在这样的背景下，我们更有必要清醒地认识到，决定智能音频长足健康发展的关键并不仅仅是技术进步、形态多样和内容丰富，还有对人机关系处理、情感情绪识别、智媒素养提升、安全隐私界限、伦理决策等回归到人本身的问题的解决，这更应引起人类的重视和关注。

B.4 短视频发展报告（2019 ~2020）

孙 璐*

摘 要： 近年来，随着互联网信息技术的进步，短视频产业得到了空前发展，截至2020年6月，中国短视频用户规模已达8.18亿，日均使用时长达110分钟。短视频产业的宏观环境表现出如下特点：1. 互联网普及率不断提高，2020年3月，互联网普及率达到64.5%；2. 高速增长的用户规模促使高品质娱乐产品的开发面世；3. 新冠肺炎疫情导致在线教育呈爆发式增长；4. 政务服务平台数字化建成；5. 大数据、人工智能、5G技术快速发展。在此背景下的短视频的产业宏观发展表现出如下特点："两家争霸"的市场格局基本形成，海外扩张遇到压力，短视频扶贫效果凸显，下沉市场空间有待开发，短视频与教育融合。在产业微观方面的特点如下：泛娱乐为主，短视频平台开始支持带货，参与社会公共事务，疫情推动短视频产业发展。短视频在发展趋势方面表现出多元化与垂直化的特点，并且与电商巨头开始了竞合关系。

关键词： 短视频 泛娱乐产业 电商平台

一 短视频产业发展环境分析

近年来，随着短视频技术产业的快速发展，日活用户数也在不断增加。

---

* 孙璐，博士，厦门理工学院文化产业与旅游学院教授，主要研究方向为创意媒体。

截至2020年6月，中国短视频用户规模已达8.18亿，日均使用时长达110分钟。主流短视频平台迅速完成了从纯娱乐向社交、商业化、文化传播等多功能、多身份的转变。短视频产业的发展主要依赖于快速增长的用户市场对高品质娱乐产品的需求，以及信息管理技术和金融资本的推动。

（一）互联网与信息技术发展状况

1. 互联网普及率不断提高

根据中国互联网络信息中心统计，截至2020年3月，中国网民规模比2018年底增加7508万人，总数近9.04亿人，互联网普及率达到64.5%，比2018年底提高4.9个百分点（见图1）。其中，农村互联网普及率比2018年底提高7.8个百分点，城乡互联网普及率差距缩小5.9个百分点（见图2）。按照“2019网络扶贫点”项目，进一步扩大网络覆盖范围，随着“村村通”和“电信普遍服务试点”工程的推进，农村逐步享受到信息社会的便利，城乡数字鸿沟萎缩。

截至2020年3月，中国网民每周平均上网时间为30.8小时，比2018年底增加3.2小时。受新冠肺炎疫情的影响，网民人数大幅增长。

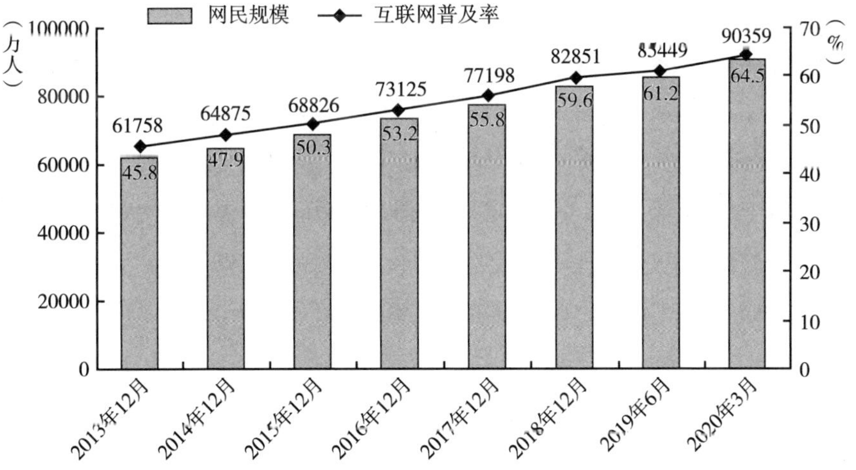

图1　2013年12月~2020年3月中国网民规模和互联网普及率

资料来源：CNNIC《中国互联网络发展状况统计报告》。

截至 2020 年 3 月，中国移动互联网用户数量比 2019 年 6 月增加了 0.5 亿，超过 8.97 亿。互联网活跃用户数同比增长率下降。2019 年中国移动互联网流量消费已达 1220 亿 GB，家庭月流量（DOU）达到 7.82GB/（户·月），短视频应用成为流量增长的主要驱动力。2019 年手机用户使用抖音、快手 App 消耗流量的增长率超过 30%。

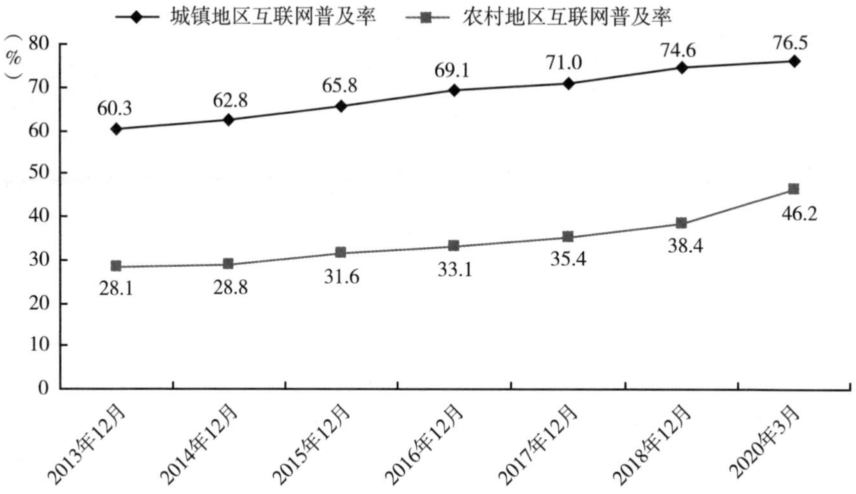

图 2　2013 年 12 月～2020 年 3 月中国城乡地区互联网普及率

资料来源：CNNIC《中国互联网络发展状况统计报告》。

2. 高速增长的用户规模急需高品质娱乐产品

随着短视频的快速发展，目前该产业的突出矛盾是缺乏高品质的短视频内容提供商。娱乐活动内容同质化问题凸显。提高短视频内容研究价值和差异化市场竞争力的重点是开发并提供优质原创内容，拓展中长尾垂直内容是当务之急。

新冠肺炎疫情的发生使人们开启家居生活，拓展了在线娱乐应用的用户规模（见图 3）。网络视频（含短视频）已成为中国仅次于即时消息的第二大互联网技术应用类型。

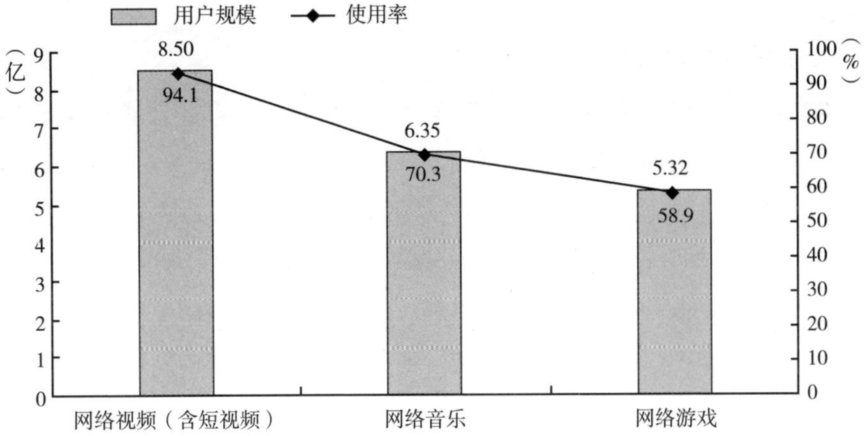

图 3　互联网娱乐用户规模和互联网使用率

资料来源：CNNIC《中国互联网络发展状况统计报告》。

3. 疫情导致在线教育爆发式增长

新冠肺炎疫情的突然暴发致使全国中小学延误开学，265 万名学生开始进行网上学习。面对巨大的市场需求，网上教育业务引进了大量的网络课程，在线教育行业呈现爆发式增长态势。根据政府统计，数个在线教育应用 App 在疫情期间的日活跃用户数超过 1000 万。截至 2020 年 3 月，中国在线教育用户达 4. 23 亿，比 2018 年底增长 110. 2%，占网民总数的 46. 8%。

4. 政务服务平台数字化建成

2019 年 11 月，为给全面发展推进“一网通”管理项目提供一个有力支撑，国家进行了综合网上政务数据平台试运行，这促进了企业各部门、各地区政务服务网络平台的互联互通、信息资源共享和业务协同。截至 2019 年 12 月，平台个人注册用户数较 2018 年底增加 7300 万，已达 2. 39 亿。

截至 2020 年 3 月，我国在线政务服务用户数比 2018 年底增长 76. 3%，占网民总数的 76. 8%，达到 6. 94 亿。自 2019 年以来，山东、浙江、广东等省地方政府相继出台相关发展规划和管理办法，进一步明确数字政府发展目标和标准体系，为公开共享政治数据提供依据，加快推进全国数字政府建设。

5. 大数据快速发展

2019 年，政府及相关部门继续推进大数据技术创新，改善政策环境，深化产业应用，共同推动大数据发展。

2020 年中国大数据相关市场的总体收益将达到 104.2 亿美元，统计预测 2019～2023 年复合年增长率为 23.5%，高于全球平均水平。

大数据在工业、安全、零售、金融、促进经济结构调整深化等方面有积极作用，对于生产、决策起支持作用，促进了新业态的日益发展。

6. 人工智能稳步推进

2019 年，人工智能信息技术的发展和应用得到了党中央、国务院的高度重视，国家提出：人工智能是新一轮科技革命和产业结构变革的重要任务驱动力量，新一代人工智能发展是事关我国能否抓住新一轮科技工业革命和产业体系变革机遇的战略。“新一代的人工智能发展规划”在我国的各地方政府积极落实部署，以促进人工智能在产业领域的发展，各地的关于人工智能的政策环境不断改善。中国多个省（区、市）根据企业自身实际工作情况制定了相应的人工智能技术发展战略规划。其中以“北京、上海、广州、深圳”为代表的一线城市积极制定政策，促进关键信息技术的应用研究日趋成熟。

在数字化改革方面，人工智能助推产业转型升级。2019 年，中国有 4000 多家人工智能企业，排名世界第二。

7. 5G 技术发展迅速

2019 年，中国 5G 产业总体发展迅速，标准技术将有新的突破，商业环境将持续改善，应用孵化进入全面启动阶段。5G 技术专利数量居世界首位。在成功完成一个关键信息技术、技术解决方案和系统组网三个任务后，我国 5G 技术研究已经达到世界领先水平。

2019 年 1 月，国家发展改革委等十部委联合下发了《进一步优化供给推动消费平稳增长促进形成强大国内市场的实施方案（2019 年）》，建议扩大和升级信息消费，加快推出 5G 营业执照。工业和信息化部于 2019 年 6 月正式颁发了5G营业执照，标志着5G业务在中国的正式启动，商业应用已进入实际阶段。中国重点城市5G规模网络建设试点工作有序开展：截至2019年4月，已有6个省（区、市）实现5G通话132次；截至2019年10月，已有52个城市实现了5G商业应用；截至12月29日，已建成13万余个5G基站。中国在5G的商业应用方面取得了许多成功的经验：加快移动宽带应用网站的建设，大力支持发展5G的数字化、网络化、智能化的传统产业，为其提供动力，以加快其商业化。

2019年，中国5G营商环境将持续改善，标准技术将有新突破，应用孵化将进入全面启动期。目前，5G增强企业技术研发已取得阶段性研究成果，专利数量居世界第一。5G技术在中国的关键技术研究和开发验证成功后，技术解决方案和网络系统的研究和验证，目前已进入试运行阶段。

（二）泛娱乐产业依旧繁荣

在用户的内容偏好上，泛娱乐属性强的幽默搞笑类短视频（47.99%）最受欢迎，这说明泛娱乐内容仍然是主流，知识和泛信息需求丰富，多个垂直内容触发流量空间。“打动TA”的短视频内容呈现出个性化、多样化的特点，贴近生活实际的解压内容可以促进共享。

超过40%的短视频用户认为解压放松、贴近生活、有实用价值的内容更能打动TA，并愿意进行分享，这与用户的内容偏好趋势呈现一致性。不到50%的用户认为短视频“更新及时”（46.5%）、“新颖有趣”（43.6%）、“丰富”（41.99%），37.2%的用户认为短视频内容“健康”，用户对内容“真实性”（24.96%）、“深度”（29.2%）的整体评价较低。这表明短视频优质内容稀缺，用户评价偏低，须提升内容的真实性，挖掘内容的深度。

（三）网络治理与法律环境改善

为了促进短视频的健康有序发展，政府也在不断加大监管力度，2019

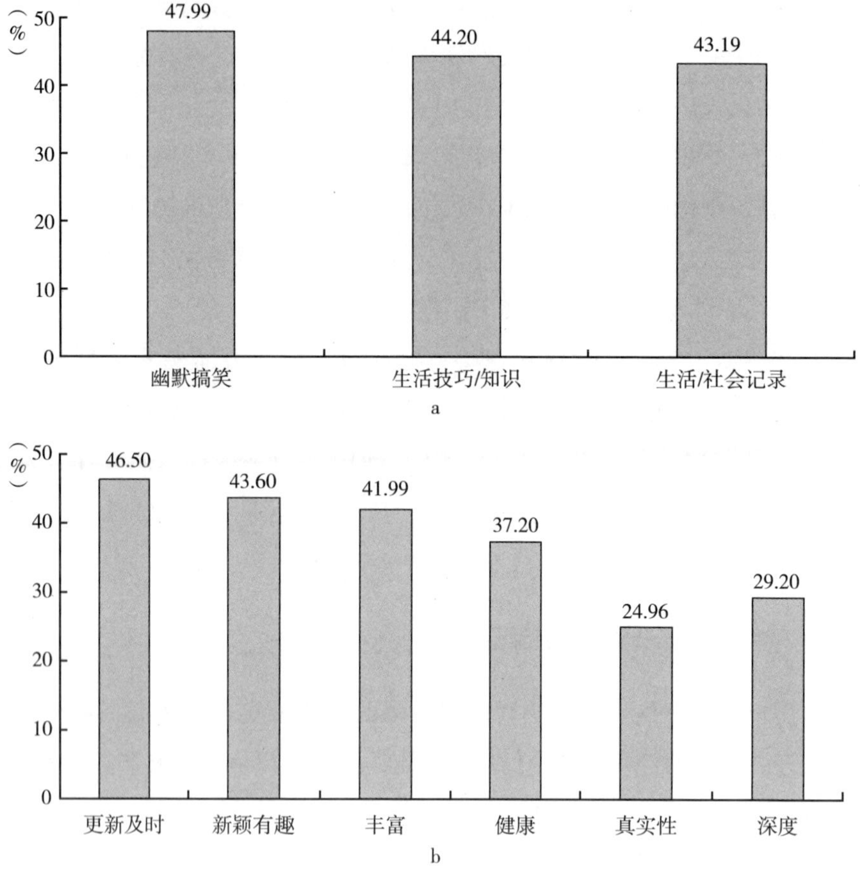

图4　短视频用户内容偏好和用户评价

注：a 为短视频用户内容偏好，b 为短视频用户评价。
资料来源：《2020 短视频内容营销趋势白皮书》。

年3月，国家互联网信息办公室指导和组织的“青少年防沉迷系统”试点在主要短视频平台上线，引导互联网企业积极履行其社会责任，更加强对青少年网络用户的保护。截至2019年10月，共有53个网络视频和直播平台上线“青少年模式”，规范青少年用户上网的持续时间、功能和内容，引导青少年合理使用互联网。11月，国家互联网信息办公室等有关管理工作部门联合发布了《网络音视频信息服务管理规定》，及时、全面地回应了当前我国在网络视听信息社会服务及相关数据技术经济发展过程中面临的问题，规定了网络音视频信息服务相关方应遵守的管理要求，为促进行业健康有序发展提供了重要指导。

在越来越严格的监管下，视频发布者需要不断地规范自己的行为。视频内容审查红线收紧，把握不好内容发展方向，或是在直播间信口开河，挑战社会公序良俗、挑战主流文化价值观的视频会被严格“封杀”。

二　短视频产业宏观概况

2019 年，互联网用户的增长将在市场红利仍将存在的情况下放缓，短视频互联网已经成为一个主要的增长点，随着用户在移动互联网消费的时间增加，人们越来越依赖互联网。短视频行业用户时长增长量占互联网时长增长量的 40%。2017～2019 年，我国短视频应用日均使用时间在两年内的增长率达到 600%，由不足 1 亿小时增加到 6 亿小时。根据 QuestMobile 2019 年 12 月的报告，短视频月活跃用户数超过 8 亿，短视频用户数同比增长率超过 32%，这意味着 10 个移动互联网用户中有 7.2 个在使用短视频产品，并且短视频与在线视频的活跃用户规模的差距在进一步缩小。

新冠肺炎疫情影响了中国 2020 年的春节，防疫工作期间，大众对网络文化、生活、娱乐市场的需求大幅增长。相关行业创新服务丰富了人们的“宅”生活：企业通过一个短视频平台，加强信息收集和社交网络功能，建立防疫话题，在相当多的视频网站推出了多部网剧，在线娱乐产业依靠优质内容逐渐积累了大量忠实用户，扩展了覆盖范围，促进了产业升级，搞活了市场。

在疫情期间，短视频信息平台的用户数量得到快速发展，短视频已经逐渐成为我们很多人生活中的一部分。极光统计数据显示，抖音用户数比往年同期增长 93.1%，春节假期活跃用户数达到 3.11 亿，快手用户数同比增长 55.8%，以日均 1.77 亿的活跃用户数居于第二位。西瓜视频活跃用户数同比增长 30%，达到 4580 万。

据“极光”公司的调查，2019 年第四季度，短视频的活跃用户连续三个月呈环比下降趋势（见图5），这表明短视频行业的发展已经进入了成熟阶段。数字营销管理模式为短视频行业用户增长放缓提供了解决方案。对接新商业模式，“短视频+电商”实践行业变现新风向，在广告、电商、内容付费三种短视频主要商业形式中，短视频电商用户的接受比例最高，达到52.4%，超过广告。短视频平台营销价值大，在未来最具发展潜力。

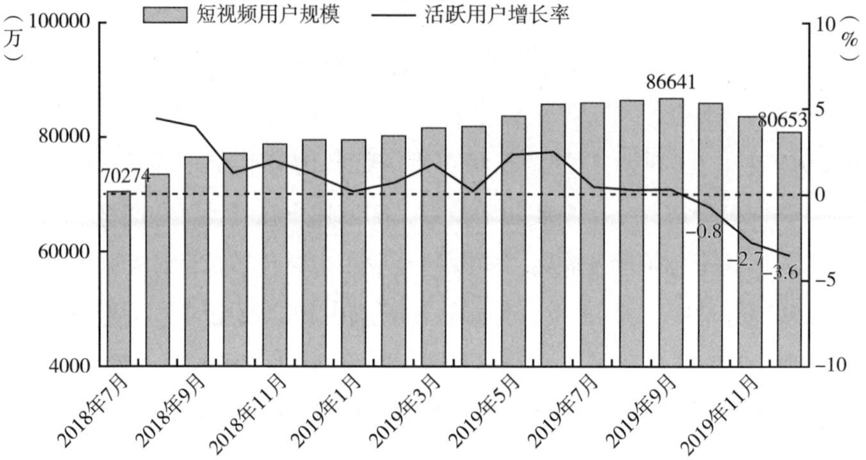

图5　短视频用户规模及活跃用户增长率

资料来源：《2019 短视频内容营销趋势白皮书》。

目前，短视频领域仍然是主流领域之一，而且经济增长速度很快，用户需求市场存在很大的发展空间。之前的主流应用通过轻应用等方式覆盖不同需求的用户群体，为自己获取更广范围的用户，而目前部分短视频应用在部分市场头部应用具有优势的情况下开拓新市场，通过其他工具、方法来获客引流，其本土化运营成本相对来说较低。

2019 年末，中国互联网 MCN 机构近 6700 家，超过六成入驻短视频平台。预计 2020 年，国内短视频行业市场收入将达到 2110.3 亿元，日直播用户总数将达到 10 亿。

（一）“两家争霸”的产业格局与特色市场分野

2019 年 QuestMobile 的统计数据显示，字节跳动三款短视频产品的去重用户近5.9亿，快手用户达到3.4亿，腾讯微视、百度的短视频产品用户也同比上升。总体而言，抖音和快手已形成了相对稳定的两强市场格局，表现出高度的市场集中性。

2019年10月艾瑞指数显示：短视频应用独立设备排名的前十位和2019年1月短视频应用独立设备的月度排名几乎相同，只有“皮皮虾”的位置被腾讯微视取代，之前主流应用通过轻应用等方式覆盖不同需求用户群体，为自己获取更广范围用户，而目前部分短视频应用在部分市场头部应用建立优势的情况下开拓新市场，抖音、快手两家公司在2020年仍在领头快速发展并保持“两强”格局。

2020年春节期间，抖音、快手分别以3.2亿、2.3亿日活量居短视频行业的第一、二位；“头条系”战绩均不俗，微视凭借春节发放10亿红包及微信强力导流，日活量涨超400%，从春节期间的投放来看，抖音、快手分列第一、二位，排名第三位的小红书在第二梯队中排名靠前，投放声量较高。

截至2019年12月，入围Top20的短视频App如图6所示，好看视频用户规模进入亿级俱乐部，排名第四。

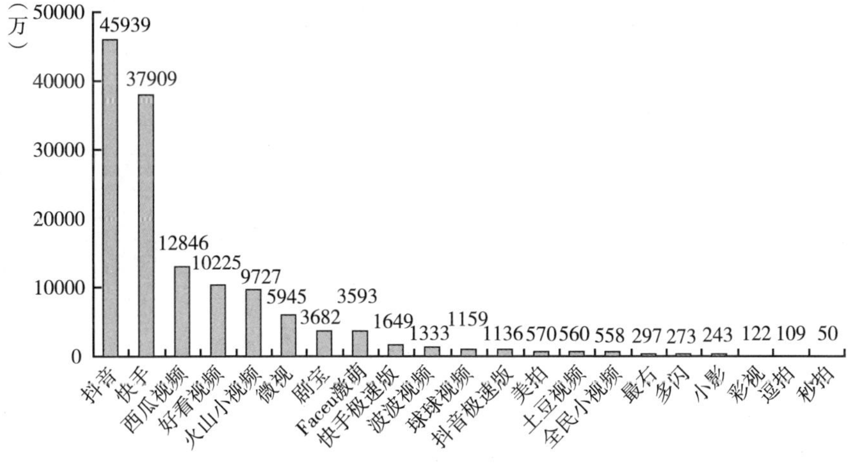

图6　2019年12月Top20短视频App月活用户规模

资料来源：《2019短视频内容营销趋势白皮书》。

短视频技术产业除具有两大龙头企业的特点之外，还表现出四大平台圈层化特点：小红书女性占比高；抖音偏爱游戏汽车，B 站偏爱 3C 游戏；B 站年轻化依旧；快手、抖音持续下沉，小红书、B 站驻扎新一线城市。

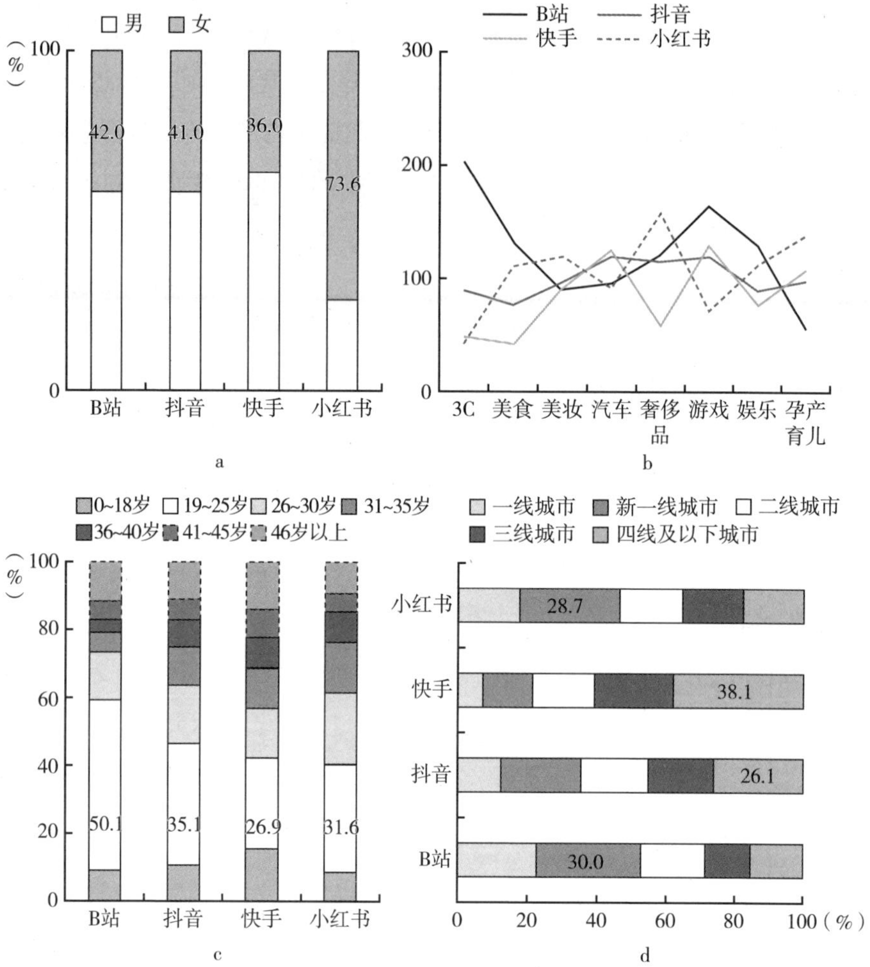

图 7 四大平台圈层化特点

注：a 为不同平台性别比例；b 为不同平台兴趣 TGI；c 为不同平台年龄占比；d 为不同平台地域占比。

资料来源：微播易。

（二）视频生态新格局

随着移动网络技术的发展，短视频开创出新的社会空间。它具有视觉化的强参与性、强烈的社会文化传播互动性和“短视频＋”的连接延伸性，重构了视频生态。调查显示短视频应用已超过电视和在线视频，成为使用率最高的、高黏度的视频格式。

2019年，网络视频产业发展得到了进一步规范，互动视频将成为一个行业热点，平台跨领域合作，将内容分发到多个短视频信息平台，放大了传播效果，这样的内容分发策略已经开始受到很多视频创作者的青睐。

短视频元素通过跨界整合发现了一片“新蓝海”，短视频产业不断进行内容创新和迭代升级，结合长视频与综艺特点，短视频创新出微剧和微综艺节目等视频形式。

网络视频平台可以加强跨领域的发展合作，并迅速成为业界关注的焦点，加快了国内互动视频的探索速度。

首先，该平台促进了互动视频的发展。优酷、腾讯视频、爱奇艺、哔哩哔哩等平台已经开始尝试互动视频，在互动电影、互动电视剧、互动网络综艺等领域进行推广，吸引用户注意力。同时，这些平台通过运用创作基金来激发优秀内容的创作，为受众提供更丰富、高水平的互动内容。

其次，技术促进了交互式视频的发展。互动视频一站式平台推出后，为播主提供常用的下载和发表作品的模板，降低了播客的成本，并推动了互动视像内容的应用。然而，由于生产成本，交互式视频的商业模式和技术的形式仍处于探索阶段。此外，5G技术也为互动教学视频的发展提供了新的机遇。

最后，2020年的“短视频＋直播”的优势，让它再次成为风口，由于疫情的影响，用户长时间宅在家，在家看电视、短视频和直播。国内的抖音、快手、西瓜等视频App，国外的TikTok、YouTube、Instagram、Facebook

等平台似乎都在尝试“短视频 + 直播”的视频形式，国内的直播行业正逐步发展成熟，而各类的跨境电商平台如亚马逊、速卖通、lazada、eBay 等，都纷纷切入视频直播营销风口，“短视频 + 直播”出现爆炸性增长。

（三）短视频的海外扩张与压力

2019 年以来，短视频用户规模经济快速发展，短视频不仅拓展了海外市场，也成为企业文化输出的重要信息平台。首先，主要的短视频平台都在不断扩大其国际传播领域。TikTok、Kwai 以东亚文化圈为主，以欧美地区为辅，海外市场迅速扩张。海外版短视频产品支持将视频分享到 YouTube、Facebook、Twitter 等国际平台，由于可以联通海外用户日常生活中使用的主要社交软件，使用率迅速上升。欢聚时代公司 2019 年第三季度的财报显示，该季度月活用户量达到 4.701 亿，其中海外用户约占 77.9%。现在，欢聚时代公司已经把业务工作重心转移到海外，与字节跳动形成了一个竞争态势。短视频打响了海外“战役”，另外，阿里娱乐将第一个内部孵化项目——VMate 定位在印度市场，月活量已经达到 5000 万。

2019 年 9 月，根据国际应用市场研究公司 Sensor Tower 的统计数据，TikTok 在苹果 App Store 和 Google Play 上的总下载量排名第一。TikTok 在海外的下载量超过 15 亿次，2019 年 10 月，它与全美音乐奖（AMA）合作，首创在短视频平台宣布颁奖典礼提名的形式。在巴西，快手还成为排名第一的应用程序。

中国短视频在海外文化输出中扮演着一个重要的角色。短视频以生动、直观、新颖、人性化的功能，突破了语言的局限性，具有较强的跨文化交际能力。以著名短视频创作者李子柒为例。她的短视频聚焦中国社会传统文化，关注中国农民的日常生活，吸引海外网民观看，成功推广了中国优秀的传统思想文化，讲好了中国历史故事。截至 2019 年 12 月，李子柒在 YouTube 上积攒了 800 万粉丝，向海外拓展将是许多网络名人扩大影响力和商业变现的新途径。

国内主要的短视频作品越来越多，创作者不局限于国内市场，而是看向广阔的世界市场。国内的玩家已经把市场开拓到东亚、南亚、欧美和中东地区，并在一个关键技术领域展开竞争。TikTok 的成功已经让美国的一些巨头科技公司深感威胁，并且他们还推出竞争产品来应对挑战，TikTok 的发展势头也引起了美国监管机构的关注。

（四）短视频扶贫效果凸显

《2019 年网络扶贫工作要点》中强调，要充分利用互联网和信息技术的潜力，以深入推进扶贫行动。短视频可以通过带动乡村文化旅游、推动农产品销售等方式，拉动贫困地区的经济增长。

随着农村智能终端的普及和互联网基础设施的完善，方便易用的短视频已经成为农民的娱乐和生产工具。越来越多的农民成为视频博主，贫困地区的农民通过拍摄关于当地风土人情和自然风光的短视频，以吸引游客，推广当地的农副产品，推动乡村旅游，促进当地经济发展。

截至 2019 年 9 月，全国已有 1900 多万人通过短视频平台获得收入，其中有 500 多万人来自国家级贫困县，有 150 万人通过快销平台实现购物需求，年销售额达到 193 亿元。凉山彝族自治州“石壁村”借助短视频展开扶贫工作。山东省泰安市、陕西省杨凌农村创业扶贫短视频活动也取得了良好效果。

（五）下沉市场依然可以开发

短视频进行增量和流量资源争夺的阵地已经由一、二线大城市转移到了三、四、五线城市及农村的下沉市场。内容涉及下沉市场的短视频数量将会增加，记录农村生活的短视频也会越来越多。下沉市场用户对移动互联网的人均使用时长超过非下沉用户，且增长速度更快。

目前，一、二线城市的短视频市场已趋于饱和，三、四、五线城市和农村市场已经成为短视频争夺流量的“战场”。相应的产品设计内容在调整，农村社会、生活、教育题材的短视频会越来越多。

短视频行业用户显著下沉，超过半数短视频用户集中在三、四、五线城市（见图8）。用户集中于利用午休期间和睡前收看短视频。70%的用户在短视频信息平台上有消费经历。社交平台作为值得信赖的广告渠道，收到了较好的营销效果。

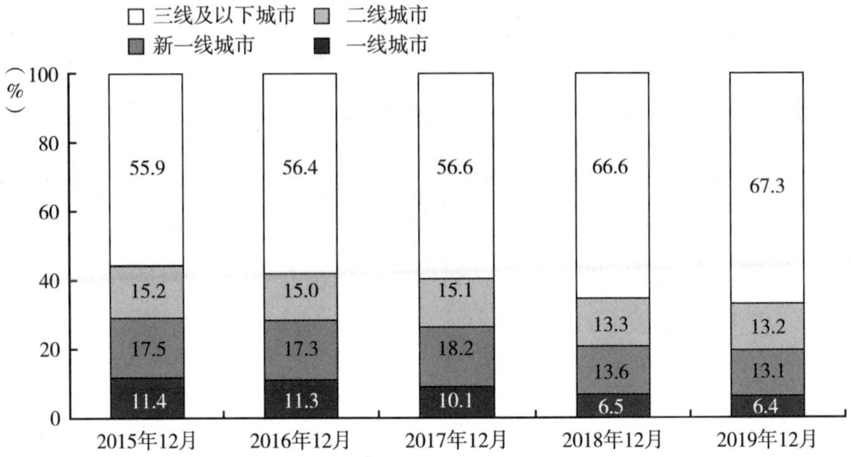

图8　短视频用户城市等级分布

资料来源：CNNIC《中国互联网络发展状况统计报告》。

为了获得更多市场，大企业去填补下沉的市场空间是必然的。过去，抖音和快手都在下沉市场耕耘布局，根据企鹅智酷的数据，快手在三、四线城市的用户量占比达61.1%，抖音占比达到了54.7%。两者的重合用户越来越多。

（六）短视频+教育的风口愈吹愈高

中国互联网络信息中心（CNNIC）发布的第45次《中国互联网络发展状况统计报告》显示，截至2020年3月，我国在线教育用户规模达4.23亿，较2018年底增长2.22亿，占网民整体的46.8%。

根据艾媒咨询发布的《2019~2020年中国网络教育产业发展研究报告》，2019年中国网络教育市场规模将达到4041亿元，预计2020年中国网络教育市场规模将达到4538亿元；从用户增长来看，2019年中国在线教育用户数将达到2.61亿，2020年将达到3.09亿。受新冠肺炎疫情的影响，全国大、中、小学推迟开学，超过2.65亿学生选择在线课程。面对在线学习的巨大需求，这个行业呈爆炸式增长。从目前情况来看，2020年网上教育市场的规模明显超出市场预期。

目前，除了“好未来”“跟谁学”“作业帮”“猿辅导”等行业巨头公司注册数十个账号来搭建自家短视频矩阵以外，其他教育机构也加入了短视频业务。抖音和快手还通过投融资、划拨流量、扶持账号等方式支持播主，大力开拓线上教育市场。另外，投资机构也涉足短视频领域，北塔资本投资了3个快手生态的MCN机构，蓝象资本投资了“教育+短视频”MCN机构。

目前，各方教育管理机构争夺客户达到白热化程度，之所以中国教育研究机构争相推出短视频业务，主要是因为其看准了短视频对潜在影响客户的技术挖掘能力。但是，教育机构是否具有捕获流量红利的能力，最终结果还有待观察。

三　短视频产业微观发展特点

（一）产品供给特点

1. 短视频内容依旧以泛娱乐为主

当前大众短视频内容的需求仍以泛娱乐为主，幽默的短视频内容最受欢迎。此外，用户也表现出对知识和信息短视频巨大的需求。他们也偏好生活常识与社会生活记录方面的内容，在长尾领域，用户垂直、流量增长的短视频内容为多样化需求提供了空间。

平台得以持续不断发展的核心是“内容质量”。用户体验和KOL有助于平台的差异化发展。短视频用户的红利空间逐渐被压缩，行业监管机制日趋完善。高质量的内容可以成为短视频信息平台的关键制胜点，短视频数据平台的竞争市场正从量变向质变转变。用户体验和不同类型的KOL也是提升平台差异化竞争力的关键。

短视频从业者的生存情况也较为良好。以 TikTok 为例，其进一步拓展了短视频内容的创作梯队。一年内，超过 10 万的活跃播主粉丝数量增长了 1.47 倍。同时，TikTok 和快手平台昵称同样的 KOL 的数量增长了 2.67 倍，两个平台中粉丝数量超过 300 万的头部创作者不断增加，其视频主要是泛娱乐、泛生活类内容。

虽然 2019 年短视频内容创作团队数量得以快速增长，但竞争不断加剧，优胜劣汰已经成为一种趋势。在 50% 以上的组织尚未赢利的情况下，2020 年，MCN 间的淘汰竞争将会进一步加剧。

2. 短视频成为带货平台

目前，越来越多的普通用户在短视频内容或者网络直播服务平台带货，开启了全民带货时代，短视频和直播平台上的明星数量也在增加。“网红”与明星之间的界限逐渐模糊。越来越多的明星开始走进直播间，与“网红”一起带货，或者一个人独立带货。2019 年 3 月，淘宝推出“启明星计划”直播。据淘宝官方数据，截至 2020 年 7 月，在淘宝网直播的明星数量已达 200 余位，其中李湘、王祖蓝等名人也加入了带货大军。同时，越来越多的微博大 V 也转向了短视频平台。

2019 年，越来越多的平台加入直播带货的浪潮，淘宝、京东、抖音、快手、闲鱼、拼多多、小红书都已经加入其中。短视频娱乐流开始越来越多地变为“种草”流量。

随着短视频信息平台直播带货项目的增设，其平台的供应链管理能力开始逐渐受到考验。对商家的服务能力、上新及出货速度等的要求越来越高，对供应链效率的要求也越来越高，商家与短视频平台之间的关系越来越紧密。短视频平台亟须构建有竞争力的供应链系统。例如快手的“源头带货直播”可以帮助主播在货品源头建立网络直播基地，围绕进行品类选择和质量管理控制、丰富产业链资源、第三方服务等方面，积极配合主播从源头直播带货。

与此同时，更多的腰、尾部 KOL 通过短视频与直播带货实现变现。播主与平台不再仅仅依靠网络广告业务营利，短视频与直播带货也能为其带来经济收入。

（二）短视频消费者行为特点

短视频已经成为互联网用户最流行的视频应用程序，观看时间趋于稳定（见图9）。短视频高渗透性、高黏度的传播特性改变了传统的视频生态模式。从规模上来看，通过对2019年上半年的各种视频媒体形式进行观察，发现短视频的利用率最高，排在第二位的是网络视频和电视；从使用工作时长来看，52.4%的短视频平台用户表示，对短视频的“接触时间相对较长”；从唯一性来看，29.7%的网民认为短视频是其未来三天的“唯一性媒体”。短视频技术已成为我国网民日常跨屏应用的核心，其娱乐性、社交性和陪伴性得到高度认可。具有这些功能的短视频确立了在视频传播中的主导地位。

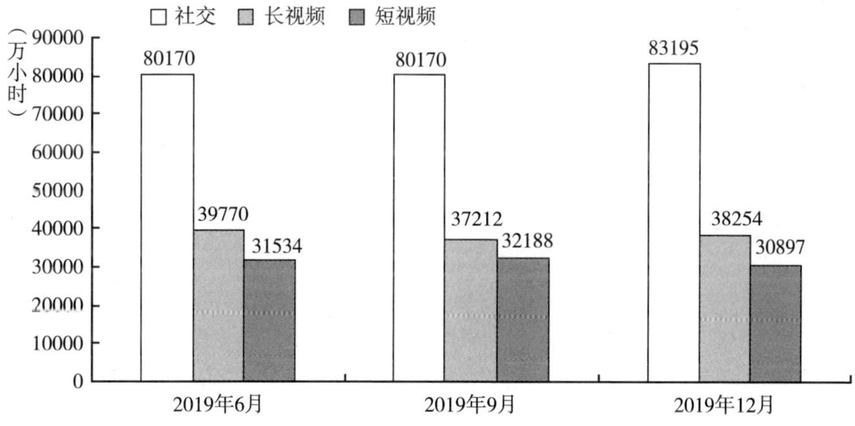

图9 用户短视频观看时长

资料来源：CNNIC《中国互联网络发展状况统计报告》。

从用户的触媒习惯来看，用户使用短视频和网络视频的重叠率达到58.7%，移动游戏用户在使用短视频应用时，以观看为主，占比为84.6%；用户使用短视频和电视的重叠率达到57.3%，45.8%的用户使用短视频、网络视频和电视。从用户对各种教学视频形式的评价结果来看，短视频用户对每种视频形式的功能属性和内容主要特征有自己的侧重点。电视和短视频是互补的。

孤独和焦虑是年轻短视频用户典型的情感特征，在这一人群中，64.9%的用户的年龄是20～39岁，表示“有时会感到孤独和焦虑”的短视频用户的占比为49.5%，年轻用户更容易产生孤独感和焦虑感，这一特征在年龄为10～29岁的短视频用户中更为明显。网络社交依赖和参与加深了这种思想情感体验。短视频用户越孤独、焦虑，其虚拟社会意识越强；在虚拟社交网络中的短视频用户的参与程度越高，其孤独感和焦虑感也越强。

短视频用户管理具有鲜明的群体性特征，短视频可以提升企业用户黏性的两个非常重要的因素指标是“活跃参与派”和“现实社会开放派”。“活跃参与派”是短视频最忠实的用户，他们渴望参与互动和上传内容，是支付意愿最强烈的短视频用户。此类短视频用户的占比为31.1%。女性的比例略高于男性，20～39岁的用户占大多数。“现实社会开放派”对短视频也持积极学习态度，其对短视频内容的兴趣最为广泛，尤其关注与社会经济生活相关的内容，喜欢通过短视频与亲友进行互动。这类用户占短视频用户总量的26.5%，其中30～39岁用户所占比例最为突出。

短视频产品向中青年人群渗透，短视频产品以及用户特征分布明显。根据“艾瑞”公司的监测数据，2019年我国短视频应用的男性用户比例为54%，略高于女性用户。男性用户的TGI指数为101.7，女性用户的TGI指数为98.6，相对于全体网民而言，短视频产品用户的男性群体特征更为明显。从年龄分布来看，短视频正逐渐从24岁以下的年轻用户向25～35岁的中青年用户渗透（见图10）。从教育分布来看，高中及以下文化程度的短视频用户数量较多，占用户总量的80.5%，TGI指数为104.2。本科及以上和专科文化程度的短视频用户的比例较低，占用户总量的19.5%（见图11）。

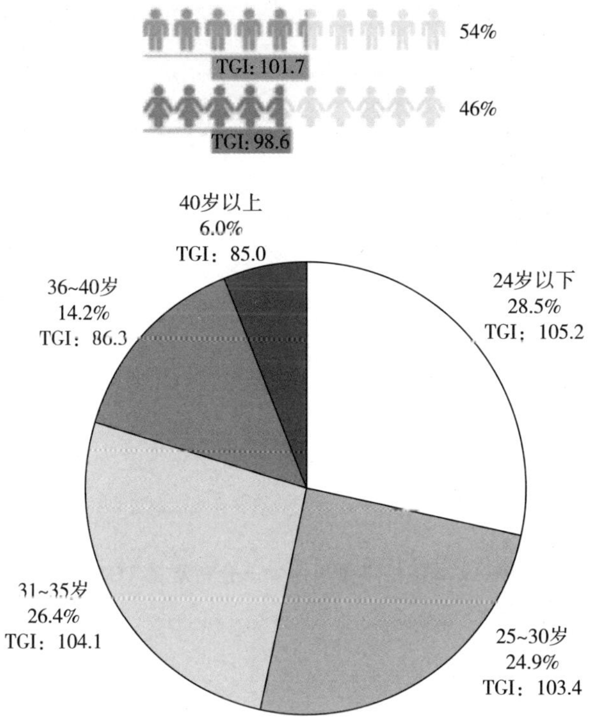

图 10　2019 年中国短视频用户年龄分布及其 TGI 指数

资料来源：艾瑞咨询。

短视频平台中的消费市场行为以小规模消费为主，2019 年，消费区间在 300～499 元的用户占 35.5%（见图 12），月均消费 50～85 元。频率以每周 2～3 次为主（见图 13）。高消费用户占比较低，消费市场仍有增长空间。在消费频率方面，用户一般消费频率较低，每周消费次数大于 4 次的只占 25.8%。

（三）参与公共事务与担负社会责任

短视频除了具有娱乐和激活经济的作用，在政府系统管理中的角色也凸显出来。截至 2019 年 12 月，各级政府开通的政务抖音号达到 17380 个。全国已有 31 个省（区、市）开通了政务抖音号。其中，山东省开设的政务抖音号达到 1175 个，是数量最多的（见图 14）。

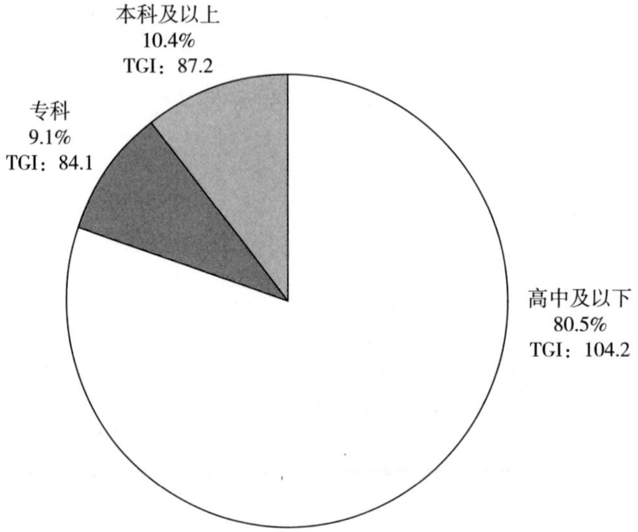

图 11　2019 年中国短视频用户学历分布及其 TGI 指数

资料来源：艾瑞咨询。

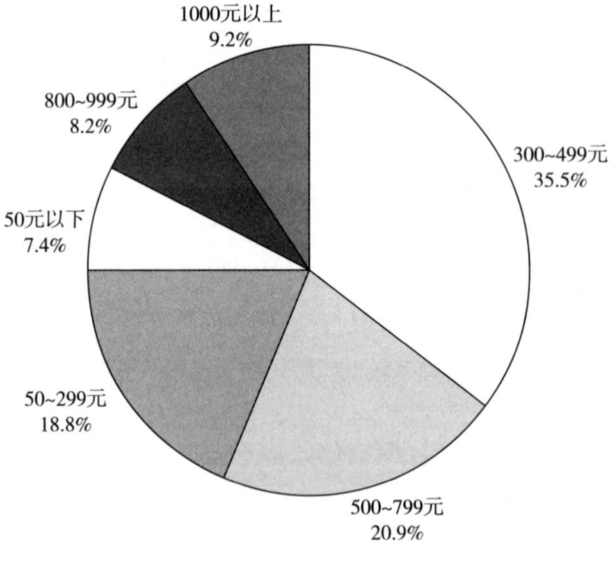

图 12　2019 年中国短视频用户付费金额分布

资料来源：艾瑞咨询。

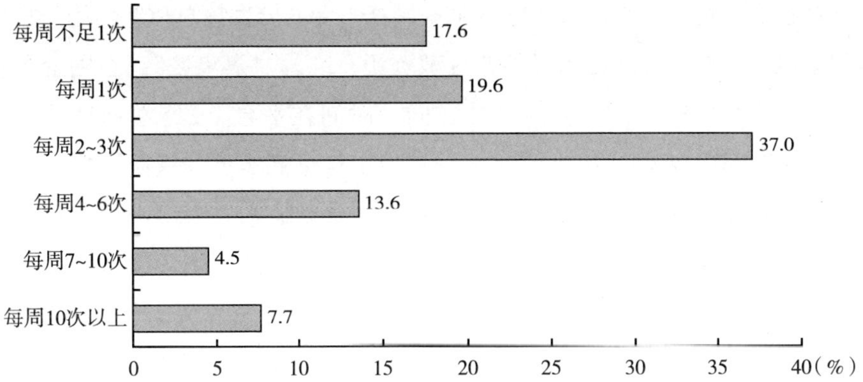

图 13　2019 年中国短视频用户消费频率偏好

资料来源：艾瑞咨询。

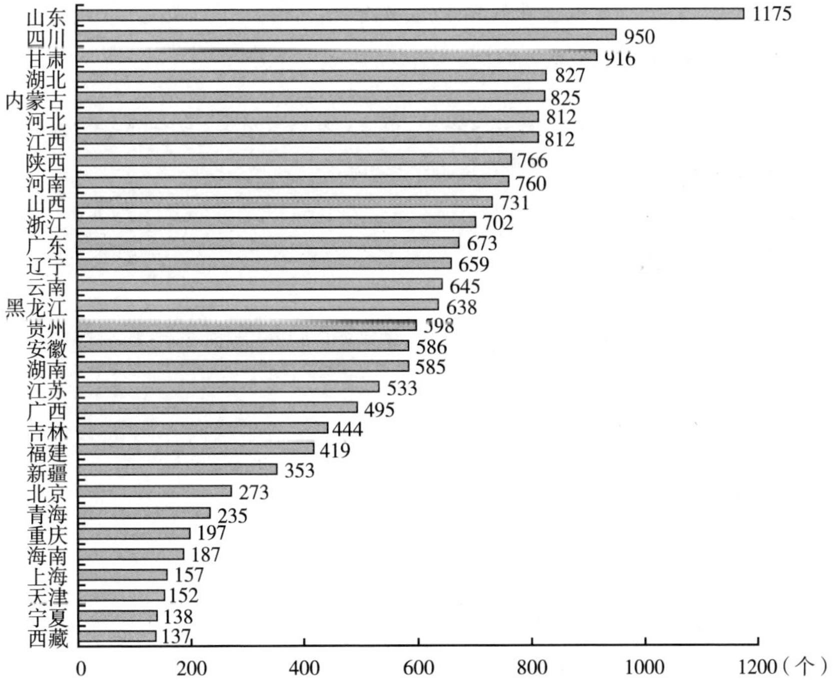

图 14　部分省（区、市）政务抖音号数量

资料来源：字节跳动。

在这次疫情中，国家政务管理服务网络平台充分发挥总枢纽作用，提供疫情信息技术服务。地方当局整合分散资源，统筹“隔离区”，在网上综合政务服务平台，建立防疫主题，并在同一时间在平台 PC 终端和移动终端（App、小程序）发布，提供实时数据和指定传染病类型、医院发热门诊查询导航、自我检查和确诊患者等超过 60 项的防疫服务。

未来短视频平台企业除了保持泛娱乐功能，还将作为社会公众获取数据信息的渠道发挥更重要的作用。特别是越来越多的主流媒体关注短视频平台并开通账号，通过平台发布权威的信息，这些做法得到了群众的认可，提升了平台的信息可信度，开启了短视频未来发展的一个新的层面。随着短视频文化、生活、娱乐消费群体的不断发展壮大，其对社会、经济影响力也越来越大，应当承担与之相匹配的社会环境责任。网上文化娱乐行业不应该止步于单纯的娱乐本身，应承担相应的社会责任和义务，推广核心价值观，推动良好健康的社会氛围的形成。

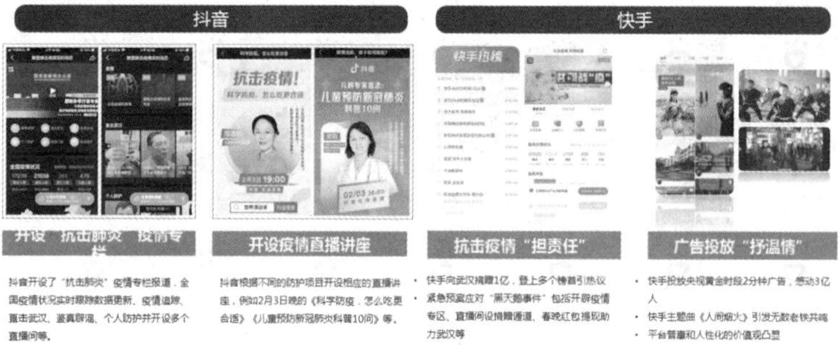

图 15　短视频平台开设防疫专栏

资料来源：微播易。

（四）疫情推高短视频热度

受突发疫情的影响，广大中国人民过起了“宅生活”，短视频成了大家关注的娱乐消遣方式。数据显示：抖音、快手两大平台公司总计 800 名“达人”，春节期间共有 3 位“达人”涨粉量超千万，其中，《人民日报》抖音号最高涨粉量为 1274 万。受疫情影响，抖音严肃科普类账号“回形针”以视频《关于新冠肺炎的一切》爆红全网，播放量达 1.5 亿次。

在疫情期间，互联网平台的日活跃用户数和日均用户时长均创历史新高。从行业发展变化趋势来看，由于我国网络文化娱乐消费的便利性和内容的丰富性，其在国外发展的势头强劲。这个行业不论是在人们文化消费和娱乐中的作用，还是自身的价值都在不断提高。

事实上，短视频内容质量的好坏直接影响着用户对产品的偏好，从而影响了用户黏性的持续度和稳定性。因此，网络企业文化娱乐产业应该更加注重产品内容品质的提升，把其作为短视频产业升级的突破口。

四　短视频产业发展趋势

（一）多元化与垂直化趋势

从年度增幅最快的 KOL 来看，无论是抖音还是快手，“小哥哥/小姐姐”、“搞笑/剧情”、音乐类账号仍是“强势”的内容类别。但从内容发展趋势来看，“垂直化”已成为内容创作的必然趋势。在抖音平台中，账号垂直类别越小，发展速度越快，其中汽车、情感、食品、化妆品等是比较典型的创作类别；在快手，“小”类别相比于抖音类别有小幅增长，但内容多样化的趋势已经不可阻挡，其中，美食、游戏、宠物、时尚等领域的垂类账号加速在快手布局。值得一提的是，在新的内容类别方面，来自各个领域的“种草”/评估类账号在双平台得到快速发展，除了时尚、美容、美食等类别，有望分化出更多的“种草”带货内容；而咨询和知识、艺术和文化类的账号也在迅速增加。

再来看下抖音和快手投放 KOL 最多的行业分布及 Top20 投放品牌。在抖音，投放 KOL 的行业集中度相对较低，以美妆、电商和食品饮料投放最多；在快手，投放 KOL 的行业集中度极高，以效果类广告主为主，电商平台、游戏和 IT/互联网（即网服 App）占快手 KOL 投放的七成以上。

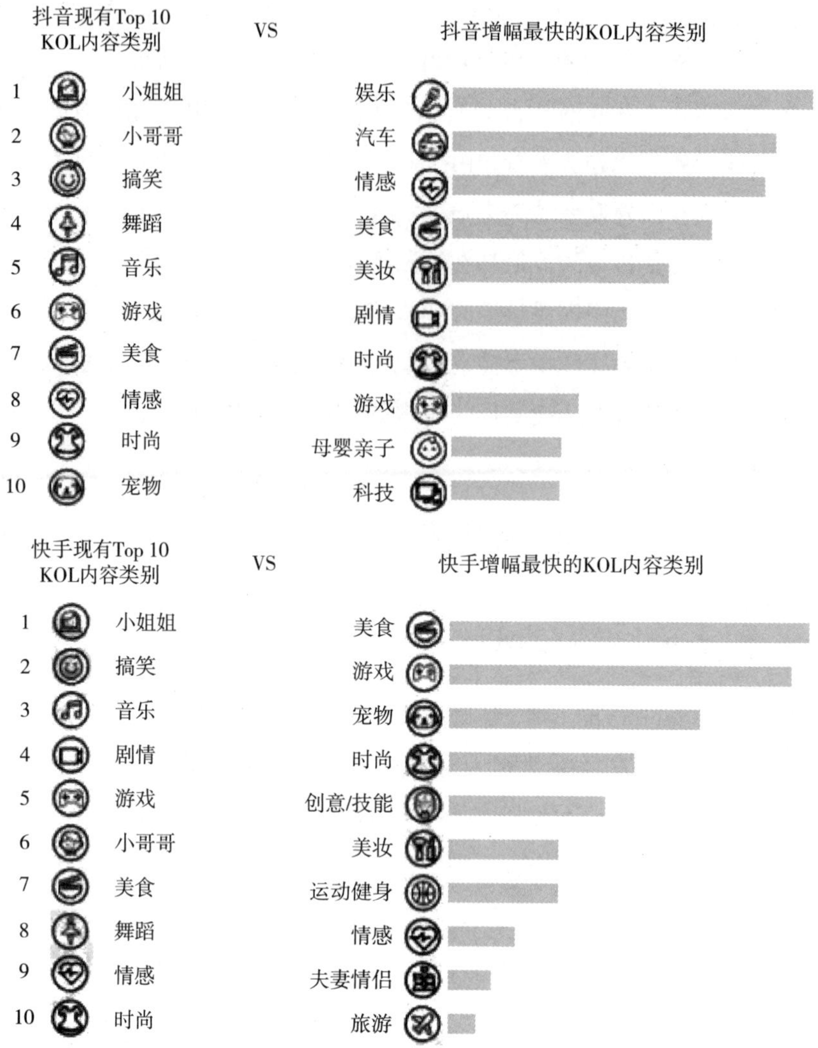

图 16　2019 年 1～10 月广告主在抖音、快手平台中最爱投放的 KOL 内容类型

资料来源：卡思数据。

从品牌来看，卡思数据显示，天猫和拼多多两个平台分别占据了抖音、快手 KOL 投放之最。但相比较而言，抖音 Top20 投放品牌中，美妆客户占了 9 席，而快手则以电商平台最为出众，包括京东、唯品会、淘宝、省钱快报在内的电商平台占了 Top20 投放品牌的 7 席。这些电商平台多会联合垂直

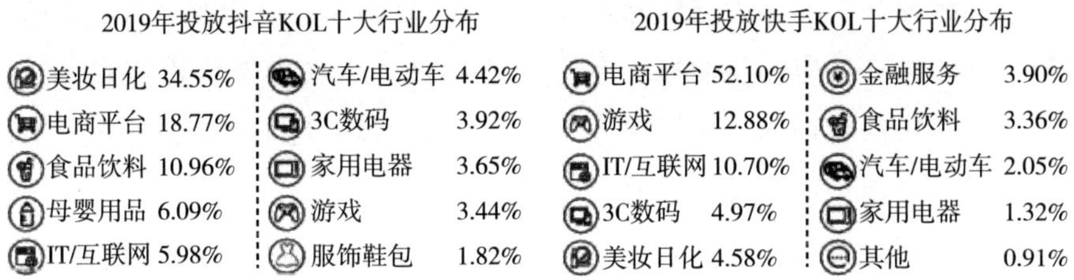

图17　2019年1～10月广告主在抖音、快手平台中投放KOL最多的10个行业

资料来源：卡思数据。

类品牌，或在节点大促时密集投放品牌，以实现拉新和引流双重目标。

快手电商直播生态系统实现跃迁，“老铁”们的精神文化消费结构也在升级。目前，快手短视频已经超出单纯的娱乐带货，延伸到艺术和文化领域。博物馆、艺术馆、交响乐团、话剧艺术表演、文化界人士等也加入了快手，网络直播和短视频逐渐让知识、德育教育、美育教育惠及大众。

（二）短视频与电商巨头走向竞合关系

从目前的短视频两大巨头——抖音与快手来看，它们依靠强大的营销模式和流量资源，吸引大量的B端客商入驻，企业生态系统逐步形成，按此逻辑，对中小型民营企业的交易生态的构建将成为其下一步的计划。用户可以直接在平台积累粉丝，做生意，形成交易闭环，而无须跳转到第三方电商平台，从此趋势可以判断，短视频头部商家与淘宝、京东电商平台的生态必将是竞争关系。

电商的供应链和企业服务生态是短视频平台所缺失的环节，所以过去短视频绝大部分电商流量均导向淘宝，这样商家有通过短视频营销来完成交易闭环的需求，但是商家很难实现通过短视频平台沉淀粉丝的目的。因为对于商家来说，短视频就是一个导流渠道，只是把短视频的粉丝导入电商店铺，并不会为其积累粉丝。然而，现在头部平台有很大的生态流量，不会甘心总是扮演导流的角色，用户使用它的时间越长，其商业变现的可能性就越多。从目前的迹象来看，抖音和快手除了与第三方电商合作以外，也分别建立了抖音商品橱窗、快手小店这些电商工具，以帮助商家积累粉丝，打造私域流量池，逐步补齐供应链与商家服务方面的短板，在逐步强化粉丝管理、订单、商品、售后管理和客服管理等功能后，短视频平台未来的目标很可能是强化自身的货币化率与履约能力。

从这个发展趋势的分析来看，短视频与淘宝、京东等电商平台的关系将可能会变得更加微妙，短视频与电商巨头之间的“暗战”或已打响。但在目前，两者的互补性非常强，需要进行更多的合作而不是对抗，未来双方既合作又竞争的关系可能会成为一种常态。

B.5
移动新闻客户端发展报告（2019～2020）

冷莹莹*

摘　要： 移动新闻客户端进入平稳发展期，开始走向用户存量市场新常态，行业竞争加剧，流量深度运营成为平台制胜关键。作为融合发展的切入点和突破口，移动新闻客户端“四全”媒体形态不断呈现，在新冠肺炎疫情防控时期更是成为主要信息阵地。通过持续打造高品质内容生态、重塑品牌内涵与价值、不断创新技术应用，移动新闻客户端不断升级、突破，以更加开放协作的姿态面向未来。5G时代，“融媒”加速向“智媒”转变，坚持以用户为导向的技术创新、着力提升风险社会媒体的建设性功能，将是未来移动新闻客户端发展的新机遇与新挑战。

关键词： 移动新闻客户端　全媒体　媒体融合

一　移动新闻客户端发展概况

（一）移动资讯业走向存量市场新常态

“伴随着信息社会不断发展，新兴媒体影响越来越大”，“新闻客户端

* 冷莹莹，新闻学硕士，厦门工学院文化与传播学院讲师，福建省高校人文社科研究基地未来媒体发展研究中心研究员，主要研究方向为网络传播、新媒体发展等。

和各类社交媒体成为很多干部群众特别是年轻人的第一信息源，而且每个人都可能成为信息源”。[①] 2019 年 1 月 25 日，中共中央政治局在人民日报社就全媒体时代和媒体融合发展进行第十二次集体学习，习近平在讲话中提出以上部分重要论断。中国互联网络信息中心（CNNIC）第 45 次统计报告显示，截至 2020 年 3 月，我国手机网络新闻用户规模达 7.26 亿，占手机网民的 81.0%。另据艾瑞 MUT 监测数据，2019 年全国手机新闻客户端的数量超过 300 个，手机新闻客户端用户规模达 6.93 亿，较 2018 年增加 2500 万（见图 1），用户增量持续放缓。

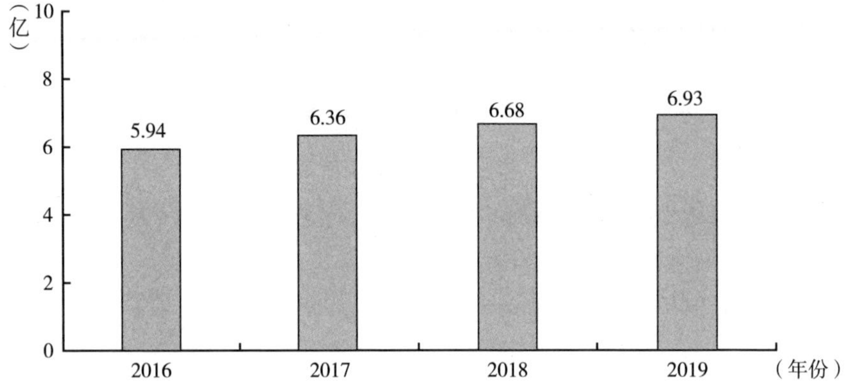

图 1　2016～2019 年中国手机新闻媒体客户端用户规模情况

资料来源：艾瑞 MUT。

虽然移动互联网人口红利消失，但网民人均使用时长却保持持续增长。网民人均每周上网时长由 2018 年底的 27.6 小时，增至 2020 年 3 月的 30.8 小时（见图 2）。特别是在新冠肺炎疫情期间，网民上网时长增长幅度明显提升。CNNIC 统计数据还显示，在手机网民常用 App 中，即时通信类 App 使用时间最长，占比为 14.8%，网络新闻 App 使用时长排在第 8 位，占比为 4.8%。网络新闻 App 用户全天使用时段分布曲线较

① 习近平：《加快推动媒体融合发展　构建全媒体传播格局》，《求是》2019 年第 6 期。

为接近，使用高峰为8点至10点、21点至22点，其余使用时段分布较为均匀。

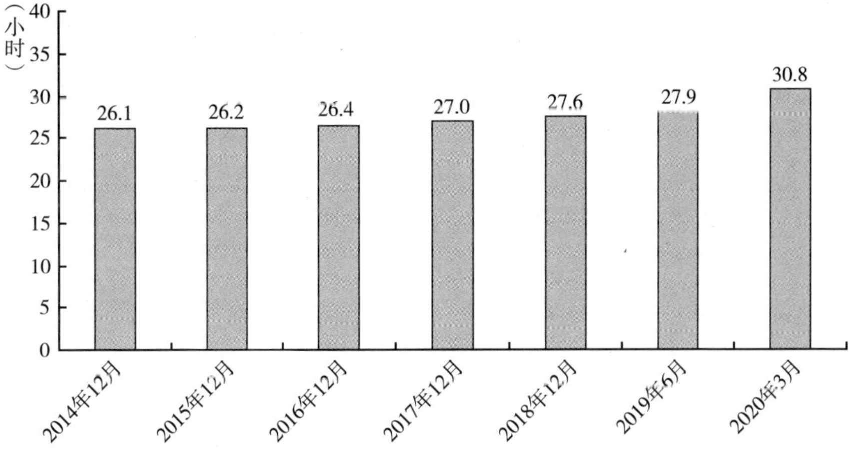

图2　网民人均每周上网时长

资料来源：CNNIC第45次《中国互联网络发展状况统计报告》。

从使用时长来看，尽管即时通信、网络视频、短视频、网络音频、网络音乐、社交平台等分流了手机新闻资讯App流量，但手机新闻资讯App流量价值仍然明显。在泛资讯的传播环境下，移动新闻客户端成为用户获取资讯的主渠道。新闻资讯产品单机单日使用次数从每日3次趋近于每日4次，时间黏性和使用黏性突出，用户习惯正逐渐成熟，手机新闻资讯App对用户的吸引力在逐步上升。①

从用户年龄特征来看，企鹅调研通过对移动端内容消费形式调查和对手机新闻用户浏览新闻资讯的平台调查发现：在碎片化时间里，网民在手机上最习惯的三个行为是看新闻资讯、刷朋友圈/微博、看短视频；除社交平台与手机浏览器外，移动网民将新闻App作为首要资讯获取渠道（见表1）。

① 《中国移动端新闻资讯头部用户内容消费洞察报告》，艾瑞网，http://report.iresearch.cn/report_pdf.aspx?id=3517。

表1　移动网民浏览新闻资讯的平台调查

单位：%

年龄	社交平台	手机浏览器	新闻 App	社区	个性化资讯平台
19 岁及以下	84.1	47.8	37.7	36.2	18.8
20～29 岁	83.3	48.1	43.5	28.0	16.3
30～39 岁	75.5	70.1	42.0	24.8	23.9
40～49 岁	75.1	71.2	41.8	28.8	21.5
50 岁及以上	74.3	61.9	38.6	37.6	12.4

资料来源：企鹅智酷《互联网第一战场：2019 泛内容消费趋势报告》。

从地域来看，2018 年商业新闻资讯平台纷纷下沉市场，竞相发掘三、四线城市用户。与此同时，地方传统新闻媒体也加速移动端布局，争夺本地用户，巩固地域优势。综观几大头部平台和中央主流媒体的新闻客户端资讯量的地域分布情况，今日头条在全国各地的资讯量分布较平均，央视新闻媒体资讯量偏重华北、华东、华中、华南地区，腾讯新闻省际媒体资讯量差异明显，在华中、华东、华南地区热度较高。①

随着互联网人口红利见顶、时长红利渐微，移动新闻客户端进入平稳发展期，开始走向用户存量市场的新常态，流量深度运营成为平台制胜关键，行业竞争加剧。

（二）“四全”媒体形态正不断呈现

2020 年 6 月 30 日，中央深改委审议通过《关于加快推进媒体深度融合发展的指导意见》，再次强调建立全媒体传播体系，牢牢占据传播制高点。近年来，从中央媒体到地方媒体，从传统主流媒体到商业媒体，它们纷纷把移动新闻客户端作为融合发展的切入点和突破口，通过加快流程再造、加强内容建设、瞄准移动互联网技术最新成果、拓展分发渠道、丰富形式手段、聚拢目标用户，已经初步形成适应互联网发展的全媒体发展布局。

① 《2019Q1 中国手机新闻客户端市场监测报告》，艾媒网，https：//www.iimedia.cn/c400/64308.html。

人民网研究院发布的《2018中国媒体融合传播指数报告》显示，省级及以上报业集团、广播电视台自建客户端的比重均超过90%。除了今日头条、腾讯新闻、新浪新闻等头部平台和影响力较大的人民日报客户端、新华社客户端、央视新闻客户端等中央级媒体，地方级媒体层面已经基本形成东“澎湃”、南“南方+”、西“封面”、北《新京报》、中“浙江新闻”的客户端格局。各媒体平台以内容建设为根本，创新传播方式，基于“由快到深”的全流程报道和用户互动反馈机制，通过原创自制、PGC、UGC等多元创作形式，逐步形成适应互联网传播的内容生产体系，新闻事件无时无刻不处在这一传播链条中。短视频、直播、H5、VR、AR、交互新闻、卫星新闻、Vlog、动漫、音乐MV等传播内容形态不断丰富，AI、大数据等技术加速应用，移动新闻客户端个性化生产、智能化推送、互动化传播水平大幅提升，实现了信息的精准传播。此外，各媒体平台也努力整合内外部资源，提升专业性与权威性，适应碎片化、移动化、个性化、社交化传播趋势，为用户提供多元化的阅读体验，持续提升媒体品牌影响力。随着媒体融合的深入，移动新闻客户端已经成为集内容、社交、政务、党务、服务等为一体的多功能平台，全程媒体、全息媒体、全员媒体、全效媒体的“四全”媒体形态愈加凸显。

（三）全民“战疫”时期成为主要信息阵地

面对突如其来的新冠肺炎疫情，全国各地迅速集结防疫抗疫力量，共克时艰。疫情高峰期，用户资讯需求量暴涨，月活跃用户数为7.07亿[①]，达到近一年的行业峰值。

用户对实时获取疫情和防护信息的需求，拉动移动新闻客户端的活跃用户规模和使用时长同步上涨。在疫情信息获取方面，新闻客户端的使用率仅次于微信，使用率高达56%。[②] 2020年1月，31家省级台的46个新闻

① 《“新型冠状病毒肺炎”公众认知与信息传播调研报告》，国家信息中心，http://www.sic.gov.cn/archiver/SIC/UpFile/Files/Default/20200226101829580669.pdf。

② 《“新型冠状病毒肺炎”公众认知与信息传播调研报告》，国家信息中心，http://www.sic.gov.cn/archiver/SIC/UpFile/Files/Default/20200226101829580669.pdf。

客户端月活跃用户比半年前提升了44%。① 2020年春节假期前后，日活跃用户规模前五位为今日头条、腾讯新闻、新浪新闻、网易新闻和趣头条。② 更多24岁以下、40岁以上年龄段用户转向移动互联网，用户结构正在发生变化。③

新冠肺炎疫情信息传播经历了以自媒体披露为主的信息呈现阶段和疫情信息公开后多元角逐的媒体表现阶段。④ 大众对重大题材的社会关注度高，新闻报道极易出现同质化，能否生产出内容专业、形态创新、传播高效的资讯，既是当前各媒体平台需要面对的新课题，也是各媒体能否在海量新闻产品中突围的关键之处。

尽管新媒体、自媒体发展迅速，但传统主流媒体依托其专业性和权威性优势，用户增长显著，分别有72.6%、64%的用户更倾向于选择"看电视"、浏览"传统媒体网站/客户端"；疫情影响下，针对近半年接触过的媒体，62.4%的用户更信任传统媒体网站/客户端，高于电视、商业类新闻网站/客户端和微信等。⑤ 疫情信息传播强化了传统媒体网站/客户端的公信力和影响力，充分体现出在重大突发性公共事件报道与传播中的主导作用与核心价值。

整体来看，传统主流媒体与商业媒体新闻客户端共同承担起疫情信息聚合、为民众服务的功能，并依据各自特点与优势，进行差异化传播。疫情发生以来，传统主流媒体通过"规范和完善信息发布机制""普及疫情防控知

---

① 《疫情之下，年轻受众媒介接触行为如何？传统媒体在疫情宣传中扮演着怎样的角色?》，"收视中国"微信公众号，https：//mp. weixin. qq. com/s？ src = 11&timestamp = 1596183752&ver = 2493&signature = tayeAAp46AoPyV8pU5vk6Jrl11GxfnhvyVj * Y * 4a1x0 * CY369hBuVceRIZfmoUtjvXGmUJgP0cFQM07xB2jWTW85VaD1KKzN * B1om * hCh8vRH8vnnlNPpp0diSC2uiqw&new = 1。

② 《QuestMobile 2020 中国移动互联网春季大报告》，QuestMobile 网站，https：//www. questmobile. com. cn/research/report - new/90/。

③ 《QuestMobile 2020 中国移动互联网"战疫"专题报告——热点关注行业发展报告》，QuestMobile 网站，https：//www. questmobile. com. cn/research/report - new/81。

④ 栾轶玫、张雅琦：《新冠肺炎疫情报道中的信息呈现与媒体表现》，《新闻战线》2020年第3期。

⑤ 《疫情期间用户媒介消费及使用预期调查报告》，中国广视索福瑞媒介研究，http：//www. csm. com. cn/Content/2020/02 - 25/1015314370. html。

识”“及时回应社会关切”“运用多种形式在国际舆论场及时发声”，着力提升网络传播能力和舆论引导能力，创新运用融媒体手段，凝聚起众志成城的强大正能量。商业媒体则依托其技术优势，创新系列疫情防控服务与产品，助推疫情防控工作高效开展。如“丁香医生”最早运用数据地图呈现全国疫情发展状况，被国内媒体借鉴并成为其报道“标配”，“抗疫”频道、确诊患者同行程查询工具、鉴谣辟谣平台、线上求助通道等，既彰显出媒体的社会价值，又为未来媒体智能化发展提供新的想象空间。

（四）用户网络权益进一步受到重视和保护

为建设良好的网络生态与精神家园，我国网络监管与治理手段不断强化与完善，移动资讯行业迎来全面规范化发展契机。监管部门一方面建立健全网络综合治理体系，加大内容领域整治力度；另一方面强化源头管控，落实平台主体责任，强化媒体自身内容审核与过滤机制。2019 年以来，《儿童个人信息网络保护规定》《网络信息内容生态治理规定》《网络安全审查办法》等部门规章施行，《网络音视频信息服务管理规定》《App 违法违规收集使用个人信息行为认定方法》等规范性文件、政策文件公布。其中，《网络信息内容生态治理规定》作为我国网络生态治理方面的首部综合性专门立法，解决了此前我国在网络生态治理上无法可依的问题。该法规全面系统地覆盖了内容的生产、分发、审核、管理等环节，对内容生产者、内容消费者、平台方、网络行业组织、政府监管部门都做出了明确规定。随着法规的正式实施，我国对网络信息内容的生态治理将被正式纳入法治轨道，并将依法形成治理合力。

除了完善法律法规，网络治理专项行动也重点展开。2020 年 7 月起，商业网站平台和自媒体违法违规行为集中整治行动在全国范围内开展，通过规范移动应用商店境内新闻类 App 审核管理体系、优化改进传播正能量的移动新闻客户端等六大行动任务，查处、封禁一批问题网站平台和违规账号，以促进网络传播秩序明显好转。近年来，手机 App 越界强制索要权限的情况也频频发生，对用户个人隐私保护构成极大威胁，广大网民对此反应强烈。为完善App治理体系，提升App治理能力，推动移动互联网健康有序发展，有关部门除了对与群众生活密切相关、下载使用量较大、用户投诉多的千余款App进行评估、技术检测和检查外，还建立专门针对App违法违规收集使用个人信息的举报渠道——“App个人信息举报”微信公众号。截至2020年10月27日，工信部公开通报了七批次侵害用户权益行为的App名单，搜狐新闻、界面新闻、看看新闻、一点资讯、爱青岛、VISTA看天下、和讯财经、荔枝新闻、ZAKER新闻等新闻资讯类App上榜，存在的主要问题为私自收集用户个人信息、私自将信息共享给第三方、账号注销难、强制用户使用定向推送功能、频繁申请权限和过度索取权限等。[①] 这也从侧面反映了在移动新闻客户端领域，平台对用户个人信息的保护意识与保护水平亟待提升。

二　移动新闻客户端年度关键词

（一）升级

1. 持续打造高品质内容生态

第一，继续加大对优质内容的扶持力度。高质量内容始终是媒体的根本立足点和核心竞争力，各大媒体平台持续推出优质内容扶持计划，鼓励优质原创内容，引导广大网民成为优质内容的生产者、传播者、引领者，欲以优质内容赢得话语优势和发展优势。

作为国内最大的内容创作平台之一，自2015年起，今日头条曾基于账号维度陆续推出“千人万元计划”、“礼遇计划”和“千人百万粉计划”，2019年推出第一个基于文章维度的奖励计划——“青云计划”，奖励力度更大、频次更高。该年，“青云计划”共奖励1.4万位创作者的12万篇内容，

① 《App违法违规收集使用个人信息专项治理报告（2019）》，国家互联网信息办公室网站，http：//www. cac. gov. cn/2020 -05/26/c_ 1592036763304447. htm。

奖额超过 6710 万元，在创作者人均年收入省市排名中，黑、吉、辽三省在五强中占据三席，另外两强为北京、上海。

随着创作和传播门槛的降低，为发掘与扶持平台有潜力的新人，持续支持成熟创作者，今日头条又推出“月薪万元——新作者扶植计划”“创作者收益计划”。此外，今日头条还在科技领域设立“金字节”奖，成立“金字节”基金，在“三农”领域发起“金稻穗计划”，在传统文化领域发起“国风计划”并增设“国风”频道，为用户贡献更多优质精品内容。在信息碎片化时代，除了注重内容创作者，今日头条还邀请用户参与优化频道内容，共建频道内容生态，为吸引追求高品质内容的阅读用户，上线“精选频道”，专门展示有深度的优质原创内容，并推出“用户打分”功能。

在 2019 腾讯 ConTech 技术大会上，腾讯新闻宣布推出知识官计划、繁星计划和 TOP 计划，2020 年将为内容合作伙伴提供 15 亿元的内容创作资金及每月 100 亿元的流量扶持。腾讯新闻还注重技术赋能，升级内容创作者服务体系，通过技术中台，从内容生产到消费体验，为内容创作者提供更先进的生产辅助技术和更优质的客户服务。

欲将“大风号”打造成自媒体领域的新锐势力的凤凰网，在 2019 年初也同时推出风铃计划、金风计划和海外自媒体联盟三大计划，投入价值 10 亿元的资源鼓励自媒体作者长期生产高品质内容。凤凰网加强“大风号”与凤凰卫视的良性互动，优质自媒体内容特别是视频内容，将有机会登上凤凰卫视。

现下，各大平台内容生态升级策略已经初见成效，优质创作者不仅在平台上获得了更多粉丝，流量分成、现金激励、内容付费、内容电商、直播等内容变现模式也更加丰富多元，互联网内容进一步繁荣发展。

第二，直播、短视频赛道竞争持续升温。技术不仅革新了新闻的传播方式，也渐渐改变了网民的生活方式和获取资讯的行为习惯。从文字、图片到音视频，网络视听产品不断创新。随着互联网移动化、碎片化、场景化特征凸显，直播、短视频逐渐成为资讯内容分发的重要形式与渠道。近年来，直播、短视频行业发展迅速，用户规模不断增长，5G 技术的加持让这一趋势愈加明显，移动新闻客户端纷纷发力，加速布局，开启短视频和网络直播新热潮。传统横屏新闻短视频模式被打破，竖屏领域全面开启，还出现了“长跑小直播、重拳大直播”的新局面。澎湃新闻透露，澎湃视频日产量已占其原创报道总量的近一半份额，2020 年下半年视频数量占比或将超越 50%。

在庆祝中华人民共和国成立 70 周年的阅兵式报道中，短视频和移动直播成为最吸睛的传播形式，也是二者在国家级媒介事件中的一次经典应用。在阅兵式进行中，央视新闻客户端同步推出 500 多条短视频，并二次编辑成《AI 剪辑！大阅兵》等专题化的内容矩阵，多角度、全景式呈现节日盛况。

在新冠肺炎疫情的报道中，除了碎片化资讯，人们更希望获得现场式、全景式、不间断的实时信息。据此，央视新闻客户端、央视频、《人民日报》客户端均策划推出全天候直播栏目，直击疫情防控工作。在这次疫情直播中，陪伴式社交产品“慢直播”成为全新亮点。由央视频客户端率先推出的“与疫情赛跑”慢直播，全景直击武汉火神山、雷神山医院建设，成为疫情报道中首个受到全网关注的新媒体产品，吸引上亿人次在线观看，“挖掘机天团”“云监工”等成为网络热词，同时被 BBC、FOX 等众多国际主流媒体和社交媒体平台转播、转载；新华社慢直播《武汉公益志愿者车队抗疫专车日记》，央视新闻《长镜头直播：武汉此时此刻》等，用实时画面为广大网友传递武汉这座城市的最真实面貌。

第三，平台内容治理能力不断提升。标题党、色情、暴力、虚假信息、谩骂、人肉搜索等一直都是互联网内容治理的顽疾，特别是在自媒体平台，乱象频出。整治低俗、低质内容，净化平台内容生态，既是媒体进行长期治理的重点目标，也是互联网平台应当承担的社会责任。各大资讯平台一方面扩充了人工审核力量，另一方面引入智能审核监管手段，升级个性化推荐算法，通过将人工和技术手段相结合，保障平台内容健康。国内首款人工智能反低俗助手——今日头条“灵犬”，自 2018 年正式上线以来，经过 5 次更新迭代，已能识别当今互联网的主要内容模型。2019 年

“灵犬”实现三次重大技术升级，新增反暴力谩骂和反标题党入口、图片识别功能和语音识别功能。更有品质的内容、更丰富和开放的信息环境必须依赖更懂用户的个性化推荐算法。个性化推荐算法的产生，改变了信息传播的逻辑和规则，虽大大提升了信息传播的效率和精准度，却也带来了“算法焦虑”和“流量焦虑”。作为《人民日报》客户端7.0版本的核心亮点之一，主流算法正式亮相。其推荐系统运作逻辑是用主流价值导向驾驭“算法”，通过质量把控、智能分发和传播反馈三个环节，确保正能量的内容供给，并满足用户个性化需求。未来，移动新闻客户端审核手段的智能化升级和对低俗内容治理的算法创新，将有助于持续构建良性健康的互联网内容生态。

2. 纵向探索多维分发渠道

用户获取信息的需求并不依赖于某个单一特定渠道，而是贯穿在各类场景中。现阶段移动新闻客户端增长放缓，资讯领域面临的竞争是综合实力的竞争，较难通过某一功能或某款产品实现单兵突破，只有在推送、搜索、内容生态、变现等各个环节全方位提升，才有可能最终赢得用户和市场。为适应行业新环境，部分资讯平台变身“通用信息平台”，采用“一横一竖”发展战略，即横向尽可能丰富内容体裁，涵盖图文、视频、音频、问答、专栏、订阅号、社区，纵向尽可能将分发方式多样化，借助信息流、个性化推荐算法、关注订阅、搜索及长视频、短视频、社交媒体、小程序、浏览器等，融合多元化的渠道和场景，将资讯高效触达用户，满足用户对优质内容的差异化需求。移动新闻客户端一方面加快丰富自身的内容形态和分发方式；另一方面在多平台、跨平台发展的背景下，不再成为强推款主力App。

实践这一信息流整合新思路的腾讯，基于其强大的技术、内容储备与平台优势，将信息流服务统一升级为“腾讯看点”，通过“推荐+社交+搜索”三大引擎，共享产品能力、技术能力和行业资源，实现各端共享、整合、汇聚，形成更加丰富的信息流服务体系。将原先三个独立信息流产品——QQ看点、QQ浏览器、天天快报合而为一，使信息分布在腾讯QQ·

看点、腾讯看点小程序、QQ 浏览器·看点三大平台，还将天天快报升级为泛资讯信息流独立 App——“看点快报”，并推出“看点视频”App 以及“看点直播”小程序。

在传统媒体方面，在媒体融合向纵深发展的推进期，人民日报社、新华社、中央广播电视总台等加快构建新型国家级主流媒体，以各省市级媒体为基础，基于信息互换、互通机制、联网共享进行深度融合，拓宽内容来源与分发渠道，建立传播资源共享机制，突破区域性限制，努力向平台化运营的大型传媒平台转变。《人民日报》客户端 7.0 具备直播、视频、音频、图文、动态、话题等多种内容形态，通过建构“人民号 + 矩阵号”模式，打造“人民号 + 行业号”“人民号 + 地方号”的内容传播矩阵，加上推荐、视频、直播、话题、搜索等版块的改版升级，《人民日报》客户端信息分发效率更高、用户体验更佳。

3. 创新升级，重塑品牌内涵与价值

为进一步洞察用户深层诉求，不断提升并巩固自身的差异化，建立品牌壁垒，一些新闻资讯平台纷纷进行品牌战略升级，加强品牌与用户的情感共鸣。2019 年 5 月 16 日，今日头条将 Slogan 从“你关心的，才是头条”更改为“信息创造价值”，致力于人与信息的连接，在促进信息的高效、精准传播中，坚持正确的价值导向。2019 年 11 月 11 日，腾讯将使命愿景升级为“用户为本，科技向善”；2020 年 1 月 6 日，腾讯新闻正式宣布品牌升级，Slogan 由“事实派”变为“打开眼界”，寓意为“持续助力优质内容的生产，用技术的进化成全人的眼界和美好”。此外，全球最大资讯聚合平台 Flipboard 的中文版客户端——红板报全新改版，其拥有国际化的产品基因、独特的平台调性及高价值的新中产用户。全新品牌主张“小想法解锁大世界”代替“新闻可以很好看”，红板报也从聚焦新闻价值转变为以“内容 + 人”双引擎驱动的多元内容平台。2019 年 10 月 8 日，围绕“简洁化”理念，全新改版的央视新闻客户端正式上线，界面设计和用户体验全面优化升级，新版 Logo 同步启用。新 Logo 采用扁平化设计，更具辨识度和年轻化气息，新的 Slogan 为“我用心，你放心”。

（二）加速

1. 主流媒体关键核心技术不断创新

面向“万物互联”和“万物皆媒”的未来，媒体发展需要以技术创新为引领。为顺应全程媒体、全息媒体、全员媒体、全效媒体发展趋势，传统主流媒体、商业媒体从自主研发到多方合作，纷纷加快新兴技术在新闻传播领域的研发与应用，以抢占制高点。伴随着媒体融合的深入推进，传统媒体逐渐掌握网络传播规律，开始植入互联网基因，不断推出引爆全网的优质新闻作品，并探索将新兴技术运用在新闻生产流程的各个环节，推动关键核心技术自主创新，不断实现突破。

2019 年，中央广播电视总台“5G + 4K + AI”媒体应用实验室、超高清视音频制播呈现国家重点实验室启动建设，并上线我国首个国家级“5G 新媒体平台”，不断用技术创新为平台赋能。同年，人民日报社成立智慧媒体研究院，《人民日报》客户端 7.0 版、“人民日报 +”短视频 App、人工智能媒体实验室、全媒体智慧云等一批技术创新项目纷纷亮相。年底，新华社首个智能化编辑部投用，其承建的媒体融合生产技术与系统国家重点实验室也揭牌运行。

2020 年，新华社 AI 合成主播再升级，推出全球首位 3D 版主播“新小微”，其不仅立体感更强、灵活度更高、交互性更强，应用空间也更广。此外，全国“两会”前夕，新华社还首次推出 5G 全息异地同屏系列访谈，打破距离限制，开创了 5G 时代远程同屏访谈的先河。人民日报智慧媒体研究院推出《人民日报》“智能云剪辑师”，基于内置的人工智能多媒体信息识别技术，几分钟内就能生成视频，自动匹配字幕；还能动态追踪画中人物，迅速实现横屏转竖屏等。中央广播电视总台的“5G + 8K”实时传输和快速剪辑集成制作系统，利用“AI 云剪辑”技术实时收录多路信号，通过人工智能计算，检测、挑选画面，实时剪辑成片。

在持续追踪新兴技术前沿成果，创造性研发新闻应用场景的努力下，传统主流媒体强化先进科技支撑引领，新闻生产提速、提量、提质、提效，开始从“为我所用”的跟跑转向“自主创新”的领跑。

2. 媒体边界加速延展与融合

万物皆媒的泛媒时代，行业“跨界”，新闻和非新闻类内容的界限愈加模糊。社交平台、电商平台、视频平台、搜索平台等都增设资讯服务，显现出媒体属性，媒体行业的边界正在慢慢消融。媒体自身也加快转型，提升服务性能，实施平台化发展战略。一批传统主流媒体立足本土优势，着力打造多渠道覆盖的移动矩阵，提供资讯、政务、便民服务等信息，力求成为生态级应用平台。

基于“搜索是信息分发的一种基础性支柱，是对内容分发方式的丰富和完善”的理念，字节跳动从2016年起探索搜索技术，在今日头条增设搜索功能，利用“信息流 + 搜索”提升信息获取效率，实现人找信息与信息找人的双向互动。2020年2月，字节跳动“头条搜索”App安卓版登陆应用市场，助力用户“头一条就是你想搜的”。

2019年11月20日，聚合“5G + 4K + AI + VR”的核心技术优势，主流媒体中首个“视频社交媒体”——中央广播电视总台“央视频”5G新媒体平台正式上线，在多个方面实现了创新和突破。央视频App定位为有品质的视频社交媒体，在内容上改变传统电视频道栏目式的固有结构，全新聚焦泛文体、泛资讯、泛知识三大品类，通过央视频号“账号森林”聚合优质内容，开放共建，以连接广电自身优质资源和社会创作力量。央视频App内容形态以短视频为主，兼顾长视频和直播。在分发方式上，结合广电传统视频优势与网络社交，为用户带来全新体验与震撼视听。

疫情期间，为助力社会复工复产，央视新闻客户端、央视频App启动“带货直播”系列大型公益活动。在电商直播潮流下，央视新闻突出平台优势、主播优势，创新直播方式和语态表达，实现了新闻、文化与消费的新结合。央视新闻主动拥抱新业态与新经济，基于传播资源和公信力优势，创新新媒体产品，在融合发展中不断突破，是一次网络传播的新实践，“信息 + 服务”的用户理念也越来越明显。

（三）开放

互联网的精髓在于开放共享，伴随5G、AI、大数据等技术的不断发展，开放合作成为媒体融合创新的必然要求与潮流。想要探索跨界融合新模式，做内容生态“破圈者”，就必须倡导开放合作、横向连接、协同创新、优势互补、互利共赢。面对竞争与挑战，主流媒体之间、商业媒体之间、主流媒体与商业媒体之间、媒体与其他行业之间频频联手，加强合作，以更加开放协作的姿态面向未来。

传统主流媒体拥有内容优势和公信力优势，商业媒体则拥有技术优势和数据优势。据此，传统主流媒体在坚持导向正确的前提下，应融尽融、能融尽融，主动联手科技机构、商业平台，在内容生产、技术创新、产品开发、用户挖掘、平台使用、运营推广等方面加强合作。互联网企业则发挥技术优势，携手主流媒体，加强在新技术浪潮下的前沿探索，借助传统主流媒体，强化内容品质，提升媒体公信力与舆论引导力。

在抗击疫情报道中，传统主流媒体新闻客户端推出的5G慢直播、疫情信息大数据预测、便民查询工具等创新产品，多是与移动运营商、智能科技企业合作的成果。商业媒体在内容方面，也多与中央、地方权威媒体深度合作，如新浪新闻App联合《人民日报》、央视新闻、《新京报》、看看新闻、浙江卫视、《扬子晚报》等百余家权威媒体，推出《疫情下的无名之辈》《医生有话说》等诸多抗击疫情的特别策划和专题栏目。除了重大突发性公共事件，针对常规新闻报道，新浪新闻启动“民生V计划”，联动全国知名、有影响力的民生栏目，打造权威民生新闻矩阵和媒体融合内容爆款，并依托新浪新闻App、新浪微博双端曝光资源，助力区域“热点”成为全国“爆点”。新浪新闻还将日光瞄准智能穿戴、智能家居、智能驾驶等泛资讯全景生态，探索与其他产业的“横向”关联，每年将为超过100万辆长城汽车提供丰富资讯，持续拓展“内容+产品+体验”的内容消费新空间。

内容为本，科技为翼，移动新闻客户端行业正以开放、共赢的心态，纵深扩大媒体融合的一体化成效，全面拥抱全媒体时代的新业态、新生态，未来将有无限可能。

三　移动新闻客户端发展展望

（一）5G时代“融媒”加速向“智媒”转变

2019年是中国5G商用元年，具有广连接、低时延特点的5G网络，将与数字化、大数据、云计算和人工智能全面融合，带来产业的革命性变化，也将为人与人、人与物的连接方式带来深远改变。5G时代的到来，驱动着人工智能、大数据、物联网等科技的发展升级，多元的应用场景也将给传媒业带来更多的可能性和想象空间。智能化将成为未来传播模式创新的核心逻辑，人工智能不仅将重塑整个传媒产业的业态面貌，也在微观上重塑传媒产业的业务链。[1] 人类已经经历纸媒、电媒、光媒、智媒四个时代，正在快速步入一个新型主流全媒、智媒、融媒三位一体的超媒时代。[2] 应智媒趋势，加速推动媒体融合向纵深发展，成为移动新闻客户端未来发展的重要方向。

现阶段智媒技术仍然处于“弱人工智能”阶段，多数国内媒体智能化进程刚刚起步，面临技术基础薄弱、专业人才缺乏和资金投入不足三大挑战。[3] 不过，中国智能媒体发展势不可当。未来，移动新闻客户端行业格局或将呈现头部化和细分化并行态势，新型主流媒体与头部商业平台将成为智媒生态的两大中坚力量。智媒时代资讯消费会出现在智能家居端、智能电视端、智能汽车端及更多终端上，媒体的承载形式将更加丰富，因此，移动新闻客户端需要做好全景生态布局。

---

① 喻国明、兰美娜、李玮：《智能化：未来传播模式创新的核心逻辑——兼论“人工智能＋媒体”的基本运作范式》，《新闻与写作》2017年第3期。

② 李东：《智媒时代助力媒体融合向纵深发展》，《人民论坛》2020年第16期。

③ 《中国智能媒体发展报告（2019～2020）》，中国传媒大学新媒体研究院网站，http：//nmi. cuc. edu. cn/2020/0427/c2509a169855/page. htm。

（二）以用户需求为导向的技术创新

回顾媒体发展历史，技术是驱动传媒变革的主要因素之一，技术不仅改变了内容形态、传播方式，也极大地冲击着固有新闻理念，为传媒业带来无尽的想象空间和可能的发展空间。媒体技术演进不断加速，正沿着移动化、视频化、数据化、智能化、平台化的方向发展，以技术创新引领媒体变革早已成为社会各界共识。面对日益复杂的媒介生态，技术在为人们提供丰富体验的同时也带来了信息泄露、隐私窃取等风险。

移动新闻客户端如何适应业态变迁，又如何规避技术风险？传播生态变革虽然始于技术，但已延伸到市场环境与格局、用户习惯、文化等其他层面，媒体仅仅在技术上进行跟进，是解决不了根本问题的。[①] 在信息过量的时代，以用户为中心的服务性产品将会给媒体带来更高的用户黏性与忠诚度。以用户需求为导向，是拥抱技术逻辑主导下的媒介生态变革的必然要求。不管在何种媒体时代，受众、用户对优质内容的需求始终没有变。技术应该为用户推荐优质内容，而不是“指挥”内容生产。传媒工作者既要善于运用新技术又要严控技术风险，不管是传统媒体还是新兴媒体，不管媒体边界延展到哪里，绝不能陷入“技术主义”的泥沼。

（三）风险社会下媒体的建设性功能

1986 年，德国社会学家贝克在《风险社会》一书中指出，人类已经进入了“风险社会”。新冠肺炎疫情不仅考验国家治理能力，也考验媒体的应急反应能力、报道策划能力及融合创新能力。在这起重大突发公共卫生事件中，网络舆论环境复杂多变，媒体除了及时汇聚、分发信息，还要担负起引导舆论、反映民意、防治谣言、引导情绪和公益救助等职责。疫情报道对世界传媒业提出了诸多全新课题，也影响着媒体未来发展的方向。

---

① 彭兰：《我们需要建构什么样的公共信息传播？——对新冠疫情期间新媒体传播的反思》，《新闻界》2020 年第 5 期。

疫情期间，相较于传统新闻报道模式，我国建设性新闻以“面向未来的视野”“直视社会问题的勇气”和“公民参与的形式”再次受到关注。该理念强调积极的叙事和情感体验，以积极的态度关注、参与事件，促进问题的解决。① 在移动互联网与社交媒体活跃的数字传播环境下，传统舆论引导格局发生裂变。关于疫情防控宣传和舆论引导工作，中央曾明确提出要加强网络媒体管控，推动落实主体责任、主管责任、监管责任。互联网常常起到“放大镜”“扩音器”的作用，如果舆情没有得到及时疏导，则极易引发连锁反应，产生严重的社会后果。疫情危机下，营造和谐的舆论环境，疏导社会情绪，促进社会健康发展成为媒体不容推卸的重要使命。

未来，人类将面临的非传统风险可能会越来越多，如何更好地守护正向价值，参与社会治理，推动社会问题解决，是包括移动新闻客户端在内的各大媒体平台进一步探索的方向。

---

① 唐绪军、殷乐：《建设性新闻实践：欧美案例》，社会科学文献出版社，2019，第249页。

B.6

智能终端发展报告（2019～2020）

李　珊*

摘　要： “智能+”以其强大的经济带动性和对传统产业的颠覆性，成为我国新一轮消费扩容提质的新引擎和拉动遭受疫情重创的全球经济重新向好向上的核心动力。智能终端既是这场技术变革的“试金石”，又是智能服务提供所依赖的载体和智能场景联通的桥梁。在人工智能产业化到产业人工智能化的进程中，未来媒体要将内容生产智能化的流程重塑与内容分发多终端、全场景化的渠道融合，走向“内容+服务+硬件+软件”的全流程整合再造，融入多屏、多渠道、多场景的“万物皆媒”中，与各类智能终端链接融合，做到“媒即万物”。

关键词： 智能终端　5G　万物皆媒

继“互联网+”连续五年出现在政府工作报告中后，2019年，李克强总理首次在政府工作报告中提出：“要打造工业互联网平台，拓展‘智能+’，为制造业转型升级赋能。”在2020年的政府工作报告中，李克强总理继续提出：“发展工业互联网，推进智能制造，培育新兴产业集群。”在“互联网+”以重塑商业模式和经济结构的方式给社会生产、生活方

* 李珊，高级记者，厦门城市职业学院《学知报》总编辑，主要研究方向为广播、报纸与新媒体。

式等方方面面带来巨变后，脱胎于“互联网+”的“智能+”，青出于蓝而胜于蓝，以其强大的经济带动性和对传统产业的颠覆性，成为我国新一轮消费扩容提质的新引擎和拉动遭受疫情重创的全球经济重新向好向上的核心动力。

从宏观层面来看，“智能+”将以前所未有的深度和广度加速技术与产业的融合，推进经济结构的优化升级，通过培育更强劲新动能的新路径，勾勒出数据驱动、人机协同、跨界融合、共创分享的智能经济形态美好蓝图，给传统产业插上人工智能技术的翅膀，推动规模化的“万物智能”的时机出现。

从微观层面来看，借助5G、物联网、大数据、云计算技术的不断迭代，智能家居、智能交通、智能教育、智能医疗等“万物互联”“万物皆媒”的场景已经呼之欲出。

中国科学院院士尹浩认为：“‘智能+’比‘互联网+’再进一步，体现了基于数字革命的人工智能技术对社会生产的全新赋能。”中国互联网协会副理事长兼副秘书长何桂立在2020年（第十九届）中国互联网大会开幕式上指出：“新型战略性、网络型信息基础设施建设及云计算、大数据、人工智能、虚拟现实等新一代信息技术应用为互联网发展赋予创新活力。从互联网应用与服务层面来看，‘互联网+’持续助推传统产业转型升级，各互联网细分领域市场规模稳定增长，行业环境不断优化，新产品、新业态层出不穷，服务模式不断迭代演进，市场格局洗牌革新。”

智能终端既是这场技术变革的“试金石”，又是智能服务提供所依赖的载体和智能场景联通的桥梁，它直接影响用户的感官与体验。“智能+”将为终端行业提供源源不断的创造力与变革力。集计算机技术、网络通信技术、信息控制技术为一体的智能终端已经成为未来智能硬件发展的主流趋势。这一轮智能终端的动力升级，并非来自终端内部的某几个部件的自我改革、自我提升，而是来自由人工智能带来的全社会生产效率的提升。“互联网+”时代，手机几乎成为智能终端的代名词；“智能+”时代，多模多频多形态的智能通信、智能影视、智能家居、智能消费、智能办公、智能出行与智能驾驶等泛智能终端几乎涵盖了人们生活的各个场景。从PC互联到移动互联，再到未来的万物互联，智能终端产业市场需求将日益倍增。我国既是全球智能终端最大的制造基地，也是其最大的消费市场。

一 2019～2020年上半年智能终端发展概况和特点

（一）发展概况

自2015年开始，中国人工智能市场规模逐年攀升。数据显示，2018年中国人工智能市场规模约为17.6亿美元。① 2020世界人工智能大会发布的数据显示，截至2019年底，我国人工智能核心产业的规模超过510亿元，人工智能企业超过2600家。

2019年，全球人工智能核心产业市场规模比上年增长29.2%，超过718亿美元，其中规模最大的应用层市场占比近50%。②

据统计，全球智能硬件终端产品出货量总体呈逐年增长态势，年均复合增速达13.5%，2019年出货量为37.54亿台；中国智能硬件终端产品出货量为7.70亿台。2019年我国智能硬件用户对终端产品的需求指标主要为智能化、性价比、便携度、品质感和高效性。其中，智能化需求指标高达95%，性价比需求指标为87%，便携度需求指标为82%。③

1. 智能手机

在各类智能终端中智能手机的绝对数量最多，但是总体呈下降趋势。根据市场研究机构Counterpoint发布的2019年全球全年智能手机出货量报告，2019年全球智能手机总出货量为14.86亿台，同比下滑1%，智能手机市场连续两年呈下滑趋势。

据中国信息通信研究院（CAICT）披露，2019年全年，国内智能手机

---

① 由中国电子学会、中商产业研究院整理。

② 由中国电子学会、中商产业研究院整理。

③ 前瞻产业研究院：《中国智能硬件行业发展前景预测与投资策略规划报告》。

出货量为3.72亿台，同比下降4.7%，其中5G手机1376.9万台。2020年上半年中国智能手机总出货量达到2.489亿台，与上年同期相比下降了16.1%，其中5G机型共计出货6360万台，占比为25.6%。虽然出货总量下降，但是其中不乏亮点：从6月开始，5G机型恢复增长势头，出货量较上年同期增长了12.2%，达到1750万台，占6月总出货量的61.2%。

2. 智能家居

据中国电子技术标准化研究院电子设备与系统研究中心统计，中国智慧家庭产业虽起步晚，但市场规模增速喜人，平均以每年20%~30%的速度递增，发展势头强劲。

艾媒网数据显示，2019年我国智能家居市场规模首次超过1500亿元，产品出货量总计8.4亿台，预计2020年将达到1820亿元。2019年，中国智能家居市场产品中，40%以上的产品为视频娱乐产品；其次是家庭监控安全设备，占比近20%。

截至2019年底，中国电视保有量共计约5.9亿台，其中智能电视规模近半，走进了59%的中国家庭，可触达用户规模达6.3亿。智能电视保有量与传统电视差距逐年缩小，呈现此消彼长的态势。① 2019年，4K电视零售额占电视零售总额的85%。② 从长期的发展趋势来看，智能电视赶超传统电视已成为大趋势。

在智能电视终端渗透与多种联网盒子设备的快速发展下，家庭大屏互联网化进程不断加快。截至2019年底，OTT终端（智能电视+OTT盒子）激活总规模达到2.6亿台。截至2019年11月，IPTV量级达到2.94亿台。③

3. 智能音箱

2019年全球智能音箱销售量持续井喷，创造了1.469亿台的历史新高，

① 来源于奥维互娱和工信部相关数据。

② 来源于2020年2月中国电子信息产业发展研究院发布的《2019年中国家电市场报告》数据。

③ 前瞻产业研究院：《中国智能家居设备行业市场前瞻与投资策略规划报告》。

不仅出货量首次破亿，同比增幅也攀升至 70%。[①] 伴随着语音交互技术的日臻成熟，智能音箱成为继智能手机之后又一大智能终端爆款。同期国内智能音箱市场表现更为抢眼，出货量达到 4589 万台，同比增长翻番，继续延续了高增长态势。还有一个值得注意的现象是，全球市场和中国市场都呈现占有率向头部企业集中的态势，九成中国市场被阿里巴巴、百度和小米三家瓜分，全球市场中亚马逊、谷歌占据半壁江山。[②]

4. 智能投影

根据洛图科技（RUNTO）《中国智能投影零售市场月度追踪》（*Chinese Smart Projector Retail Market Monthly Tracker*）报告，2019 年中国智能投影市场销量为 324.6 万台，同比增长 40%。智能投影市场总量呈继续增长态势。

5. 可穿戴设备

根据市场调查机构 IDC《全球 2019 年可穿戴市场报告》的数据，2019 年全球可穿戴设备出货量达到 3.365 亿台，其中苹果、小米和三星出货量位居前三。可穿戴设备的主要增长驱动力就是智能手表和耳塞式设备。

从可穿戴设备的产品细分来看，耳机（包括头戴耳机、颈挂耳机、耳塞式耳机等）占整个可穿戴市场份额的 50.7%，增长势头强劲。2019 年全年全球耳机出货量为 1.705 亿台，与 2018 年的 4860 万台相比，涨幅惊人，达到了 250.8%，总出货量占比首次居于可穿戴设备第一位。除了在音质和消噪方面表现优异之外，随身教练、实时翻译、智能助理等新开发的功能也让人眼前一亮。

2019 年，小米是全球第二、国内第一的可穿戴设备提供者，拥有小米手环、小米手表、米兔儿童手表、小米真无线蓝牙耳机等产品线，成为国内可穿戴市场布局最为齐备的品牌。根据小米集团 2019 年 9 月的统计，可接

---

① 来源于市场研究机构 Strategy Analytics 发布的数据。

② 来源于国际咨询机构 IDC 发布的《2019 年中国智能音箱市场出货量》报告数据。

入小米 IoT 平台的 IoT 设备（不包括智能手机及笔记本电脑）数量约为 2.1 亿台，同比增长 62%。约 350 万人拥有 5 件及以上连接至小米 IoT 平台的设备，同比增长 78.7%。人工智能助理“小爱同学”的月活跃用户达 5790 万，同比增长 68.6%，是中国最活跃的人工智能语音交互平台之一。

6. 智能驾驶舱

根据预测，2020 年我国汽车保有量将达到 2.97 亿辆，其中小型载客汽车将首次突破 2 亿辆。车载智能终端是当前车联网产业的建设重点，目前车载终端以前装为主。得益于新能源汽车的高电子化程度，智能驾驶舱在新能源汽车中将成为标准配置。

根据智研咨询发布的《2019～2025 年中国智能驾驶行业发展现状分析及市场前景预测报告》，2017 年中国智能驾驶市场规模达到 681 亿元，预计 2023 年达到 2381 亿元，2019～2023 年复合增长率约为 20.62%。2015 年国内智能驾驶舱市场规模为 24 亿元，2018 年为 175 亿元，到 2020 年有望达到 347 亿元。

2020 年 5 月，IDC（国际数据公司）在广州 2020 小蛮腰科技大会新闻发布会上预测，2020 年国内智能终端市场规模将下降 7%～10%。目前，中国智能终端市场第一季度整体销售量低于之前的预期 30%～40%，后期呈现 U 形反弹趋势。

（二）发展特点

1. 智能终端产业生态从封闭走向开放

人工智能、大数据、云计算、5G 等一批新兴技术组成了智能经济的核心要素。当前，用户拥有智能终端的类型与数量正快速增长。在多终端形态下，跨终端间的互联互通成为用户的核心诉求。为了满足垂直行业多场景、多样化的需求，企业从分散式布局到生态式布局，实现多设备联动、跨平台、跨系统相互协同的全场景生态和无缝隙服务。

从目前的市场阶段来看，传统封闭的生态，既要保证多种终端的迭代、供给，又要自给自足地生产丰富内容和提供优质服务，成本高且风险大；更开放的生态则有利于共同培植市场，一起把“蛋糕”做大。各家科技巨头纷纷加入生态竞争的战局，从原来为用户提供单一硬件产品的体验转为以消费者为中心的全场景智慧生活战略布局。在各个场景中，家庭场景显然是“兵家必争之地”。

以百度为例，目前小度智能音箱已经支持百度智能、Yeelight、涂鸦智能、海尔优家、创维智能、大鱼管家等25个品牌，灯具、空调、插座、电冰箱、电视等多个品类，几乎覆盖了整条家居产品线。

阿里巴巴旗下的人工智能助手天猫精灵，开始主打“家庭场景升级”牌。新发布的4款产品——天猫精灵CC（带屏音箱）、天猫精灵方糖R（无屏）、天猫精灵Queen（智能美妆镜）、与高德合作的天猫精灵智能车盒分别对应客厅、梳妆台、汽车场景。在阿里巴巴的战略布局中，智能音箱已经不单纯是一个声音播放器，还肩负家庭场景中“控制中心”的责任。目前天猫精灵的合作智能硬件和家电厂商有900多个，已经接入的IoT平台超过660家。

海尔同样在智能终端布局方面继续深耕并细分家庭场景。作为全球最早迈向物联网转型的家电企业之一，2019年6月，海尔旗下国际高端品牌卡萨帝发布了行业首个高端智慧成套家电。由冰箱、酒柜、洗衣机、空调、厨电、软水机等21款高端新品组成的“指挥家”智慧家电套系，包括智慧客厅、智慧厨房、智慧卧室、智慧浴室、智慧阳台在内的五大物理空间，用户还能够按照自己的生活习惯定制个性化的智慧生活场景。海尔的策略是，整合全球优质第三方资源，围绕家庭的“衣食住”需求，通过提供不同场景的个性化解决方案来代替单一家电产品的销售，从家电向衣联网、食联网等生态平台方面拓展。

2. 广告投放向移动端倾斜

New TV和短视频等新兴终端及媒介形式用户量的快速增长，正在不断创造新的广告消费场景。

国家市场监管总局最新数据显示，2019年我国（大陆地区）广告市场以近五年来第二高位增长的速度达到8674.28亿元的总体规模，同比增长

8.54%。与脚步放缓但增速仍有 18.21% 的互联网广告经营额相比，传统媒体处于跷跷板的低处：广播广告经营额下降了 5.73%，电视广告经营额以 14.26% 的跌幅创近十年的新低。

互联网营销冲击传统媒体的同时，也创造了深度变革创新的机遇。2019 年 4 月，中国最大的市场调查和媒介研究公司 CTR 一连发布了《2019 中国广告市场趋势》、《2019 中国广告主营销趋势调查报告》和《OTT① 基础调查》三份报告。在市场不确定性增强的大背景下，随着广告主对广告投放效果和销量转化率的要求不断提高，移动端广告将持续增长，户外媒体数字化也渐成趋势。其中，短视频广告、移动互联网的大 V 和公众号软文、信息流广告、App 开屏广告都是颇受广告主青睐的移动端广告形式。以楼宇类和交通类为代表的户外媒体通过对人们生活圈的精准布局，一直为广告主所看好。数字影院、电梯海报的广告预算增加，领跑其他户外媒体广告形式。2020 年第一季度户外广告投放受疫情影响整体下滑，投放品牌数量减少，刊例花费为三年最低，楼宇液晶媒体反而因大量社区封闭，消费者只能宅在家不能外出，投放品牌数量流失量较小。②

从设备终端来看，互联网广告也呈现出从 PC 端向移动端迁移的趋势，预计 75% 的广告主将增加在移动端的营销投入；联网用户数不断增加的 New TV③ 端，内容和营销生态趋向成熟，将有 21% 的广告主增加对该端的投入；相比之下，增加 PC 端投入的广告主比例仅为 9%。此外，随着 5G 及配套技术的不断成熟，IoT/VR/AR 等智能设备终端也成为广告主数字营销投放不可或缺的一环（见图 1）。

流量份额比肩 PC 端的 New TV，2019 年成功晋升为互联网广告的第二大入口，在移动端和 PC 端广告流量下降时，其广告流量同比增长 18.7%。

---

① OTT 是“Over The Top”的缩写，指互联网公司越过运营商发展基于开放互联网的各种视频及数据服务业务。

② 来源于 CODC 户外广告研究报告数据。

③ New TV 指具有双向、智能、人机互动功能的新家庭电视大屏，包括智能电视 OTT、双向有线电视 DTV、IPTV 等。

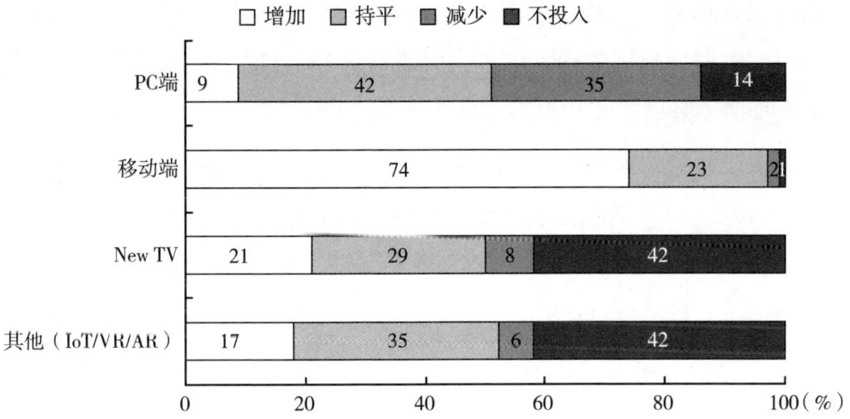

图1 广告主分终端营销预算投入趋势

注：移动端，75%的广告主将增加数字营销预算；PC端，增加数字营销预算的广告主比例为9%；New TV端，选择增加和预算持平的广告主比例与选择减少和不投入的比例持平。

资料来源：《2020中国数字营销趋势》。

3.从借船出海到造船出海，媒体试水智能终端

主流媒体和互联网商业平台不断加强合作，从早期的向平台提供优质内容“借船出海”，到在硬件、软件、内容、运营全链条合作的“造船出海”，在5G时代打破场景限制，主动开发新市场，满足受众的新需求，实现全方位覆盖、全媒体传播。

2019年5月，央视网与拥有国内最大人工智能开放平台的科大讯飞进行战略合作，共同打造讯飞智能笔记本青春版。这款融媒体智能终端产品将融入多项全球领先的人工智能与语音交互技术，通过技术和内容的双重赋能，打造全新的用户体验。这是央视网多终端战略布局的重要落子。该款“AI＋媒体”的人工智能终端将成为央视网传播主流文化的智媒平台。根据战略合作协议，未来双方还将在智能硬件终端、媒体融合智能应用以及垂直领域智能化方面共同打造智能媒体软硬件解决方案，将AI技术应用到央视网各个媒体场景中。作为中央重点新闻网站，央视网希望未来能借助人工智能和语音交互技术，打通从内容到终端的产业链，推出以浏览、学习、社交

为主的智媒体服务，实现传统内容媒体与智能终端企业的深度融合。

四川广电网络与百度、爱奇艺达成战略合作，推出的一款兼具广电4K、高清电视直播、爱奇艺视频点播、百度语音控制的4K智能机顶盒——“蜀小果”在此次疫情中快速响应，为四川省内学生开设实时直播频道和“慧学习”点播专区，上线13个课程直播频道，四川全省中小学学生可实时观看直播课；同时，“蜀小果”还专门开设了“慧学习”专区，利用AI智能拆条技术将直播课按照年级、科目等自动拆分并在专区上线，整个过程仅需几分钟。

2020年5月，联想集团联想未来通信科技（重庆）有限公司与重庆广电数字传媒股份有限公司、重庆瑞众联科技有限公司签约，未来三方将整合各自在物联网、云计算、智能网络基础架构、智能硬件生产、5G技术应用等领域，以及广电新媒体版权资源库、终端应用软件开发和产品销售渠道的开拓、维护方面的优势，共同在5G泛智能终端领域展开深度合作，开发、生产和销售可移动、个性化、高体验的泛智能终端产品。该产品立足数字化向智能化的创新转变，将现有电视业务与未来智慧生活相融合，带领用户感受可随身携带和可移动观看的超便捷视听娱乐体验。未来它们还可以根据各行业用户需求，以不同的服务场景为基础，提供文教娱乐、医疗健康、党政建设等垂直领域的定制化业务，让用户感受丰富多样的节目内容和个性化的智能体验。

4. 疫情使“智能+”场景和需求更清晰

2020年上半年，虽然全球经济都受到疫情的严重影响，但是危机中往往孕育着新的商机。远端工作、线上教育、居家娱乐等需求的增加，带动网路通信、智能家庭、非接触式科技相关产品逆势成长，特别是在智慧医疗、智慧教育、新媒体直播、公共安全等领域，5G的优势得到了充分体现，这次疫情使“智能+”场景和需求更清晰。

中国机器学习开发平台市场2019年市场规模达到2.05亿美元。[①] 疫情

---

① 来源于国际咨询机构IDC发布的《中国人工智能软件及应用（2019下半年）跟踪》报告数据。

期间，根据教育部“停课不停学”的要求，线下教学改为线上教育，刺激了个人对电脑的需求。2020 年 2 月到 5 月，国内平板电脑、笔记本电脑市场的月增速都在 20% 以上，一改过去十年个人电脑消费一直下降的颓势。

疫情期间，家长们在带屏幕的智能音箱上解锁了不少实用的功能：通过 AI 摄像头不仅能进行童脸识别、开启儿童模式，有针对性地自动显示启蒙学习、教育辅导、益智游戏等特定内容，还能随时观察儿童行为，便于家长及时根据儿童学习状态进行调整。这一点得到了百度小度智能音箱方面的印证。据小度后台统计，2020 年 2 月底 3 月初，小度教育相关 AI 技能的用户访问量以及活跃用户增长了约 6 倍。

还值得关注的是，教育内容需求的爆发，促使各家智能音箱生产企业不断丰富内容，拓展合作伙伴。例如，2020 年 3 月，智能音箱天猫精灵独家上线了一套基于人教版小学 1～6 年级正版教材的新型网课。这是阿里巴巴联合人民教育出版社共同研发的多媒体教学资源，课文跟读、作业辅导等功能均可通过天猫精灵来完成。

超长的“宅家”生活，使智能电视重新占据了人们生活的重心。春节期间收视盘点数据显示，智能电视日均日活率达到 52%，同比提高 15.6 个百分点，对比春节前一周提高 10.6 个百分点。同时智能电视的日均日活规模也达到了 1.14 亿台，同比增长 35.7%，相比节前提高 10.6 个百分点。此外，数据显示超过半数用户开机时长超过 6 小时，并且日均观影时间更长，超过 6 小时的用户占比较节前提高 35.9 个百分点。[①]

二　2019～2020年上半年智能终端蓬勃发展的动力

作为人类第四次技术革命的核心技术，人工智能无疑是世界各大经济体博弈的关键棋子。美国、欧盟、日本等也纷纷抢滩人工智能领域，从国家战略层面推动人工智能技术快速而全面地发展和应用。2020 年，人工智能被

① 来源于中商产业研究院官网公布数据。

列为我国新基建重点发展领域之一。作为新时代推动国家现代化建设的重要抓手，5G 及工业互联网、数据中心、人工智能等数字基建无疑将成为数字经济高质量发展的基石。

近年来，政策、技术、经济、人才、消费群体等诸多因素成为我国智能终端产业大发展的核心驱动力。

（一）顶层设计提速，凝聚政策优势

早在 2013 年 8 月，国务院出台的《关于促进信息消费扩大内需的若干意见》就明确提出："鼓励智能终端产品创新发展。面向移动互联网、云计算、大数据等热点，加快实施智能终端产业化工程，支持研发智能手机、智能电视等终端产品，促进终端与服务一体化发展。支持数字家庭智能终端研发及产业化……支持电信、广电运营单位和制造企业通过定制、集中采购等方式开展合作，带动智能终端产品竞争力提升，夯实信息消费的产业基础。"

自 2015 年《中国制造 2025》正式提及人工智能以来，相关政策不断发展升级，为我国进一步加快推进"人工智能"提供了极为有利的条件与机遇。

2016 年 3 月，人工智能被写入"十三五"规划纲要。

2016 年 9 月，《智能硬件产业创新发展专项行动（2016 ~ 2018 年）》明确提出要重点发展智能穿戴设备、智能车载设备、智能医疗健康设备、智能服务机器人、工业级智能硬件设备等。

2017 年 7 月，《国务院关于印发新一代人工智能发展规划的通知》确定了新一代人工智能发展"三步走"的战略目标，将人工智能上升为国家战略层面。

2017 年 10 月，人工智能被写入党的十九大报告，推动互联网、大数据、人工智能和实体经济的深度融合。

2017 年 12 月，《促进新一代人工智能产业发展三年行动计划（2018 ~ 2020 年）》以新一代人工智能技术的产业化和集成应用为重点，推动人工智能和实体经济深度融合。

2019年以来，国家从政策上进一步肯定了物联网、人工智能、云计算等新型技术对社会发展的必要性，相关“智能+”新政策见表1所示。

表1　2019年以来“智能+”新政策

时间	文件名称	发布单位	主要内容
2019年1月	区块链信息服务管理规定	中央网信办	定义了区块链信息服务及提供者，明确了提供者的主体责任
2019年2月	超高清视频产业发展行动计划（2019～2022年）	中央广播电视总台、工业和信息化部、国家广播电视总局	坚持“4K先行、兼顾8K”的总体技术路线，实现我国超高清视频产业快速、健康、有序发展
2019年3月	关于促进人工智能和实体经济深度融合的指导意见	中央全面深化改革委员会	要把握新一代人工智能的发展特点，坚持以市场需求为导向，以产业应用为目标，构建数据驱动、人机协同、跨界融合、共创分享的智能经济形态
2019年6月	新一代人工智能治理原则——发展负责任的人工智能	国家新一代人工智能治理专业委员会	提出人工智能治理的框架和行动指南
2019年8月	国家新一代人工智能开放创新平台建设工作指引	科技部	新一代人工智能开放创新平台重点由人工智能行业技术领军企业牵头建设，鼓励联合科研院所、高校参与建设并提供智力和技术支撑
2019年8月	国家新一代人工智能创新发展试验区建设工作指引	科技部	到2023年，布局建设20个左右试验区，创新一批切实有效的政策工具，形成一批人工智能与经济社会发展深度融合的典型模式，积累一批可复制、可推广的经验做法，打造一批具有重大引领带动作用的人工智能创新高地
2019年11月	关于推进贸易高质量发展的指导意见	中共中央、国务院	构建开放、协同、高效的共性技术研发平台，强化制造业创新对贸易的支撑作用。推动互联网、物联网、大数据、人工智能、区块链与贸易的有机融合，加快培育新动能。加强原始创新、集成创新。充分利用多双边合作机制，加强技术交流与合作。着力扩大知识产权对外许可。积极融入全球创新网络

续表

时间	文件名称	发布单位	主要内容
2019 年 12 月	5G 移动通信网核心网总体技术要求	工业和信息化部	发布 447 项行业标准
2020 年 2 月	智能汽车创新发展战略	国家发展改革委、中央网信办等十一部委	到 2025 年,智能交通系统和智慧城市相关设施建设取得积极进展,车用无线通信网络(LTE - V2X 等)实现区域覆盖,新一代车用无线通信网络(5G - V2X)在部分城市、高速公路逐步开展应用,高精度时空基准服务网络实现全覆盖。2035 ~ 2050 年,中国标准智能汽车体验全面建成、更加完善
2020 年 3 月	关于推动 5G 加快发展的通知	工业和信息化部	丰富 5G 技术应用场景,培育新型消费模式。推广"5G + VR/AR"、赛事直播、游戏娱乐、虚拟购物等应用,促进新型信息消费。推动"5G + 医疗健康"创新发展、实施"5G + 工业互联网"512 工程、构建 5G 应用生态系统。以创新中心、联合研发基地、孵化平台、示范园区等为载体,推动 5G 在各行业、各领域的融合应用创新
2020 年 3 月	关于促进消费扩容提质　加快形成强大国内市场的实施意见	国家发展改革委、中宣部、财政部、商务部、中国人民银行等二十三部委	要加快构建"智能"消费生态体系,具体包括加快 5G 网络等信息基础设施建设和商用步伐。支持利用 5G 技术对有线电视网络进行改造升级,实现居民家庭有线、无线交互,大屏、小屏互动。推动车联网部署应用。大力推进"智慧广电"建设,推动居民家庭文化消费升级。加快发展超高清视频、虚拟现实、可穿戴设备等新型信息产品。鼓励企业利用物联网、大数据、云计算、人工智能等技术推动各类电子产品的智能化升级
2020 年 4 月	国家车联网产业标准体系建设指南(车辆智能管理)	工业和信息化部、公安部、国家标准化管理委员会	针对车联网环境下的车辆智能管理工作需求,构建适应我国道路交通管理体制和技术、产业发展需要的标准体系

2019 年，我国地方政府共出台的关于人工智能方面的政策多达 276 项，涵盖了智慧政务、工业互联网、智能制造、智慧教育、智慧医疗、智能车联网等多个领域。这些政策对具体产业和应用场景开放的扶持更具可操作性，

扶持力度也加大了。①

通过梳理这一系列政策的脉络，可以看出国家层面对于人工智能定位的不断迭代：从早期聚焦于具体行业的技术研发、标准制定，到在经济、社会、产业等其他领域的法律法规、战略和政策中对发展人工智能的支持，体现了我国希望在人工智能这一前沿领域实现“弯道超车”，实现科技跨越发展、产业优化升级、供给侧结构性改革的决心。

（二）技术支撑

2019年6月6日，工信部向中国电信等4家企业、事业单位发放5G商用牌照的举动被视为5G商用元年在中国的开启。中国工程院院士邬贺铨认为：“5G是新一代信息基础设施、是各种技术的融合器、是数字经济的新引擎。”相较于传统的“铁公基”②，以5G引领的新基建除了比4G在网速上有数十倍甚至上百倍的增长外，它还具有高可靠性、低时延率等特点，通过与大数据、边缘计算、区块链等核心技术融合，与工业、交通、医疗、教育、农业等多领域深度融合，从而为设备赋智、为企业赋值、为产业赋能，开启由万物泛在互联、人机深度交互、人工智能产业化向产业人工智能化发展的新征程。

目前，我国处于全球智能产业第一梯队的有5G中频段系统设备、终端芯片和智能手机。在2020中国5G全球终端创新峰会暨第八届中国手机设计大赛天鹅奖颁奖礼上，工业和信息化部电子信息司副司长董小平透露：截至2020年9月底，中国累计建设5G基站69万个，目前累计终端连接数已超过1.6亿户。

中国信息通信研究院测算，预计2020～2025年，我国5G商用将直接带动经济总产出10.6万亿元，直接创造经济增加值3.3万亿元。

随着5G商用进程的深化，eMBB、mMTC、uRLLC三大5G技术特性将推

① 中国科学技术发展战略研究院、科技部新一代人工智能发展研究中心：《中国新一代人工智能科技产业发展报告2020》，2020。

② 指铁路、公路、机场等重大基础设施建设。

动移动互联网、物联网、大视频、大数据、云计算、人工智能等关联领域的裂变式发展，为交通、工业、教育、医疗、能源、视频娱乐等垂直行业赋能。5G 不是 4G 的简单升级，而是产业范畴的扩大和跨行业融合生态的重构。

（三）“智能 +”催生新职业、新专业

目前，人才培养速度已经无法匹配日新月异的“智能 +”产业扩张需求。工业和信息化部人才交流中心 2020 年 6 月发布的《人工智能产业人才发展报告（2019 ~2020 年版）》指出，当前我国人工智能产业有效人才缺口达 30 万。该报告通过调研 2224 家企业发现，目前技术类岗位人才缺口较大，从细分行业来看，智能语音和计算机视觉的岗位人才稀缺。从供给端来看，当前人工智能产业人才主要靠院校培养和行业人才存量积累。因此，提升行业人才素养和加大院校培养规模是填补缺口的主要路径。

自《中华人民共和国职业分类大典（2015 年版）》颁布后，2019 年以来，国家已经公布了 3 批共 38 个新职业。首批 13 个新职业主要集中在高新技术领域；第二批 16 个新职业集中在新兴产业和现代服务业；第三批 9 个新职业主要涉及预防和处置突发公共卫生事件领域、适应高校毕业生就业创业需要的新业态以及适应贫困劳动力和农村转移就业劳动者等需要的促进脱贫攻坚领域。其中，人工智能工程技术人员、物联网工程技术人员、大数据工程技术人员、云计算工程技术人员、数字化管理师、无人机驾驶员、物联网安装调试员、工业机器人系统操作员、智能制造工程技术人员、工业互联网工程技术人员、虚拟现实工程技术人员、人工智能训练师、无人机装调检修工、区块链工程技术人员、区块链应用操作员、在线学习服务师等四成的新职业是由人工智能技术和行业应用衍生而来的。

可以预见，新职业将推动新产业、新业态的发展，从而带动经济社会高质量发展。

从 2019 年开始，人工智能正式成为一个本科专业，35 所高校获批新增“人工智能”本科专业；2020 年 3 月，教育部再次审批通过约 180 所高校开设人工智能专业，数量约是 2019 年的 5 倍，其中既包括理工类、综合类高

校，又包括语言类、医药类等专业性较强的高校。新增数据科学与大数据技术专业的学校也达到了100多所；智能制造、机器人工程、智能科学与技术等专业也有数十所学校通过审批。

（四）消费升级

成长于市场经济蓬勃发展、互联网经济与技术普遍应用、享有更好物质基础的年轻一代正成为时下消费的主力人群。他们不仅站在更高的消费起点上，同时在消费的渠道、场景、观念与方式等方面都表现出与上一代人截然不同的风格。特别是中国步入人口老龄化社会后，智能终端市场的动力主要依靠的是传统产品的升级换代和新场景制造的新需求。

2019年末中国大陆总人口（包括31个省、自治区、直辖市和中国人民解放军现役军人，不包括香港、澳门特别行政区和台湾省以及海外华侨）为140005万人。截至2018年，中国大陆人口中的“80后”“90后”“00后”“10后”人数分别为2.21亿人、2.08亿人、1.63亿人、1.63亿人。[①]

近年来，我国居民可支配收入以及居民人均消费支出也在稳步上升。2019年，全国居民人均可支配收入为30733元，比上年实际增长5.8%；全国居民人均消费支出21559元，比上年实际增长5.5%。其中，用于交通通信的消费支出比上一年增加了7%，用于教育文化娱乐和医疗保健方面的消费支出均比上一年增加了12.9%。从艾媒网公布的2018～2019年中国泛智能终端消费者信心综合指数来看，2018年中国泛智能终端消费者信心综合指数为70.8；2019年该指数有所提高，为74.4。[②]

以下几份报告从不同侧面勾勒出年轻一代消费者对于消费升级的重要影响力。

2017年5月，由阿里研究院和波士顿咨询公司（BCG）联合发布的《中国消费新趋势》指出，崛起的富裕阶层、新世代消费者和全渠道的

---

① 《中华人民共和国2019年国民经济和社会发展统计公报》。

② 《中华人民共和国2019年国民经济和社会发展统计公报》。

普及将成为2016～2020年的三大主要消费驱力。其中，“80后”“90后”“00后”新世代消费者在此期间的年均复合消费增长率将达到14%，比上一代人高出1倍，他们的观念和偏好势必会影响消费升级的风向和趋势。

由TalkingData推出的《2017新消费趋势洞察报告》表明，在年轻一代的消费者中，以衣、食、住为代表的生活刚需消费明显让位于以教育文化娱乐、交通通信、医疗保健和生活用品及服务为代表的品质消费。

2018年2月，中国银联与京东金融通过对随机抽取的40万个活跃样本用户近三年的消费数据进行交叉分析后，得出了《2017消费升级大数据报告》。该报告指出，“70后”虽仍是社会消费总额的首要贡献群体，但其对消费的贡献度却在逐步下降，“80后”“90后”对消费的贡献度则在持续上升；从消费金额上来看，“90后”消费群体正在迅速崛起，同比增长73%，增幅是“70后”的近2倍；从消费诉求上来看，“90后”新生代消费者非常注重消费体验感受，效率、自由、科技感是其最希望得到的消费体验。

人民网研究院在组织编写的移动互联网蓝皮书《中国移动互联网发展报告（2019）》中称：“‘Z世代’（20世纪90年代中期至2000年前出生的人群）正在成长为中国互联网文化消费的主力群体。他们既是社交媒体、智能终端、直播平台的生产者，又是消费者，偏向分众化垂直传播的社交内容消费。”调查显示，娱乐（76%）、求知（48%）、社交（41%）成为他们直播的三大诉求。

由苏宁金融研究院（SIF）和中国人民大学国际货币研究院（IMI）联合发布的《2019中国居民消费升级报告》认为：智能家居产品成为流行趋势，日益智能化的电子产品吸引消费者升级换代。

央视财经新媒体联合《中国经济生活大调查》在2020年5月发布了《2019～2020中国青年消费报告》。本次发布的报告从青年消费观、消费热点、消费预期、消费模式等十个维度进行了数据发布和分析。2020年居于青年消费排行榜前五位的分别是教育培训、住房、保健养生、旅游和文化娱乐。

三　智能终端发展展望

厂家将单纯手机的竞争转化为以手机为中心、泛终端为“护城河”的多点布局生态间的全面竞争；国内互联网巨头构建“5G＋AI＋IoT”的产业生态，赋能数字中国转型；海外互联网巨头开始通过制定标准来共同协作，实现智能产品的互通互联。智能终端将如何发展演变？未来媒体又将如何因势而变？

（一）智能手机一家独大格局进一步改变，泛智能终端呈现百花齐放局面

虽然在一定时间内，智能手机将继续霸占智能终端龙头老大的地位，但是随着新技术、新场景、新需求的不断涌现，特别是人机交互技术的不断突破，新搭载5G技术的泛智能终端将呈现百花齐放的局面。未来，面向5G的行业级终端应用市场将全面打开，围绕工业、医疗、教育、交通、智慧城市等垂直行业的应用将不断涌现，行业级终端是关键的切入点。

在刚刚过去的十年里，随着人机交互模式从键盘到触控，再到语音交互、人脸识别、手势识别的不断进化，智能终端也越来越“懂你”。2020年5月，马斯克在参加播客节目《乔·罗根秀》时宣称：侵入式脑机接口有望在一年内植入人类大脑。按照他描绘的人机交互的新未来，人类可以与人工智能相互“融合”，最终实现“人机共生”“人类数字化永生”。届时，人类本身就是智能终端。

市场分析机构IDC发布了《2020全球智能终端趋势预测》，对智能家居、笔记本电脑、可穿戴设备与智能手机等多种智能终端进行了预测。其中值得注意的是，部分传统意义上的个人或家庭智能终端配置将成为工作场景下的标配或者享受某种服务的前置条件。

在耳戴式设备方面，到2020年，将有10%的基于服务的企业组织为现场员工部署耳戴式可穿戴设备，从而使工作效率提高40%，同时工人的安

全性保障也得到相应提高。到 2023 年，40% 的健康保险计划将向符合每日目标的可穿戴设备用户提供激励措施，而 10% 的消费者将提供此数据以获取更高级的服务。到 2024 年，全球 60% 以上的豪华酒店将部署面向客户的智能语音助手，以利用 AI 带来更好的客户体验。

到 2021 年底，智能家居设备年出货量将比 2018 年增长近 1 倍。根据 IDC 的市场调查，目前不到 25% 的美国家庭有智能家居设备，但 77% 的家庭对智能家居感兴趣，市场潜力巨大。

在商用笔记本方面，一些尚未发布的产品、平台和连接标准会在 2023 年推动商用笔记本出货量增长 20% 。

2019 年，消费者在智能家居相关硬件、服务和安装上的费用支出达到 1030 亿美元，并以 11% 的复合年均增长率在持续增长。当前，智能家居市场的竞争者形成传统厂商、互联网厂商、手机厂商三大阵营。截至 2018 年底，全球已有 2 亿多个家庭使用智能家居设备，平均每个家庭拥有至少 1 台智能家居设备；到 2023 年，随着全球将有 30% 的宽带家庭会使用智能家居设备，使用智能家居的家庭将会再增加 1 亿个。到 2023 年底，将有超过 64 亿台智能家居设备在使用，或平均每个使用智能家居的家庭将拥有 21 台智能设备。①

未来，用户智慧中心将呈现多场景、多中心模式。敏感的企业在聚焦核心入口的同时，也将携手产业链的合作伙伴构建开放的生态格局。随着智能终端之间的互联互通、协同应用变得日渐迫切，能让更多企业共同参与的行业协议、规范和标准以及安全屏障的建设也迫在眉睫。

（二）智能化与沉浸式体验强的终端将成未来视觉媒体的首选

经过近 30 年的发展，VR/AR 技术不断趋于完善，展示技术、交互技术以及芯片运算能力均有大幅提升，产品成熟度不断提高。在 5G 技术影响下，沉浸式体验将是未来视觉媒体的另一重要特征。特别是疫情暴发后，健

① 来源于市场研究机构 Strategy Analytics 发布的《2019 年全球智能家居市场》报告数据。

身房、电影院、剧院等大型活动场所纷纷被喊停，但是人们的健康、娱乐需求依然存在，VR/AR 产品成了爆款。2020 年 3・15 晚会上，中央电视台节目组为日本任天堂《健身环大冒险》体感游戏“点赞”，并公布称疫情期间各种健身环的销量增长了 363%。国外甚至有部分学校建议学生在居家期间通过热门 VR 游戏《Beat Saber》进行体育锻炼。

谷歌、苹果、腾讯等越来越多的科技巨头纷纷布局该领域。华为轮值董事长郭平宣称，VR/AR 将成为 5G 时代华为的首批应用，他们将打造 VR/AR“信息高速公路”。2020 年 7 月 13 日，华为 AR 眼镜专利曝光。在此之前，已经爆出富士康代工的苹果 AR 项目半透明镜片进入试产阶段，并且申请了眼球控制等新的专利技术，而且将在 2023 年发布 AR/VR 头显。近期 Facebook 也注册了用于 VR 显示器的光栅和用于麦克风的声音分离技术；谷歌以非常可观的收购条件——斥资 1.8 亿美元收购了智能眼镜制造公司 North。

《华为 5G 时代十大应用场景白皮书》预计，2020 年中国 VR/AR 市场规模将达到 918 亿元。IDC 在 2020 年 7 月发布的 2020 上半年全球 AR/VR 支出报告中认为，虽然受疫情影响，全球经济下滑，2020 年全球和欧洲 AR/VR 市场的支出规模将低于疫情之前的预期数字，为 107 亿美元，同期增长率仅为 35.3%，但 AR/VR 市场前景是积极的，预计全球 AR/VR 支出规模在 2019～2024 年的复合年增长率将达 76.9%，至 2024 年将达 1369 亿美元的支出规模。长期来看，大众对远程办公、无接触商业模式、AR 虚拟会议、虚拟社交等场景的需求将增加，这些都将带动 AR/VR 技术的发展应用。2020 年 7 月，Strategy Analytics 在《COVID－19 对 AR 和 VR 市场的影响》中预测，在新冠肺炎疫情导致市场萎靡之后，2021 年全球 AR/VR 市场将出现强劲复苏。报告还指出，到 2025 年，XR 总出货量（VR 头戴设备预测和专用 AR 头戴设备预测的总和）将增长 6 倍。XR 硬件收益将在 2025 年超过 280 亿美元。

这项技术对于实体商家而言也是福音。疫情期间，英国增长速度最快的一家地板零售商使用了加拿大公司 leap Tools 开发的房间可视化工具 Room mvo，消费者只要在网上选定了自己喜欢的地板，然后利用智能手机或者平板电脑就可以通过AR技术看到地板在自己家铺设的效果。Grad Raister的一项调查报告显示，56%的制造商表示在过去12个月内使用了某种形式的AR技术。有35%的制造商在考虑应用类似的技术，并且有27%的制造商表示已经部署了AR应用。

VR以其沉浸性、适配性、稳定性的优势，也将成为未来媒体的助力，它既能让用户感受到“身临其境”的真实体验，又能让用户与全球的用户以及活动主办方之间进行“无界”互动。

（三）智慧屏将成为家庭智能终端的数据中心和互动平台

电视曾经是家庭场景中最重要的屏幕之一。它在刚刚出现在中国时，甚至还是邻里之间的社交枢纽。1983年，中国农村的电视普及率还不到4%。“一家买电视全村一起看”的现象非常普遍。但是随着互联网的出现，电视大屏幕被小屏幕的电脑分流了不少观众；等到智能手机出现后，它们都不得不让位于更小的屏幕。大屏幕在家庭中的地位一降再降，甚至消失。

智慧屏的出现突破了大屏品类限制，将推动客厅电视的价值回归和平台重构。区别于传统电视产品，智慧屏在未来将承担家庭中的多重角色。它不仅是家庭的影音娱乐中心，还是信息共享中心、控制管理中心和多设备的交互中心，为用户联控家居、连接家人。宅在家看电视不仅是一种生活娱乐，在疫情后更全面深入地成为一种集娱乐、社交、购物、家庭物联网为一体的场景，用户可主动通过电视去聚合信息，做出决策。

在5G时代，电视媒体要充分运用大数据、算法来抓取用户行为，构建以智慧屏为接入点、以电视媒体为内核的多屏联动新生态，“读懂”用户需求，构建起集信息、娱乐、生活、购物、社交于一体的家庭智慧平台，实现“电视+”的良好体验。

（四）未来媒体收入愈加依赖智能终端

1997年10月31日，中国上网计算机数为29.9万台，上网用户数为62

万；2007 年 6 月，中国网民总数达到 1.62 亿；2012 年 6 月底，中国网民数量达到 5.38 亿，其中手机网民规模达到 3.88 亿，手机首次超越台式电脑成为第一大上网终端；2020 年 3 月，我国网民规模达 9.03 亿。2016～2020 年，网民增长率一直维持在个位数。[①]

互联网发展初期，新用户数逐年呈井喷式增长。当时互联网广告的转化率因网民在网络上的触媒渠道较为单一、接收信息较为单向而较高。如今，中国互联网用户高速增长红利期结束，用户触媒渠道多元化、时间碎片化、信息过载等因素不断降低互联网广告的转化率。在注重场景社交、真实体验和重度垂直的 5G 时代，传统广告已经不再受用户青睐了。突发的疫情，更是切断了广告主与消费者在线下直接接触的机会，打乱了广告主的营销节奏，线下广告投放额度普遍被削减。不过，由于消费者接触消费信息的主要渠道变成了线上方式，具有数字化赋能并渗透消费者行为轨迹的户外广告价值重现，其不断提升的引流量、集客量、转化率的效果再度获得广告主关注。

例如，近年来在机场、电影院、商场等地出现了一种新型的数字化广告媒体——智慧厕所镜面显示屏。它采用了一款特殊的镜面玻璃作为面板介质，可以自动感应人体。在未触发前，它只是一面普通的镜子；但是当有人接近它的感知范围时，内在的显示屏自动启动，广告画面随即呈现在人的眼前。新技术的应用不仅可以增加新的广告位，还可以追随消费者的生活习惯和行为轨迹，根据其场景需求的转换随时改变介质，进行全方位的触达和渗透。

据测算，AI 场景广告相比传统网络视频广告可平均提升 2.5 倍的点击率并新增约 40% 的广告位资源，为网络视频广告产业带来 31% 的价值提升。[②]

以前，因为没有数据的支撑，线下广告效果模糊，广告主只能“广种

---

① 来源于中国互联网络信息中心历年来发布的《中国互联网络发展状况统计报告》数据。

② 艾瑞咨询：《2019 年中国人工智能产业研究报告》。

薄收”。如今，承载智能交互、公共服务、娱乐互动等多功能的新型智能终端，实现了信息发布的远程集中管理和内容的随时更新，与场景高度融合，消费者接受度高，并能通过数据识别和人群分析，实现投放数据和效果的可视化，直接变成精准人群的流量入口。广告主因而可以根据受众情况，基于地理定位，自主选择区域、场景、时段、点位进行精准投放。通过终端软件控制、网络信息传输和多媒体终端显示构成一个完整的广告播控系统，并通过图片、文字、视频来进行广告宣传。

英特尔委托世界电信产业权威咨询公司 Ovum 发布的《5G 娱乐经济报告》预计，最早在 2025 年，传媒产业来自 5G 网络和 5G 设备上的收入，在其无线收入中的比重就将超过 50%，预计会达到 57%。报告预计 2025 年全球传媒业来自无线网络方面的营收为 3210 亿美元，其中的 57% 也就是 1830 亿美元。

（五）“智能 + 媒体”打造媒体全链，万物皆媒，媒即万物

北美媒介环境学的第三代代表保罗·莱文森认为：人的需求和社会环境是推动媒介进化的重要因素。

当前，用户拥有智能终端的数量与种类正快速增长。根据华为公司预测，到 2025 年，平均每人将拥有 5 个智能终端。除了 80 亿台智能手机，个人 PC、平板电脑、VR 眼镜、智能手表、智慧屏等智能终端数量将超过 200 亿台。5G 可以使视频通话、视频娱乐、个人数据在不同终端间无缝切换。此外，超 200 亿台实时在线的智能家居设备，比如音箱、投影仪、打印机、血压仪等，通过 5G 可实现对其的操控和管理，使之成为个人和家庭感知的自然延伸。

万物皆媒意味着未来媒体要融入各类场景，与各类智能终端链接融合。未来媒体要从内容生产智能化的流程重塑与内容分发多终端、全场景化的渠道融合，走向“内容 + 服务 + 硬件 + 软件”的全流程整合再造。

Sinclair 广播电视集团总裁兼首席执行官 Christopher Ripley 曾表示：“独立媒体空间的概念已经完全过时了。我们在和多元化的媒体公司竞争，我们

在和电信运营商竞争，我们在和互联网公司竞争。我们都在彼此的空间里，我们都是对方的客户，又都是竞争对手。”这是在一个日益技术化的领域向前发展所必需的理念转变，未来媒体需要采取多元化媒体公司的思维方式。因此，传统媒体应从延伸媒体产业链的角度，根据自身的优势与特长进行合适的智能终端优化路径选择。而相较于互联网公司之间的竞争排他关系，未来媒体的开放包容度更高。

放眼全球，AT&T 收购时代华纳、Comcast 收购 NBCU/NBC 环球等一系列事件表明，通过重组、联合、合作等构建全媒体业态，已经成为整个信息与传媒行业的发展大势。在中国，媒体行业也都在谋求多元化发展，通过与互联网公司的跨界合作来丰富平台资源，提高技术层面的建设水平和平台的运营能力，获得广泛认可。中央级主流媒体更是发挥强大的组织动员和资源聚合能力，建设了专注内容聚合与分发、追求智能化生产的媒体平台。

其中最具代表性的是中央广播电视总台提出的“4K+5G+AI”融媒战略，即：结合电视实际，加快电视从 HD 向 4K UHD 升级换代；坚持移动优先策略，与网络运营商合作，打造 5G 网络环境下的新媒体新平台；推动人工智能在媒体中的应用，将电视媒体升级为智慧媒体。

结　语

2020 年 7 月底，有近 30 年历史的浙江广电集团影视娱乐频道停播。这种现象不是孤例，未来会更常态化。频道的停播、报刊纸质版的停刊并不意味着媒体的消亡。未来，产业融合将突破既有边界，“媒体”将随着技术的进步被重新定义。

未来媒体只有破除“界限思维”，做到“我将无我”，忘记“广播”“电视”“报纸”的形态限制，消除身份优越感，做到“媒即万物”，才能破茧重生，实现“智能+媒体”的真正转型。

附件：

关于智能终端的使用情况和未来趋势的问卷调查

为了了解及印证关于智能终端的使用情况和未来趋势，笔者于 2020 年 7 月通过微信小程序“问卷星”对 1024 名用户进行了匿名调查。从年龄结构来看，互联网“原住民”“90 后”与“00 后”占比超过 70%（见图 2）。

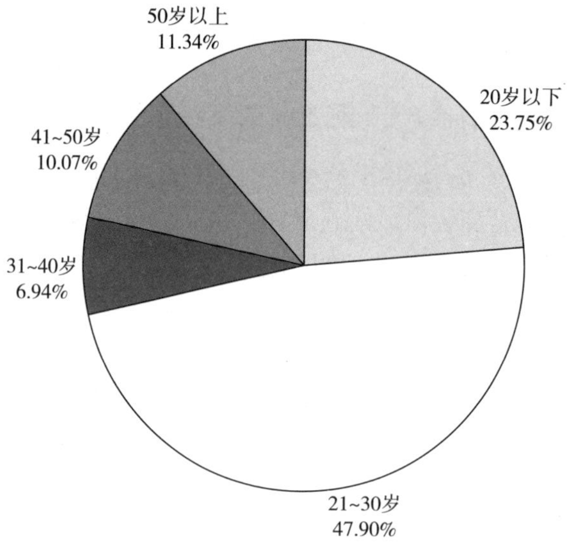

图 2　受访者年龄结构

调查发现，超过 85% 的受访者拥有 1 部以上的智能终端，甚至有 3.03% 的受访者拥有 7 部以上的智能终端（见图 3）。

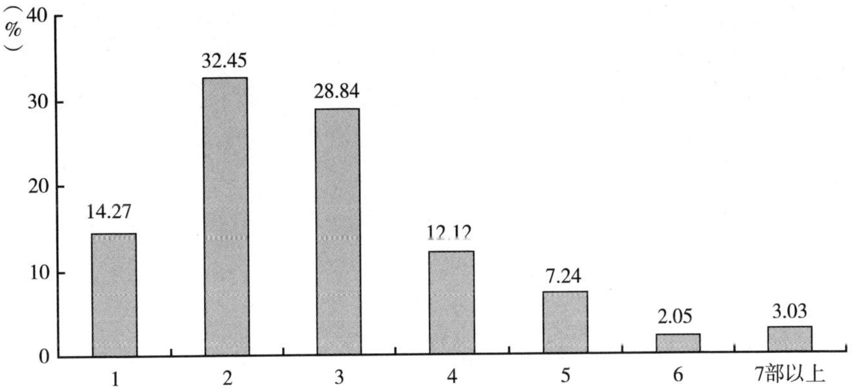

图3　受访者智能终端消费情况

每天，42.19%的受访者使用智能终端的时间为3～6小时，只有12.32%的受访者在智能终端上花费的时间为3小时及以下（见图4）。

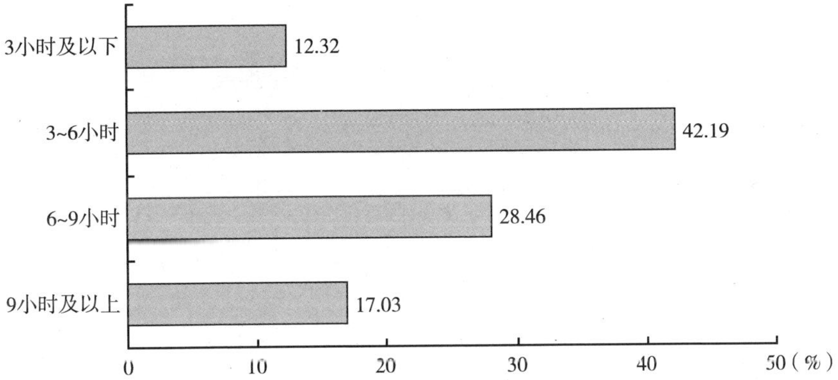

图4　受访者每日使用智能终端时间

调查发现，手机仍是目前每天使用率最高的智能终端（见图5）。

调查发现，受访者使用智能终端最主要的用途分别是：通信（87.88%）、娱乐（78.30%）、消费（67.64%）（见图6）。

调查发现，受访者使用最多的人机交互模式是触摸屏，占比为59.92%；其次是键盘或按键，占比为31.77%（见图7）。

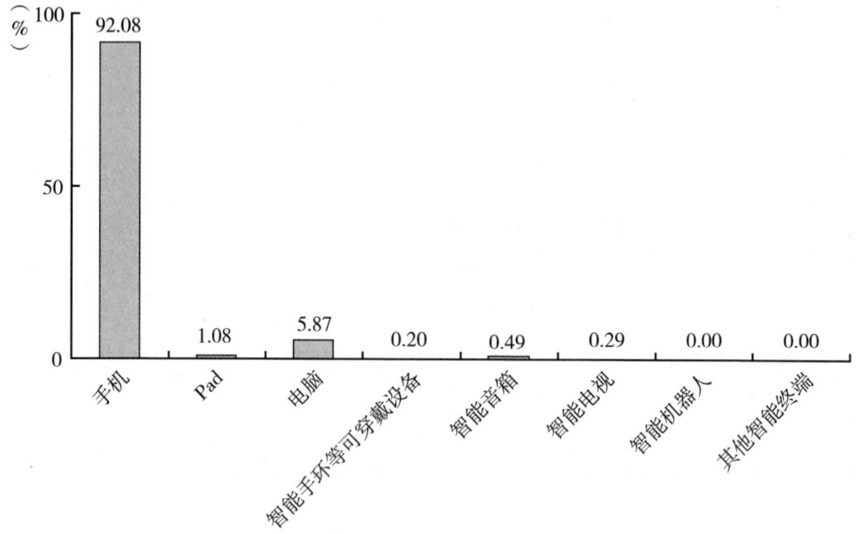

图 5　受访者使用智能终端类型

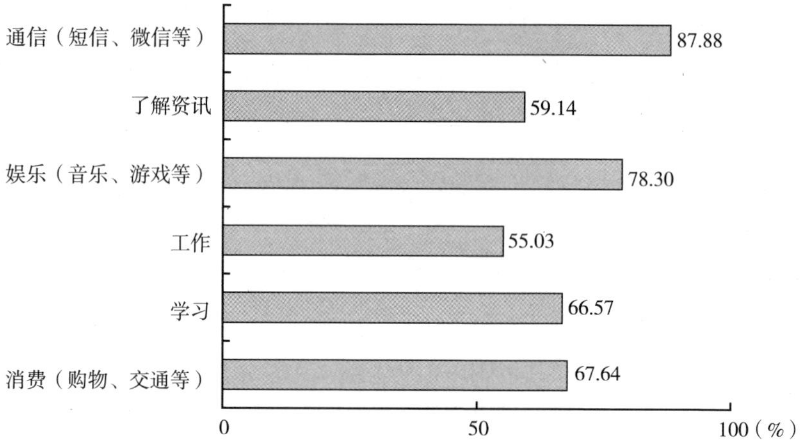

图 6　受访者使用智能终端用途

调查发现，超过六成的受访者没有固定接触广播、电视、报纸等传统媒体的习惯，这个数据需要与受访者的年龄层对照来看，表明传统媒体需要吸引年轻受众（见图 8）。

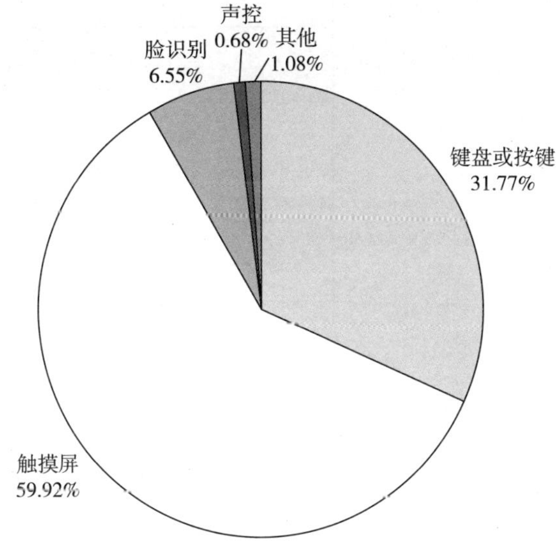

图7　受访者使用的人机交互模式

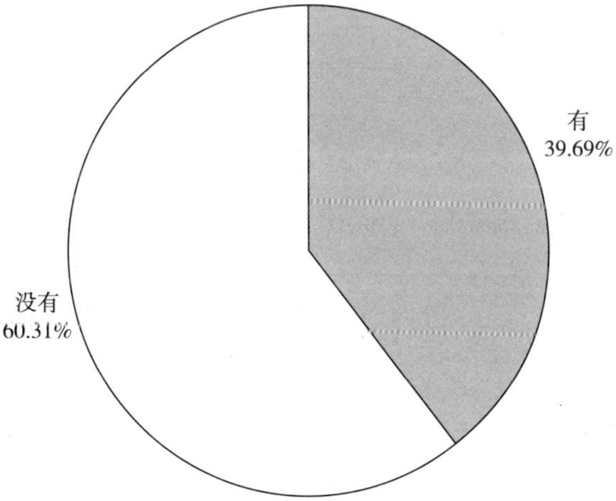

图8　受访者固定接触传统媒体的习惯

调查发现，在近四成有固定接触传统媒体习惯的受访者中，近八成是通过手机、平板等智能终端接触的（见图9）。

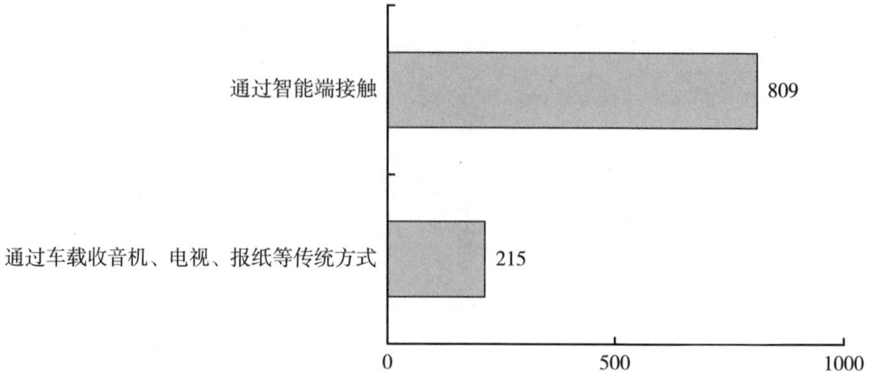

图9　受访者固定接触传统媒体的终端

调查发现，虽然目前无论是占有或者使用方面，智能手机都占据绝对位置，但是在问及下一个最想添置的智能终端时，受访者的答案变得多元化，只有不到一半的受访者选择5G手机，18.87%的受访者想要智能机器人，约两成的受访者想要Pad和电脑，9.19%的受访者希望添置智能穿戴设备（见图10）。

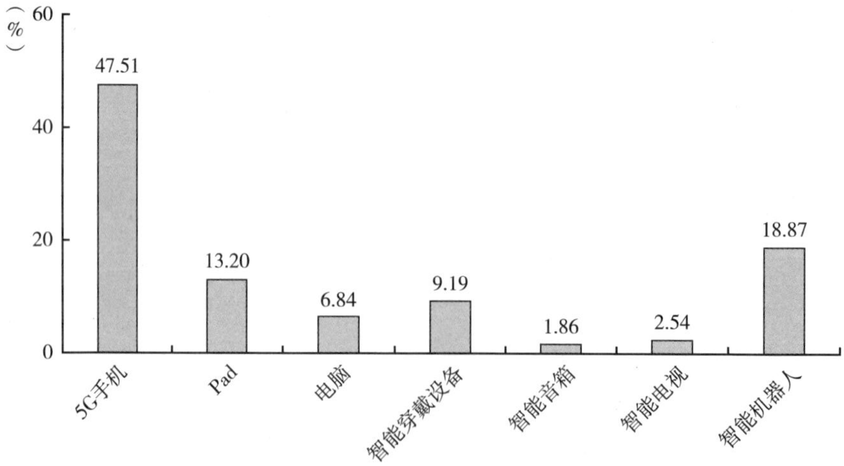

图10　受访者下一个最想添置的智能终端

热 点 篇

Hot Spot Reports

B.7
5G时代下的媒体场境分析

陈忠坤*

摘 要： 每一次包含技术在内的经济社会变化，无不影响着媒体的外在表现、内在结构。5G时代场境变化已经成为媒体生态革命的第一特征，媒体组织应从场境思维出发，从受众感受与市场变化出发，逐渐走向融媒体化。本文分析了5G时代下的媒体场境变化以及场境变化导致的媒体传播行为改变，提出了重构传播范式因应场景变迁的对策建议，如在公信力和大数据上做"加法"，在组织层级、运营流程方面做"减法"。

关键词： 5G时代 媒体场境 媒体转型

* 陈忠坤，硕士，厦门广播电视集团节目中心副主任，高级记者，主要研究方向为广播电视媒体的新闻采编与节目管理、新媒体开发与探索等。

曾几何时，电视机是客厅里当仁不让的主角，报纸是上班族开启一天工作的必备品，开车听广播成为一种习惯，这是传统媒体曾经的辉煌场境。如今，传统媒体的辉煌已经褪去，5G 时代下的传媒生态发生重大改变已是不争的事实。

在当今信息源充足的情况下，很难再把一群人聚集起来分享同一条信息。饭桌上，时常可见大家各自捧着手机的场景，当今中国的客厅文化已经悄然发生变化（事实上，欧美人很少把电视机摆在客厅，全家人聚在客厅看电视是典型的中国式产物，并不具备普遍的人文基础）。对于媒体变迁，业界已有广泛共识：场境时代已经来临。

场境，也称场景，最早指戏剧、电影中的场面。随着运用领域的增多，从广义上看，它实际上是指在一个特定的场合下、环境下，个体因应或适应于上述条件下的行为和反应。“在移动互联网的背景下，‘场景’一词被赋予了新的含义，它在互联网中特指一种思维，强调覆盖用户移动和碎片式消费。”[①] 本文所指的场境或场景，是媒体传播的场合、环境以及与之相对应的运营思维等。

一　现状：接收终端发生颠覆性变化

20 世纪 90 年代，曾经出现过一个很有趣的现象：上海自来水公司发现，每逢晚上一个特定时刻，就会出现一个用水小高峰，因为观众在这个时段忠实地守候在电视机前，用水小高峰正是电视剧播放间隙的“尿点”。

电视剧曾是电视收视及节目影响力的主要引擎，能在很大程度上左右一个电视台的收视份额。在业内，有两部电视剧被公认为标志性作品，成为观察市场的重要参考。一部是当年火遍全国的《渴望》，出现了万人空巷的场景，并形成街谈巷议；另一部是号称“2018 年最火电视剧”的《延禧攻略》，不同的是，这部电视剧被一家网络平台购买，成为一部话题不断的现

① 张晓彤：《场景时代下的 VR 新闻：媒介转型的新探索》，《电视指南》2018 年第 6 期。

象级电视剧，而传统电视平台却无权播出，只是旁观者。

当前，受众仍有看电视、听广播、读报纸的习惯。不过，不论是传统媒体还是网络媒体，其场境都已经发生了重大改变（见表1），在接收终端体现得尤为明显，表现为不可逆、解构性、断代性。

表1　媒介场境变化

媒介	变化前	变化中	分析
广播	以收音机、车载广播为主，按时段收听	以移动终端收听为主，包括车载广播和手机广播，时段收听与点播收听并重	具有伴随性，灵活快捷。特定时段精耕细作，常规时段一网打尽
电视	家庭式、线性传播，以定时、定点收看为主	视频化，大小屏兼顾，按事件和兴趣收看	从“坐等型”向“约会型”转变。内容选择是收视第一驱动力，由新媒体引入的内容增多，有吸引力的内容（事件、综艺、赛事等）尤为重要
报纸	静态阅读	网络化、新媒体化，动态阅读	逐渐从查阅式、浏览向订阅式、查证转变
网络媒体	浅阅读、碎片化，以“图文 + 链接”为主	智能算法、定向推送，自主点击，病毒式传播，图、文、音频、视频并茂	人工智能逐渐占据主导地位，具有快速性、集纳性、自主性，可随时随地浏览

媒体的接收场境发生变化。以前，报纸适合在家庭、办公室、公园、街头或公共交通工具等场所阅读。电视机适合关系亲近的人围坐在一起，以某种约定方式（如共同爱好、陪伴需要）共同收看。随着移动终端的出现，其随意性、互动性、快节奏特点凸显，受众的接受行为也发生了深刻变化，浅层次行为是点击链接、浏览内容，深层次行为是发表观点、表达立场，最终则有可能产生消费行为（购买产品或服务，如购物、订阅内容等）。当平台把受众的这些行为表现反馈到内容提供者即媒体时，媒体的采集、发布及营收模式也因变而变。

媒体接收频次也发生了变化。纸媒从“每日必读”变成“偶尔看看”；电视从“约定收看”变成“需求收看”（事件、重点节点等），新媒体从“PC端固定浏览”变成“移动端随时随地接触”。以前，观众手中握着遥控器守在电视机前搜索喜欢的节目，频率是每七秒钟一次，现在则根据自己需要，当遇到爱看的特定节目（如综艺、体育等）或重大事件的直播时，才会打开电视。如今，人在一天中，接触移动互联网（手机、Pad 等）的频次多达 180 次，不仅门户网站成了“传统媒体”，而且新媒体也面临诸多挑战，甚至随着可穿戴设备的诞生，以微信、微博（境外有脸书、推特等）为代表的社交工具也有可能被取代。

二　倒逼：场境变化改变媒体传播行为

《孙子兵法》有云：“兵无常势，水无常形，能因敌变化而取胜者，谓之神。”从市场变化来看，5G 技术带来的接收需要正在显现、不断酝酿之中，按需生产逐渐成为趋势，中国媒体生产系统正在被逆向打通，内容供应链也正在剧烈重组中。

研究表明，在可预见的一段时间内，媒体的接收场境将继续发生替代性的变化。信息科技的迅猛发展对现代受众日常生活的渗透力不断加大，互联网朝着移动化、去中心化的方向改变，各类接收平台层出不穷，呈现出以下特点。

一是多元化。接收终端不再是摆放在家中最显要位置的电视机，也不再是作为书房阅读一部分的平面媒体，而是演变成各式各样的移动端设备，并且日益贴身，不断融入更适合观看、阅读的人性化体验，既将卧室、客厅、书房等场景不断切割细分，又在有限时空里努力开放扩张，受众正在习惯于这种更具舒适感的场境体验，从而推动了这一快速有效解决方案的“接收场境”的变化。

二是即时性。应运而生的各类传感器延长了人类的视听感官，也延伸了人们的感知力，定位系统不断提升各种基于位置的应用服务，VR/AR/MR 使场境重构起“在场”效果。

三是碎片化。数据表明，仅在 2017 年，以手机为主的移动终端已经成为我国媒体用户的第一设备，占据了用户 90% 以上的碎片化空间场景。[①]

---

① 林小勇、张苗苗主编《中国未来媒体研究报告（2018）》，社会科学文献出版社，2018，第 20 页。

残酷的现实摆在面前：不论是从业于广播电视或者纸媒的传统媒体人，还是热衷于公共事件的新媒体人，其采写或编辑的新闻信息经常是被受众从当前最火的短视频平台，或者各类推荐应用平台，或者各种版本的手机浏览器，或者关键词搜索引擎等平台上搜索到的。换个说法，任何以传统模式建立起的接收终端，可瞬间被各种应用平台解构，他们可能只是在“为他人作嫁衣裳”。

受众接收信息、互动的场境发生深刻变化，从这个角度来看，媒体融合实际上是接受场境创新的过程，这种创新与媒体的生存与发展息息相关。“移动传播时代的媒介融合本质是基于场景的信息服务。以往主流媒体是以专业的内容取胜，如今专业化的内容必须通过场景的争夺才能得以传播和反馈，否则将被信息洪流吞没。”①

三　对策：重构传播范式因应场景变迁

场境争夺即媒体革命。

下一代的传播模式重构离不开互联网发展的趋势，即智能化、移动化、社交化。自由个体或代表公共媒体产生传播行为的个人逐渐成为传播主体，传统渠道逐渐弱化，信息传播日渐通过各类社交平台进行，受众的诉求发生改变，终端形态日新月异，渠道多样化造成受众需求的个性化、差异化，传统媒体转型势在必行。传统媒体生产传播流程如图 1 所示。

图 1　传统媒体生产传播流程

在转型实践中，各地媒体设置调整不一而足。区域性传统媒体多是小幅变化，如增设或加挂类似“融媒体中心”的机构，有的仅将某些部门改换

① 刘新传：《场景、关系与算法：媒体融合创新的三重维度》，《新闻战线》2018 年第 23 期。

门庭，有的仅调整个别不适应的部门，基本属于换汤不换药，尚未深入生产流程进行全面重置、再造，能否真正实现颠覆性、革命性的媒体转型，达到理想中的“化学变化”，还有待观察。

笔者认为，媒体组织应从场境思维出发，从受众感受与市场变化出发，逐渐走向融媒体化。融媒体内部构造应该按照问题导向、需求导向，倒逼组织建设，一切组织机构、行为模式应当围绕媒体融合需要而设，改变以往的管理式、方块式的机关化、职能化设置，设立大数据中心、受众中心、编辑中心。新型媒体的每一次发布行为应该从受众身上开启，直至在受众身上结束，真正实现闭环式传播。同时，它的生产流程也应是从收集、关注政府和公众普遍关心的舆情热点开始，传达、分析、研判、预测各类传播选题，并将之迅速向下一环节传递。采集环节不再依靠单打独斗的记者个体，而应转向具有画、音、文等功能的全媒体采访小组，根据全媒体发布需要采集素材并迅速向下一环节传递，发布环节紧紧围绕传播渠道第一时间以推送、播出、印制等形式发送至各类平台。融媒体生产传播流程如图 2 所示。从关系媒体生存与发展的商业模式上来看，场境变化也促使新型媒体摆脱单一的营收渠道，转向基于内容的一次销售、二次销售行为，包含付费接受、内容植入、版权等直接收入（见表 2），以及向基于技术平台的直接收入行为，如平台运营服务、内容链接发布、粉丝定向服务等垂直领域的间接收入等。

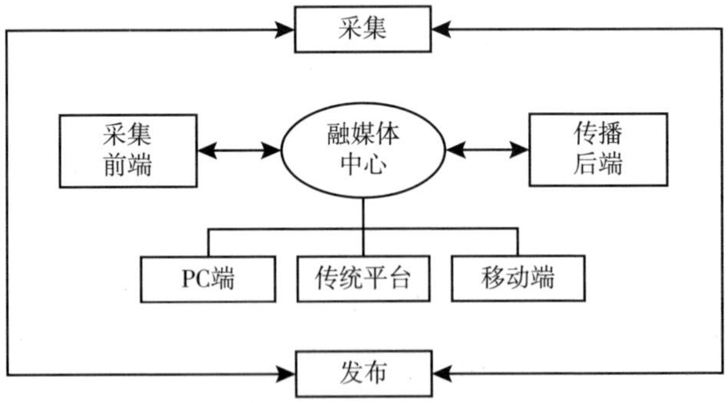

图 2　融媒体生产传播流程

在这一模式下，媒体传播行为可实现真正意义上的流程再造。

第一，原有先采后编再发、环环递进的线性流程已经瓦解，采即发（或编即发）、快速转发模式层出不穷。另外，发布的同时意味着进入又一次采或编环节，形成一个闭环、但并非全环节的跳跃性、动态平衡系统。

第二，在新系统中，技术力量的嵌入度空前提高，采访选题策划不再单纯依赖领导、编辑的经验、判断，而是基于热词、关注度及各类模式行为分析法的大数据、算法、抓取工具、舆情监测工具的应用，技术介入提高了采编环节对硬件、软件技术力量的依赖程度。

第三，组织机构面临重组压力，新旧媒体结合的采访小队模式成为可能，采编前端的融合必然会淘汰发布后端的旧架构，不再是按媒体按部门的“谁采的给谁发”，而是怎么有利于传播怎么发，包括突发快讯、广播连线、视频直播、小屏先发、大屏重点发等，通过分发来刺激不同需求。

表2　传统媒体与新型媒体机构设置、生产流程、传播渠道、商业模式的比较

媒体	传统媒体	新型媒体
机构设置	传统架构，总编室、新闻中心、技术发射中心等	融媒体架构，大数据中心（受众中心）、编辑中心、渠道管理中心等
生产流程	选题—采访—播出（印刷）	调度（收集信息、策划选题多轨并行）—采访（图、文、音频、视频）—编辑（多媒制作、多类型生产）—发布
传播渠道	广播、电视、报纸、杂志等	传统平台、PC端、移动端
商业模式	广告收入（二次销售）、财政支持等	付费接受、内容植入（一次销售）、附带广告（二次销售）、版权收入、提供发布服务等

当前，个人正在成为传播主体，应当加以有效利用。传统传播渠道逐渐式微，信息主要通过社交渠道进行传播。用户需求发生改变，终端形式千变万化，渠道多样化导致受众需求碎片化。新的传播范式建构必须认清互联网发展的大趋势，转型应从用户洞察与市场洞察的区别出发。在转型升级的进程中，传统主流媒体必须注意做好“加法”和“减法”。

在公信力和大数据上做“加法”。传统主流媒体的行政和政策资源、专业内容生产能力、公信力和权威性都是其他媒体难以比拟的，应充分集纳、运用这些优势资源，保持、放大正资产，形成核心竞争力。同时，加大技术投入力度，开发、建立大数据中心。数据是生产资料，人工智能是传播生产力，“对传统媒体尤其是区域性传统媒体来说，数据收集和分析能力不只是制约其融合发展的主要瓶颈之一，也是改革中必须解决的重要课题，只有跨过这道槛，才能看到前面的开阔地”①。

在组织层级、运营流程方面做“减法”。消减非基于融媒体运行的纯事务性部门，导入扁平化的组织结构，建立快速反应和决策机制，进一步简化流程，节约成本，降低不必要的损耗。人民日报社的“中央厨房”、中央广播电视总台的“全国县级融媒体智慧平台”、湖北广电的“长江云”等融媒体产品，都在组织层级、运营流程方面做了不同程度的“减法”。

综上所述，场境变化已经成为媒体生态革命的第一特征，随其而来的必是更深层次的制度革命与内生动力，并继续引发媒体结构与行为模式的相应调整，这是不以个人的意志为转移的规律性要求。时不我待，传统主流媒体不论是主动求变，还是倒逼应变，都必须拿出相应的解决方案。

① 许华鑫、龚志伟：《融合与秩序：将传媒改革进行到底》，《中国广播》2017 年第 10 期。

B.8
5G时代程序化思维的智媒体技术发展

李建勋*

摘　要： 优质的车辆需要行驶在高级公路上才能发挥良好的性能。同样，信息化程度高的公路的部分辅助功能也需要交通工具拥有一定的信息化配件才能全部实现。如今的5G时代已经初步完成了信息高速公路的架设阶段，但在这条既平坦又宽阔，而且还存在各种黑科技加速装置的“高速路”上，却鲜有见到可以发挥其性能的全新媒体技术。也就是说，究竟要如何充分利用这种全新的5G通信还有待我们去探索。为了这一目的，整个社会需要动员起来，在不断地向上进取与试错、纠错的过程中形成一种良性循环，从而达到整个社会的进步。因此本文从一个比较特殊的角度讲述要如何跳出舒适区，打破曾经的思维定式与习惯，习得快速的发展方式，争取能够走出当前“有路无车”的困境。

关键词： 5G通信　媒体技术　程序化思维　互联网思维

一　动中取静的生存之道

“天之道，其犹张弓与？高者抑之，下者举之，有余者损之，不足者补

* 李建勋，博士，厦门理工学院设计艺术学院讲师，主要研究方向为大数据、算法优化以及交互应用。

之。”我们中华民族的先贤老子，早在2500年前就已经通过对自然界和人类社会的观察总结出世间万物保持平衡的规律。《道德经》中简简单单的一句话便完美地揭示出自然界中的平衡并不是毫无生机、死气沉沉的静止不动，而是在不断相互促进、彼此妥协的自我调整中寻求一种动态的平衡。我们人类的社会发展亦是如此。

人类经过百万年的发展，逐渐从茹毛饮血的原始人类，经过石器、青铜、铁器、蒸汽以及信息时代，慢慢地进入向智能时代过渡的时期。从时间段上来说，通过经验与技术的不断积累，文明向前发展的速度呈现出大幅度加快的态势。因此，可以充分地说明我们人类的技术发展史就是一段在大自然间不断寻求平衡的发展史。我们在历史的各个时期虽然鲜有看到瞬间的突飞猛进，这代表社会发展中的“静”，但每个阶段中那一点一滴的技术积累却是社会向前发展必不可少的“动”，就是这种“静”与“动”的交融，最终使人类文明不断地产生了质的飞跃。

继5G元年后，这种可以使人类社会发生翻天覆地变化的全新通信技术，又让我们从高速的发展中窥探出一丝陌生的踌躇。

以往通信技术的发展都是为了满足人们的需求，从而产生了通信能力略高于需求的新技术产品，而5G的出现完全与过去的供求顺序截然不同。人们为了保持技术的持续迭代，使5G的通信能力大大超出了当前人们的基础需求，致使如今的人们开始努力地探索能够支撑得起这种强大通信能力同时又可以让人们广泛接受的全新的应用方式。虽然在供求关系方面，可以说这是人类的重大进步，但是对于应用方式的探索与实现来说，如果不能在用户的兴奋期内进行解决，恐怕这种超前的发展方式会像冷战时期美苏之间的军备竞赛一样，是对资源的一种极大浪费。因此，如何在底端技术与顶端需求之间探索出一条使供求关系得以快速平衡的道路，便是我们当前阶段迫切需要解决的问题。

二　文明发展的分水岭

人类文明的发展犹如物种进化一样，在社会供需关系的大环境下通过一次次的科技爆发与技术融合，去粗取精，筛选出符合生产力发展的生产关系，从而不断提高人们的生存能力与生活质量。5G的出现再一次大幅度地提高了人类的生产力，使无线通信的能力能够与大宽带有线通信相匹敌。这样一来，不论是个人、企业，还是医疗、娱乐，现阶段社会中所涉及的各类传输行为，绝大多数可以用无线的5G传输取而代之。[①] 从此人们便可以解下捆绑住手脚的通信线路，在数据与流量的广袤天地中尽情驰骋。

（一）唯快不破的傍身技能

经过社会上多方位的宣传，人们对5G的通信能力或多或少有了一定的了解。根据技术指标和应用场景的特征，可以将5G的应用分为三大方向：增强移动宽带（enhanced mobile broadband，eMBB）、海量机器类通信（massive machine type communication，mMTC）和超高可靠低时延通信（ultra reliable & low latency communication，uRLLC）。这三种方向分别可以满足对当前移动业务的应用，以广域低功耗的水准覆盖物联网业务，并适用于高速移动以及对时间的精准度具有高要求的业务，如高铁线路通信、无人驾驶以及远程手术等。[②]

1. 新资源的开辟

传统的移动通信主要集中在3GHz以下的优良频段，由于通路资源的拥挤，新一代移动通信不得不启用更高频段的电磁波来作为其通信的载体。虽然新启用波段的电磁通路更为宽阔，但由于载体波长短的特性，其穿透能力不够强且衰减过快，需要在单位通信区域内架设更多的基站设施才能使5G网络得到有效覆盖，这需要在技术与经济层面均有一定的积累才能使其得到广泛的普及应用。[③] 目前商用的5G网络的部署可分为两个频段：Sub-6波段（0.45GHz~6GHz）和毫米波波段（24GHz~52GHz）。虽然毫米波波段被称为5G的高速路，但考虑到实用性与设施续用等因素，我国并没有在5G

---

① 李正茂等：《5G+5G如何改变社会》，中信出版集团，2019。

② 孙松林：《5G时代经济增长新引擎》，中信出版集团，2019。

③ 王喜文：《5G为人工智能与工业互联网赋能》，机械工业出版社，2019。

发展的初期直接选用毫米波，美国则因 Sub－6 波段被军方占用只能选用技术更复杂、建设成本更高的毫米波来进行部署。①

2. 云计算的下沉

5G 技术当中被寄予厚望的全新概念叫作“移动边缘计算”（Mobile Edge Computing，MEC），此概念于 2016 年首次被定义，主要作为云计算的辅助技术得以发展。② 在 5G 网络中，除了我们熟知的智能电话以外，还包括大量的物联网设备，整个网络每秒钟产生的数据量就是一个天文数字。而这些天文级别的数据，都会汇集到云端来进行智能化处理，从而将计算结果反馈回物联网终端。这样一来，虽然 5G 加持的移动网络不再是数据传输的瓶颈，但不断扩充的移动网络终端会让云端的处理能力捉襟见肘，从而延长计算时间、增加时延。因此，将云计算下沉将是 5G 时代的不二选择。

所谓的下沉并不是把计算还原回终端，而是利用 5G 网络中靠近终端设备或数据源头的网络边缘节点，赋予边缘节点智能计算与存储的能力，将计算分散到更近的计算设备上来。这样不仅可以降低计算成本、减少响应时间、提高系统性能，而且还可以带动边缘设备产业的发展。

3. 网络资源合理分配

在众多技术中还有另一颗耀眼的明星——“网络切片技术”。人们在对某种技术进行升级时，首先考虑的并不是如何将性能进行大幅度的提升，而是在现有的基础上能否找到可以让资源利用最大化的方法。就好比用于无损数据压缩的霍夫曼编码一样，通过统计字母在文章中出现的概率，决定不同字母的编码长度，概率越大，长度越短。在传输大篇幅内容时，其与定长编码相比会大幅度降低数据的体量，以达到提高资源利用率的目的。网络切片技术亦是如此。

截至目前，不论玩游戏、观影、日常办公还是下载文件，抑或满足其他的行业与业务的需求，我们所利用的都是同一线路的通信网络。然而这些不

① 管益忻：《刘韵洁院士纵论 5G 现状及中美比较》，《企业家日报》2019 年 10 月 22 日，第 1 版。

② 赵明：《边缘计算技术及应用综述》，《计算机科学》2020 年第 S1 期。

同种类的应用场景对网络要求的差异也相当明显，共用同一线路不免会对各类传输造成影响。以往的解决办法是为那些有特殊需求的行业或业务建立专有的通信线路，但这样一来不仅需要增加部署成本，而且大大降低了相关通信的性价比，使其变成只有那些巨头企业才有能力买单的高额服务。

但进入后4G时代以后，随着软件定义网络（software defined network，SDN）和网络功能虚拟化（network functions virtualization，NFV）技术的不断发展与完善，5G中的网络切片技术得以大显神威。[①] 在同一通信线路中分割出多条虚拟的逻辑网络，这样便可以智能地、快速地为物联网社会中不同层级的设备与需求提供各自独立的网络环境，然后根据实际需要，为其提供不同的配套性能、管理方式、服务内容与计费标准，使其达到真正的网络资源最优化。

除此之外，5G还拥有其他优秀的技术与能力，如：出于成本和质量来考虑的“组网技术”；为高速率提供保障的“大规模天线阵列”；通过软件操作来替代网络节点功能，实现网络通信安全控制的“软件定义网络”；用信息行业的思维来实现通信行业功能的“网络功能虚拟化”；等等，这些都是为5G技术保驾护航的神兵利器。

（二）摆脱维度的束缚

通信的本意是信件的传递，指的是人与人之间的交流，互通有无。古时的通信成本非常昂贵，由于没有现代化设备，几乎所有长距离的信息传递都无法逾越人与动物的生理极限，只有烽火可以把信息瞬时传递到目及之处，但信息量少得可怜，仅为1比特。当时的国家机器控制着整个通信体系，由于通信的时间都是以天为单位，通信网络是由遍布全国的驿站机构构成的，只有朝中政令与军机要事才有权动用该系统。民间则需要依托镖局来完成漫长的远距离通信。

再看当今社会，虽然科技的发展让通信不再有距离，但本质上通信的目

---

① 孙松林：《5G时代经济增长新引擎》，中信出版集团，2019。

标还是以人为主，最终仍然需要由人来为信息内容做出判断。如果始终如此，人类便无法让信息时代步入下一阶段，因为这时的人类再一次地变成了通信的瓶颈，人类对信息的处理能力与送信的速度相同，都有一个极限，一旦达到了这个极限，即便有再多信息传递过来也无力解决。

但是一切的变化仿佛又是那么自然。5G 裹挟着物联网昂首阔步地走到了人类面前。一时间让人类再次拥有了跨越时代的能力，让人类看到了一个拥有多维度通信能力的新数字时代。

随着物联网的持续发展，我们身边的绝大多数器物将登入移动网络，此时的 5G 便可以发挥它的另外一项“超大规模接入”的能力。结合高速率、大容量、高可靠、低时延，以及云端与边缘的计算能力，便可以真正让人类不关注信息的内容，让设备自主反馈，实现几乎不需要人去参与处理分析的“物物通信”。

三 程序化思维，层级互通的关键法门

经过上面描述，我们可以很清晰地判断出，因为 5G 技术的成熟，不久的将来人类会生活在一个“信息随心至，万物触手及”的社会。万事万物都将接入移动网络，对人类来说，互联网会变成如同空气和水一样的东西，拥有它将变得理所应当。一旦切断了网络的供应，人们将变得痛不欲生，甚至生活都将无法继续。正因如此，5G 时代的社会是一个完全被数字化打通的社会，各行各业都是数字网络中的一员。这个过程可能会经历诸多艰辛，但数字的产业化以及产业的数字化将是整个社会向数字经济转型的必经之路。

（一）不是按部就班的思维

1. 需要程序化思维的理由

5G 的部分通信功能以信息行业的思维方式为引导，从而使其功能得以提升、过程得以简化。未来的数字经济社会，世间万物都可以转化为数据库中的一串符号，对待这些数字化的内容，同样利用信息行业的思维方式来进

行处理是最为妥善的一种解决方案。

因此，在这里所提到的程序化思维并不是要严格按照固定的过程进行信息的采集、处理以及再利用的办事方法，而是要用程序员般的逻辑严谨、深度剖析、结构化控的思考方式，考虑5G时代媒体的发展、迭代与复用的问题。

既然万物都将被转化为数据库中的一串符号，此时如果仍然用传统的方式去思考这些繁杂、凌乱、抽象的信息，将使人们无从下手、问题百出，最终陷入无限的困惑当中。专业的问题要用专业的手法来解决，面对数字化的万物，处理方式也可以转化为计算机中一个又一个的对象以及数据结构来进行操作。对于数据结构来说，探讨的是如何处理由逻辑结构映射物理结构的问题，在5G的应用当中则要探讨如何用程序化思维将需求的产生和应用的方式与数据的逻辑融合到一起。归根结底，我们在从顶端需求开始直到底端技术结束的整个过程中，都要尝试用程序化的思维来思考问题。因此，在思考的同时我们需要让整个过程的每一个环节都具有计算机算法中的有穷性、确定性、可行性、输入和输出的五种性质，并且达到正确性、可读性、稳健性以及高效性四种目标。[①]

2. 程序化思维的呈现方式

对那些现实事物问题要如何用程序化的思维来解决是接下来要考虑的问题。首先，我们要把实际问题当作类数学问题来思考，将具体问题进行抽象、假设、简化，从而建立能够有效解决问题的数学模型。与此同时，要将功能细分化，也就是对问题的解决进行分层、切片，按照具体的功能分解成若干小函数，这样才能大幅度地减小功能间的耦合性，使其具有最大化的相对独立性。为了使问题的整体有一个良好的结构，我们还要确定函数间数据交换的内容，最终使各部分功能模块化，方便未来更新替换。

比如，我们要实现一个未确定的用户需求：传统电视观众在5G通信下的应用体验方式。首先要把用户的功能需求做一番探索与总结，为了能够清

① 吕国英等编著《算法设计与分析（第3版）》，清华大学出版社，2015。

晰地判断各项功能的实现顺序以及抽象方法，需要对其受欢迎程度、内容实现的难易、数据的类型和量级以及其他相关事物进行量化，做出充分的整理。然后对具体的功能或实现的方法进行分层、切片。可以从需求层面根据用户体验的深度，或者从技术层面根据内容实现的技术等级来进行层次划分，随后对在每一层级上再切分的不同功能进行逐一实现。在功能实现的过程中，每项功能又是由多种方法组合而来，因此又可以将这些方法按照功能或需求的整体合理性来进行数据内容交换的确定，以及共用、并用方法的设计。

当一项用户需求实现之后，我们便可以通过实际应用进行效果验证。需要进行整体的需求分析，并以模块化的形式呈现，即使出现问题也不需要对整个需求或功能进行重新设计、制作，只需要将有问题部分的方法功能替换修改即可，从而达到快速反应、随时切换、简单升级的效果。

（二）时代产物：互联网思维

从程序化思维延伸下去，就不得不再讨论一下与之相辅相成的互联网思维。前者讨论的是解决具体事物问题的方法论，而后者强调的是一种基于商业模式的全新思考方式。

1. 互联网思维的成因

如今，互联网进入中国市场已近三十个年头，从最初那种如板报一样单向传播的门户时代，到搜索与聊天的社交时代，再到当前“一机在手天下我有”的大互联时代，这种逐渐升级的网络服务除了给我们的生活带来便利，使体验得到提升以外，更重要的是，其“温水煮青蛙”式的变迁过程也在潜移默化中影响我们的思想、改变我们的习惯。大互联时代不但把人与人之间的交流拉近到只隔着一层屏幕的距离，而且使社会分工多元化、细分化，市场竞争边缘化，产品业务也由集中变为分散，内容变得越发复杂。这种社会整体环境的变化必然催使群众行为意识发生改变，人们只有从思维层面重新审视这个全新的物质社会，充分理解事物的本质，努力探寻事物间的相关性，才能做到物尽其值，实现利益最大化。

由此，互联网思维应运而生。这种思维可以说是一种兼容并包的习惯，犹如先秦时期的诸子百家，从社会的各个层面与角度去剖析事物的矛盾，形成各自的思想流派，呈现百家争鸣的局面。互联网思维在“百家争鸣”的基础上又进行了一场革命，使独立的“流派”交叉融合，在思维层面形成一张商业模式的价值网。在“织网”的过程中，如何将多个风马牛不相及的事物联系到一起，并使其能够产生实际的经济效益，便是利用互联网思维需要主要考虑的问题。因此在节点与边缘众多的互联网领域，这种思维的表象并不是一成不变的固定模式，而是根据碰撞的内容、面向的客户以及时间机遇的不同，分析、提炼的进化式行为方式，这种方式可以在变化中寻求生机，通过不断的变化来化解过程中出现的重重危机。这样不仅可以改善市场的整体环境，还可以让“网”中之人时刻保持警惕，用清醒的头脑及时应对未来的危机。

2. 相互促进的“二维”

人类比较容易接受相对简单的事物，对于那些需要重新进行知识积累、体系建构的事物，往往只有极少数的人愿意做出尝试。上文两种思维方式的发展与应用也充分体现了这个道理。虽然互联网思维思考的内容影响范围与操作空间更加宏大，但它并不需要重新架构人类的理论体系。人类在生活认知的基础上再加以对其他领域进行涉猎，便可以根据自我的理解建立一套专有的商业模式。当然，这种模式要通过充分利用网间资源来达到提高效率、改善生活的目的。由此便可以解释为什么我们所接触过的成功案例均各有千秋，并不是可以随意复制模式的内容。如小米的互联网“七字诀”——专注、极致、口碑、快；腾讯的灰度法则、七个路标和八条纲领；奇虎 360 的免费、用户至上和体验为王，这些都是结合企业的自身状况和经营理念总结出来的商业模式。[①] 而那些规模不大的营销商以及商贩，至少会利用 O2O 的方式来让自身贴近互联网，在不断的试错、纠错中一步步探寻自己在互联网时代生存的道路。

① 余来文等：《互联网思维 2.0 物联网、云计算、大数据》，经济管理出版社，2017。

程序化思维的运用则需要更加专业化的经营团队，在实施方案的每个过程之前要对该过程进行抽象、量化、分层、切片，以及对数据交换的确定。这里的每个环节并非轻而易举、随便任何一个人便可以完成的事情。专业的事情需要专业的人来解决，因此跳跃式的思维、对市场整体的了解和程序化的思考习惯都是必不可少的基本能力。虽然两种思维方式在可接受度与执行难易度上大有差异，但在高度互联的5G时代，它们是密不可分、相辅相成的。利用互联网思维对整体的模式定向，再用程序化思维将模式的执行细分化，对内部进行层次与功能层面的解耦。只有经过这种处理过程，才能在问题出现的情况下及时做出调整，更换或修改有问题的“部件”，从而在亦动亦静的模式与功能之间不断地相互促进，形成良性循环。除此之外，在高度智能化的未来，经过程序化处理的内容不仅可以在解决问题的方面发光溢彩，还可以用简单平移的方式直接将其信息化、数字化，一举多得。

四　新时代，人类做好准备了吗?

如何充分利用5G这种超前的新技术是当下需要深度思考的问题，并要反复尝试、不断探索用户的真实需求。由于现阶段4G的通信能力基本可以满足绝大多数的生活场景，如果一味地等待5G带来变革，恐怕运营商和国家财政会因长期入不敷出的惨淡状况而难以维持。因此我们只有主动出击，挖掘对5G的应用需求，创造新的内容与服务，才能成为5G时代的胜利者。

无线高速网络、海量终端接入和超高可靠、低时延，是5G通信最主要的特点。简单来说就是我们所能想到的所有通信内容都可以摆脱传输线路的束缚，并且无须因担心速度的问题而影响体验感。虽然这种改进看似单一，但实际应用起来将会使我们的日常生活产生翻天覆地的变化。众多便捷、高效的全新应用会让我们的体验应接不暇，也许，有些变化我们从未想过，甚至不敢想象。这可能导致部分人群会因为对大量变化的恐惧从而产生抗拒心理，这也将是5G时代不得不面对的另一种社会问题。接下来从商务与生活两大方面来描述5G的普及将会对整个社会带来哪些翻天覆地的变化。

（一）5G改变商务

虽然4G的通信能力已经能够满足人们的日常生活，但是在商务方面却因为传输能力的局限，仍然无法满足稍具规模的商务传输，因此5G在商务中的应用需求要远大于在生活中的需求。① 在爱立信曾发布的报告《5G给产业带来的影响》中提到：到2026年，5G所带来的数字转化规模将达到1.3万亿美元，其中产业构成比例最大的是能源行业，约占19%。因此我们首先从能源产业说起。

1. 能源产业

能源产业最大的特点就是体系庞大，应用面广。比如水、电、石油、天然气等，这些都是全民必需的全国性产业。除了超大规模的供求关系外，遍布全国的输送网络就是该类产业最明显的过人之处。当然，这也需要大量的资金来维持基础设施的正常运作，其中较为重要并且可以通过5G来进行改造的部分就是计量仪表的智能化。现在的计量仪表都是依靠供电与通信线路的精确部署来接入网络的，不仅设计之初要考虑线路部署的距离问题，而且部署线路的开销、设备运行时自身的电力消耗以及线路维护都是不可忽视的支出内容。

一旦计量仪表在5G环境下得以智能化，将会为这些能源产业的运转网络带来诸多益处。首先，免去了线路铺设的人力、物力和财力，同时5G的低功耗广域通信（Low Power Wide Area，LPWA）技术可以起到节约能源的作用。其次，利用边缘计算的能力，可以从用户的使用数据中推测出用户的使用习惯，再结合周边环境可为用户提供更加合理的使用方案。与此同时还可以合理调整相关区域基础设施的承载负荷，实现提高设备利用率的目的。最后，智能仪表的投入使用，在保持远程操作的同时，还可以实现快速更换

---

① 刘韵洁：《未来网络与5G产业化发展前景探讨》，《高科技与产业化》2019年第12期。

仪表的业务，而且使仪表中新功能的扩展也变得简单快捷，从而实现仪表业务的效率化。

2. 制造业

在制造业的领域中5G同样会带来诸多变化。工厂流水线上的每一个加工环节都会被独立出来，为了节省操作空间与减小资源消耗，这些独立出来的个体机器人都会被植入5G通信模块，从而实时接收、反馈中央控制系统的命令，达到协同作业的目的。这样一来，个体机器人每一次细微的加工动作都可以被完整地记录下来。通过分析数据，便可预测和检查出流水线上将要出现的故障和已经产生的问题，然后经过智能的调配来达到产能的最大化。另外，还可实现对加工制造环节以及配送环节的追溯，让管理者放心、消费者安心。

3. 公共安全

维护公共安全是任何时代都不容忽视的问题。当下在全国各地都在着力发展智慧城市的过程中，天网系统就是为了打击违法犯罪、维护公共安全而大力建设的“战略性武器”。这一系统虽然强大，但同样存在上述场景的问题，即线路的架设和资源的浪费。5G出现后类似的问题便可轻而易举地解决。另外，对于某些特殊的安保或是治安管理的情况，5G与无人机的结合将成为首选。通过实时传输高清的视频，无人机在高空也可获得清晰的监控画面，从而不被地面人察觉。无人机的网络若与城市大脑相连接，无人机便可根据任务内容寻找并监控黑名单中的重点人物，需要时还可配合警方实施抓捕工作。如果巡航无人机的目标为降低灾害、交通事故或非常事件的发生率，这时同样可以利用5G边缘计算的能力，通过智能的手法做出预判，从而加快应急措施的反应速度。

在众多的商务应用中，除了能源、制造业和公共安全之外，像健康养老、公共交通、媒体娱乐、汽车、金融服务、零售业和农业等领域，也会受到不同程度的影响，各个行业会把5G的功能发挥到哪种程度，还有待在发展中探寻。

（二）5G改变生活

在生活方面，现阶段人们对5G的需求并不是那么明显，个别的5G相关服务也仅仅起到锦上添花的作用，并未取得实质性的体验升级，如手机通信的5G套餐、VR场景体验等。虽然5G在需求方面不如商务应用急迫，但运营商对5G前期业务的经营却需要大众消费者来维持。[①] 因此，快速找到能够让消费者接受并愿意为之消费的解决方案，是维持5G通信生存空间的必要条件。探究其针对日常生活的服务方式，从技术发展的总体状况来看，我们可以从下面的四个大方向来展开。[②]

1. 娱乐

娱乐是千百年来人们缓解精神压力、维持心理健康的最有效的手段之一，因此大多数与娱乐项目相关的内容可成功吸引大量的目标人群。在新媒体娱乐方面融入5G的创新，可给广大的用户带来全新体验。

通过5G的加持，8K以上的高清视频得以实时传输，结合网络切片技术，对同一直播现场可以实现多视角切换的功能。要注意的是，这种切换并非被动的，而是用户的主动切换。也就是说在传输影音数据时，直播方是将所有角度的高清画面通过虚拟的网络通道同时发送的，在网络终端的用户可以根据个人的喜好将其随意切换至任意角度，一机或多机享受全方位的视听体验。同时，还可以从任意角度回放错过的精彩瞬间，或启用子弹时间模式，仔细品味每一帧激烈的过程。

对于对画面质量和通信能力要求甚高的VR/AR来说，5G技术是使其复苏的重要转折。由于VR传输的是球面画幅，4K或8K的画面完全无法达到普通视听设备的画面质感，需要由5G来为其提供更强大的传输能力，并且对动作的实时反馈也必须要达到高可靠、低时延的效果。这些问题一旦得以解决，大众足不出户便可以享受到极度真实的VIP级别的现场体验。

---

① 〔日〕龟井卓也：《5G时代：生活方式和商业模式的大变革》，田中景译，浙江人民出版社，2020。

② 王喜文编著《智能+：〈新一代人工智能发展规划〉解读》，机械工业出版社，2019。

追求画面感、对场景渲染要求不断提高的网络游戏也同样会从5G中受益。图像渲染是最考验终端设备计算能力的技术内容，因此略有口碑的网络游戏都对计算机配置的要求甚高。并且在体验之初必然要经历下载、安装庞大客户端的过程，这样便会将大量的用户拒之门外。5G技术出现后，这种现状便会大有改观，几乎所有的计算都会在云端或是边缘进行，用户在无须安装庞大客户端的情况下便可以体验最佳的游戏效果，操作时延、游戏卡顿的现象也将变成历史。只要用户的终端设备有一块色彩足够、刷新率高的显示屏，不论配置高低都可以随时随地与任何人进行胜负的对决。

2. 交通

由于同时存在速度与安全的问题，交通方面的应用是要把5G的能力发挥到极致的应用领域。交通工具的类别多、数量大，且绝大多数处于高速的移动状态，因此5G的高可靠、低时延的能力便可以大放异彩，再结合超高速传输的能力，便可以在提高安全功能等方面实现更多的可能。

此时的各类交通工具应该是集数以千计的传感器于一体的大规模收发装置，每一个传感器都会实时监测行驶过程中交通工具的运行状况或乘客的生命体征，然后利用这些大量的数据来智能地判断出下一步的操作方案或为驾驶人员提供安全便捷的引导。这些功能已经是老生常谈，5G时代，该领域更注重多端协同的技术观念的培养。夸张一点地说，由于5G这种超强的传输能力，远隔千里的无线传输速率也犹如在同一线路板上一样，只要收发装置没有受损，远方的设备便可在接收并处理本地的数据后，将结果反馈回本地，与本地设备直接进行计算在时间层面上没有太大的区别。因此为了拥有更高的安全保障，研发者可利用5G将行驶过程中周边的各类交通设备联通起来，结合各个方位的场景信息与行驶状况，共同为该路段的行驶安全提供保障。同时，如果驾驶工具出现计算异常，驾驶者还可以借用附近车辆与设备的计算资源来为自己分析当前路况，然后通过5G通信实时发送驾驶指令。另外，在交通保险行业，通过对个人驾驶数据的积累与运用，可以将保险服务从应对事故的服务转变为防止事故发生的服务。

3. 医疗

在医疗护理方面，现阶段的数字化程度已经达到了相当的水平。从简单的问诊到大型的手术几乎都已经高度数字化，这些都离不开数字技术的发展与高精尖设备的普及应用。就拿“达芬奇外科手术系统”来说，它可以通过3D成像技术、局部部位放大等功能，利用机械手臂的操控来消除医生在做细微操作时手抖的情况，从而实现最低限度的低侵袭式手术。诸如此类的各种数字化设备，都为当今医疗服务带来诸多便利与安全保障。在此基础上，5G高可靠、低时延的能力，可以使大众对医疗方面无线通信的信赖度大大提升，从而实现真正的远程手术。除此之外，为了应对时刻变化的手术状况，可以利用AI技术，按照现场需要随时为医生的判断提供辅助支持。

4. 个性识别

当今的网络广告或是App中的内容推送，都是通过对用户的操作以及浏览历史的分析归类来实现其个性识别功能的。因此只有人与设备的绝对对应才能使识别结果准确，使用户接受推送的内容。在5G应用高度普及的社会，万物都将接入5G网络中，路边随便一个智能广告牌或是智能灯杆都将成为识别个人需求的网络节点。也许人们与朋友在路边随意交谈时，便会成为网络节点的推荐对象，这使其在没有任何察觉的情况下接收信息。

再往深远处考虑，5G或许可以实现智能设备的普遍化。利用云与边缘计算能力，可以让随处的智能终端设备发挥作用，人们随时随地都会被识别、辨认。如果有需要，人们可以调用身边的任何一个公共设施中的属于自己的所有数据，这样便实现了无论何时何地都存在“我的电脑”的生活状态。

五　理性看待5G技术

任何事物的出现都伴随着它的两面性，是好是坏、是优是劣完全取决于人的心态与处理方法。5G技术的产生也同样是件喜忧参半的事情。上文中我们阐述了对5G时代社会发展的畅想，以及在解决当下的这种需求滞后、技术略微超前的时代背景下，如何打破思维定式与习惯，跳出舒适区的理想方式与解决方案。我们同样也不能回避5G技术将会带来的问题与风险。

其最大的问题就是社会各界对5G的期望普遍偏高。从移动用户的利用方面来看，如果只是把相关应用的加载时间从0.1秒缩短到0.01秒，对于用户的使用体验来说意义不大，因为这种差别已经远远超出人类的感知范围，仅相当于在显示标识的地方从4G变成了5G而已。所以发展优质的应用才是避免移动用户大失所望的唯一出路。在商业的利用上，稳定、安全、便捷是最被看重的性能，因此5G在商业中的实际应用必须要满足宣传上的高可靠、低时延等一系列技术要求，一旦用户在实际应用的过程中没有切身地感受到5G所带来的效果提升，接下来与5G发展相关的社会动力将会逐渐丧失殆尽。

另外，5G在个人隐私和城乡差异方面也是风险重重。信息时代的个人隐私问题时刻存在，任何一个行业都要努力承担起保护用户隐私的职责。但用户的隐私信息在商业营销方面的强大功能效果，总会驱使少数不法分子以身试法，从中攫取商业利益。尤其在5G时代，个人在财产、信用、健康以及生活方面的各种应用过程，都会转化成数据库中的一串串字符。不法分子通过技术手段，仅凭部分数据便可以完美地刻画出我们每个人的完整画像，提高隐私信息被暴露的风险。因此，如何保证我们的隐私数据不被盗听、泄露，是5G时代更要注意的重大问题。而城乡差异上的风险往往不被人们注意，由于天然的社会资源和发展速度的差别，城市与地方之间的数字化差距越发增大。由此产生的非良性循环导致城乡之间的发展不均衡问题日益严重。

因此，对于这种超前的全新技术，我们要利用科学合理的方法，在不断地尝试和验证中追求整体的进化与发展。在解决问题的过程中不能操之过急，要从方法着手稳步地实现快速发展，最终实现前进式的动态平衡。

B.9

新闻算法伦理研究回顾与展望*

苏俊斌　郭翔宇**

摘　要： 随着自然语言逻辑、字符概念表征和深度语义分析技术的进步，以算法为核心的人工智能技术日益被应用在新闻的采集、生产、分发以及反馈等流程中，并由此带来了一系列新的伦理关切。既有研究如何看待新闻算法的伦理挑战？未来应该关注哪些研究议题？本文以文献分析法对有关新闻算法伦理的代表性期刊论文进行了分析归纳，结果显示，迄今为止的算法伦理研究主要集中于三个方面：新闻算法伦理内部机制的解释研究、算法引起新闻失范的研究、新闻算法的规制研究。与此同时，关于新闻算法的伦理框架、混合责任网络中的规范、人类与非人类行动者组成的异质网络如何共同影响人类做出价值判断等方面仍付诸阙如。笔者认为，将关注焦点转移到终端用户上是未来研究的发展趋势，终端用户的使用需求及其对伦理失范的感知，以及算法怎样影响用户的满意度、接受度、信任度、使用体验等都是有待未来研究予以回答的重要问题。

关键词： 人工智能　新闻算法　新闻职业伦理

---

* 本文系国家社科基金项目“新闻推荐算法的把关机制、伦理问题及其对策研究”（项目号：19BXW118）的研究成果。

** 苏俊斌，博士，厦门大学新闻传播学院副教授，硕士生导师，主要研究方向为新闻算法伦理；郭翔宇，厦门大学新闻传播学院硕士研究生，主要研究方向为新闻算法伦理。

一　引言

经过60余年的发展演进，在移动互联网、大数据、脑科学等新技术的共同驱动下，人工智能正逐渐嵌入人类的生产、生活，成为我们感知和理解环境的重要技术手段。同时，在人工智能与相关学科的交叉融合中浮现出了一些新兴研究领域，正改变着学科边界及学术疆域。

算法作为人工智能技术的核心，既为新一轮产业变革带来技术驱动，又带来了潜在危机。在人工智能全面冲击产业结构的同时，事前预防和事后规制的社会伦理与法律法规尚未完全建立。以美、中、英、日为首的人工智能技术强国，自2016年起相继对算法引发的伦理挑战做出了国家层面的战略部署。国务院2017年7月印发的《新一代人工智能发展规划》提出目标："到2020年，人工智能发展环境需进一步优化，部分领域应初步建立人工智能伦理规范和政策法规。"① 此外，联合国教科文组织、欧盟、美国信息技术产业理事会等组织也从算法歧视、隐私安全、个体自主性等角度提出了伦理倡议。

新闻学是一个不断被技术塑造的学科（Pavlik，2000）。新技术和新媒介形态的出现一度为新闻实践带来伦理挑战。大众报刊的普及和恶性的商业竞争引发了践踏新闻真实性的"黄色新闻"潮；广播的逼真性导致《火星人入侵地球》广播剧引发了全国范围内的大规模的群体性恐慌和社会混乱；电视的普及引发了人们对"沙发土豆"的生活习惯与身体健康的忧思；互联网的盛行引发了社会对"网瘾"的鉴别诊断、病理研究和伦理讨论。随着从业者社会责任意识的确立，受众媒介素养的提高，社会对技术使用手段、媒介发展规律的把握，技术变革初期引发的伦理问题都将趋于常态化和可控化。

① 《国务院关于印发新一代人工智能发展规划的通知》，中华人民共和国中央人民政府网，2017年7月8日，http://www.gov.cn/zhengce/content/2017-07/20/content_5211996.htm。

在智媒时代，新闻业受到人工智能技术的影响。各大新闻媒体纷纷构建了人工智能平台或产品，算法介入了新闻的采集、生产、分发和反馈等工作流程。新闻内容、记者工作方式、新闻编辑室的结构与组织、新闻机构与公众之间的关系都发生了巨大变化（Pavlik，2000；Pavlik，2013；Napoli，2014）。机器人写作、传感器新闻、个性化推荐等算法应用在数据来源中的正当性（Bradshaw，2014）、数据滥用（Zion & Craig，2014）、算法权威（Carlson，2015）、算法客观性（Gillespie，2014）、算法透明性（Ananny，2016）、算法可问责性（Diakopolous，2015）等方面对传统新闻伦理提出了新挑战。

算法技术是否具备独立的主体性构成了伦理批判的逻辑起点。Florid 和 Sanders 根据人工智能在 21 世纪初的发展状况，认为从行动者互动关系的角度来看，算法仅仅能与环境进行互动（交互性），尚不具备“自主性”和“适应性”，算法本身不能被视为独立的伦理主体（Florid & Sanders，2004）。于是一些乐观的学者便认为，算法工程师可以通过对算法模型的架构、对规则的设定、对输入数据的掌控而赋予机器算法以能动性，例如王前和陈佳、张赛和刘明洋等。鉴于人工智能技术衍化的日新月异，其被采纳并嵌入社会的方式千差万别，任何断言肯定不足以呈现其对传统新闻伦理所产生影响的复杂性。本文基于对关于新闻算法伦理的代表性期刊文章的文献分析，尝试揭示学术共同体关于算法伦理的知识演进脉络，以期为未来研究指明方向。

二　新闻伦理内部机制的解释研究

人工智能技术推动了传统新闻伦理的改变，新闻算法伦理问题的致因因素分析是学界普遍关注的议题之一。国内外学者对新闻算法伦理的内部机制研究分为两个路径。其一是从算法技术本身的特质出发，探讨技术特征为新闻业带来的伦理困境；其二是从算法与新闻工作者关系的角度来展开研究。

一般认为，算法本身的技术特性是引发伦理问题的根源，主要体现在两个方面，即输入数据和系统建模等环节涉及的人为问题与算法本身的技术逻辑涉及的非人为问题，譬如深度学习因将结构性不平等的数据缺陷放大而造成的伦理失范（Reuben，2018）。哈佛大学 Mittelstadt 和 Floridi 等人提出了算法引发伦理问题的六个根源，并勾勒了技术本身造成伦理危害的原因（Mittelstadt et al.，2016）。第一，算法决策通过对数据集中的信息进行归纳，识别数据相关性。但因果关系的推论难度较高，可能导致算法决策的不确定性。第二，算法技术的封装性阻碍可理解的透明性，进而增大了算法问责的难度。第三，源于既定社会制度、技术限制、算法环境等富有偏见的信息输入会使算法决策得出误导性的结论。第四，训练数据和分类模型的失真会通过深度学习机制，直接将带有歧视色彩的标准嵌入算法系统，造成不公平的结果。第五，算法的数据处理能力和人们对算法的依赖为算法将世界概念化赋能，导致算法进一步掠夺人类主体的自主性。第六，算法内部决策逻辑的复杂多变致使人类尚未掌握控制系统故障的社会技术手段。除此之外，Diakopoulos 还通过对自动化决策的观察，总结了算法的四种能力及其引发的伦理关切。他从"优先级""分类""关联""过滤"四个角度分析了算法发挥作用的方式，并进一步讨论了减少新闻算法伦理失范的方法（Diakopoulos，2015）。Diakopoulos 提出，算法工程师可以通过为算法划定公平的优先级标准，对分类特征给予全面的判断，为关联语义构建合理的联系，对过滤条件制定严格的规则，进而避免部分新闻算法所产生的伦理问题。相比之下，Annany 从算法技术的能力入手，探讨了网络信息算法（Networked Information Algorithms，NIA）引发伦理问题的 3 个维度（Annany，2015）。他在 Diakopoulos 提出的算法具有"关联"和"分类"能力的基础上，引入了算法"响应时间"所造成的伦理问题。Annany 认为，算法通过判断数据间的关联性，抹杀了少数群体的差异性并限制了部分人的权利。另外，算法对数据相似性的分类操作涉及容错率所造成的伦理问题。最后，算法对响应时间的控制和对节奏的把握也可能引发准确率的问题。陈昌凤和师文根据三种主流的个性化推荐系统的技术路径，提出了算法的结构性缺陷所导致的伦理风险（陈昌凤、师文，2018）。陈昌凤等人认为，基于内容的算法通过计算用户兴趣和新闻的相关性指数来推荐同质化信息，容易引发观点极化和信息茧房效应；基于协同过滤的个性化推荐算法对用户或新闻进行聚类分析，虽然在群体智慧组成的关联矩阵中缓解了信息茧房的问题，但却将阅读决定权交付给了异化的机器；基于时序流行度的个性化推荐算法引入时间维度，虽然解决了前两种推荐方式的冷启动问题，但是对于信息熵的依赖导致该推荐逻辑更容易引发“黄色新闻”潮，在泛娱乐化和后真相时代加剧了严肃新闻和黄色新闻之间的马太效应。

从技术本身出发，寻找新闻算法伦理失范的原因是一种基于实用主义的思考方式。作为一种分析框架，它不仅没有特定的伦理学理论和哲学根源，还忽略了社会建构主义对技术的社会渊源的反思。正如海德格尔对技术的审视：技术是人与物关系的展现。另有一部分学者从算法技术与新闻工作者的关系入手，研究新闻算法引发伦理失范的原因。Dörr 和 Hollnbuchner 首次系统地将自然语言生成系统（Nature Language Generation，NGL）的内部机制与新闻组织框架相结合，讨论了新闻算法伦理问题的产生原因（Dörr & Hollnbuchner，2017）。他们借助 Pürer 的多层责任制框架和 Weischenberg 等人的新闻伦理分析路径，从输入—处理—输出（Input - Thoughput - Output，ITO）三个环节提供一个识别道德问题的框架。Dörr 等人认为，在个人、专业以及社会层面上，数据来源的准确性、完整性、透明性，数据的授权及系统的问责性都可能导致伦理失范。

从根本上来说，算法技术通过解构新闻活动的行为主体带来了一系列伦理问题。传统新闻伦理的约束对象是新闻从业者。职业共同体与社会签订可问责的伦理契约，表达接受审查监督和自我约束的意愿。虽然新闻算法的自动化决策仍然执行人的命令，但是算法工程师和新闻工作者的价值判断、身份立场的不同模糊了主体边界，这使新闻工作者的价值意识成为徒有形式的机械性、功能性的存在。Brake 在《不负责算法的无形之手》一文中探讨了公共关联算法对新闻工作者选择、制作、传播新闻所产生的不良影响（Brake，2017）。他指出，首先，算法影响了记者对新闻价值的判断：算法对受众阅读兴趣的评估使记者的选择更加盲目且投机取巧；其次，搜索引擎中的算法通过操纵亲社会目的的信息排列，从新闻来源上影响了记者的选择；最后，在新闻分发阶段，搜索引擎和社交媒体的公共关联算法同样抢占了受众的注意力。陈昌凤、师文聚焦新闻分发过程中算法与人类新闻工作者的关系，通过分析算法把关的价值要素，探讨了伦理问题产生的原因（陈昌凤、师文，2018）。陈昌凤认为，算法通过描绘用户画像来进行个性化推送的工作模式引发了“把关权利后移”，导致人本精神的变质，假新闻、信息偏食等伦理问题层出不穷。可见，人工智能算法本身的技术特征以及产业融合过程中的人机协同问题是导致新闻算法伦理失范的两个重要方面。

三　算法引起新闻失范研究

很多研究注意到，算法被日益广泛地运用在新闻实践中，其后果是既冲击了传统新闻伦理，又带来了新的价值关切，总之是使新闻实践作为社会活动处于一定程度、一定范围的“失范”（anomie）状态。

（一）新闻算法对传统新闻伦理的冲击

人工智能技术的出现首先对新闻专业主义的核心价值造成了颠覆，主要表现为客观性和公共性的破坏。

1. 客观性

算法对新闻客观性的影响源于两个方面：其一，机器客观性与新闻记者客观性之间存在差别；其二，机器算法容易嵌入难以察觉的歧视和偏见。

Carlson 指出，算法的客观性与新闻专业主义的客观性的要求不同。传统新闻的客观性原则主张记者站在中立的角度，确保新闻内容和形式不偏不倚。然而，人类新闻工作者的工作环境是一个富有等级的社会，记者深陷其中难以独善其身。因此，记者对新闻价值的判断和对信息的采用难以避免地包含个人的主观情感（Carlson，2018）。从这个意义上来讲，相比规范地遵循代码指令的机器算法，人类不如机器客观。同时，Carlson 也认为，对新闻客观性的理解应该接纳人类主观情感因素的合理性（Carlson，2015）。与之不同的是，Gillespie 却认为，算法过程中不受人为干预的“自动化的客观性”只是一个假象。他提出，人类记者的客观性源于专业知识的引导和由职业共同体做出的社会承诺，而算法的客观性来自“技术中立性”的观点，即算法因遵循统一的数据处理规则而具有的客观性（Gillespie，2014）。目前，学界普遍认为算法中立的观点站不住脚，且算法的设计过程和数据搜集过程都极易破坏新闻客观性。

更严重的是，机器算法的技术逻辑决定了它不仅难以达到新闻专业主义对客观性的要求，还容易加剧社会制度和社会实践中的不平等现象。算法在围绕海量的结构性不平等数据进行训练时，深度学习的过程将放大现实中难以察觉的偏见，并引发更严重的歧视问题（Reuben，2018）。其中，偏见是新闻客观性价值的反面，歧视是偏见的后果。皮尤研究中心 2018 年的一项针对算法技术的调查发现，58% 的美国人认为算法的使用反映了社会偏见。

目前，学界对算法伦理的“歧视与偏见”尚无明确定义。杨保军、杜辉认为，新闻算法的偏见包括“机器算法在新闻选题和报道中涉及的不客观、不公正的价值判断”（杨保军、杜辉，2019）。Friedman 与 Nissenbaum 通过案例分析，提出计算系统中存在的三类偏见：源于社会制度、生活实践或观点意见的“预先存在的偏见”；源于技术限制或技术考量的“技术偏见”；源于社会知识、人口、文化价值等发生变化时，产生于使用情景中的“突发性偏见”（Friedman & Nissenbaum，1996）。许向东根据算法偏见的产生原因，将其分为：系统与用户交互时产生的“互动偏见”、算法建立错误观念与敏感属性之间联系的“潜意识偏见”、数据输入体量造成少数群体被忽略的“选择偏见”以及算法训练数据中嵌入的“数据导向偏见”（许向东，2018）。由此可见，算法作为自动决策主体不仅颠覆了传统新闻的“客观性”要求，还通过技术路径造成了额外的机器偏见，加剧了现实世界的歧视现象。

2. 公共性

算法技术对个性化和商业性的推崇损害了传统新闻公共性（common

nature）的价值观。

Anderson 认为，对于新闻算法而言，受众是原子化的彼此独立的存在。这导致新闻算法的受众观不同于哈贝马斯民主话语理论有关协商民主的受众构想。Anderson 指出，新闻算法的工作逻辑借助大数据过滤部分信息、推荐个性化内容，最终造成了受众彼此之间的区隔（Anderson，2011）。Carlson 进一步补充，他认为新闻专业主义的公共性的所指对象为全体大众，新闻业应该通过打造自由论坛来为整体公众服务。然而，算法技术并不关心作为"整体"的受众（Carlson，2015）。Gillespie 同样表示，新闻算法对公众共同协商环境的破坏损害了公共生活（Gillespie，2014）。与以康德、哈贝马斯等人为代表的西方语境下的公共性要求不同，马克思主义哲学认为公共性是"多元现实主体在生产活动和交往过程中形成的非独占、非排斥并且可以相互分享、互为条件的社会关系的属性"。[①] 郭赫男和何倩表示，新闻算法技术奉行的"用户观"与"为人民服务"的服务对象不同：算法面对的是市场分众化后的独立的受众（郭赫男、何倩，2020）。此外，我国学者刘斌从行动者网络的角度，对科学实践中的社会网络与技术网络展开了研究，探讨了新闻算法的技术特性对公共性的影响（刘斌，2020）。他发现，虽然算法技术的出现提升了信息传播的潜能，但是"公共性"的价值在异质行动者网络中并未被有效"转译"。算法技术公司在扩展公共话题内容、提高信息来源多样化、主持自由讨论的论坛、促进公众参与民主生活等方面缺乏技术上的表达。因此，当前由新闻算法个性化服务造成的公共性缺失问题有望在未来得到改善。

除此之外，算法技术"唯受众论"的商业特征同样会损害新闻的公共性价值。传统新闻伦理规范的"独立性"原则，将新闻内容与广告业务做了明确划分，并对组织外部的付费行为与组织内部影响编辑独立的各方力量做了约束，促使新闻机构赚取利益（SPJ，2014）。Brake 通过对新闻工作者的调查发现，算法使记者和读者之间建立了新的联系，它打破了记者对受众

① 桑明旭：《马克思的"公共性"概念》，《宁夏社会科学》2019 年第 1 期。

爱好知之甚少的局面，引导记者借助新技术投用户之所好并由此获利（Brake，1979）。因此，人类新闻工作者价值的倒戈是显而易见的。Latar 与 Nordfors 表示，如果机器写作全面介入新闻生产环节，新技术将凭借对用户场景的营造和广告的精准投放，带来商业模式的改变，将破坏主流媒体所构建的自由讨论的公共论坛。可见，算法本身的技术逻辑及其引发的新闻商业化现象都造成了公共性价值的缺失。传统媒体聚合的异质化观点、自由论坛的公共性正日益被算法消解。

（二）新闻算法引发的新的价值关切

人工智能技术在冲击传统新闻伦理规范的同时，也将另一些价值要素呈现在研究者面前：隐私与透明度、个体自主性、歧视与偏见。其中，新闻算法所产生的偏见是颠覆客观性伦理的结果，前文已加以梳理。因此，本节将围绕新技术引发的隐私与透明度、个体自主性两个方面的伦理问题展开。

1. 隐私与透明度

对于“消除信息不确定性”的新闻业而言，透明度一般与“可问责”的概念相关联，是新闻业古来有之的基本要求。然而，从新闻透明度的发展史来看，“诱明”一开始并不是新闻业道德规范里的内容。新闻编辑室的道德守则中，明确列出的规范原则仅仅“暗示”了透明度的重要性。例如，专业记者协会并未将透明度作为其原则（SPJ，2014），但是，“负责”却是四项原则之一。同样，美国广播电视数字新闻协会的准则中既强调了透明度，又强调了可问责性（RTDNA，2015）。加拿大新闻工作者协会从欺骗的角度出发，呼吁透明度的回归（CAJ 2011）。此外，Koliska 仅仅将透明度视为提升媒体信誉度的“休眠因子”（Koliska，2015）。可见，虽然透明度是发现社会真理（Allen，2008）、提升新闻业合法性（Karlsson，2010）、促进新闻问责的手段（Diakopoulos，2017），但是，透明度价值仅仅维持着“应然”的共识而并未引起学界和业界的特别关注。

随着人工智能技术的进步，算法的数据分析规模和复杂程度使学界、业界自动化决策的细节难以解释（Donovan，2018）。笔者认为，人工智能算法的复杂性和封装性一方面将个人数据的使用范围、流动方式和共享情况关进了秘密的“黑箱”；另一方面，算法通过数据关联、分类等处理技术，可以对敏感的受保护的个人信息（例如种族、性倾向等）进行拼合与推测，进而侵犯用户个人隐私。因此，学界重新审视了智媒时代中透明度对新闻业的伦理价值。对于新闻业而言，算法系统透明度伦理的研究意义在于：探寻如何披露算法信息才能观测其中所包含的价值观和意识形态对新闻产品观点的影响，避免其侵犯个人隐私，对新闻所造成的不良社会后果负责。

当前，由于算法技术对新闻透明度的影响十分复杂，学界对于何时、如何披露算法尚未达成统一的共识。研究者普遍认为，完全披露新闻算法的透明度并不能有效地保护用户隐私或提升新闻的问责性。这是因为能有效读懂源代码的软件设计者很少。首先，系统开发的“多手问题”降低了单个程序员对系统的理解程度（Nissenbaum，1996）。其次，算法的对象和系统在时间维度上是不断变化的，程序员只会定期更改复杂的决策流程（Kroll et al.，2017），即使是专业人员也无法完全理解不断变化的系统。最后，单纯披露数据具有不可还原性（Jakko & Daan，2019），算法设计者无法通过观察源代码来形成对整体技术的理解（Buhmann，PaBmann & Fieseler，2019）。除此之外，为实现算法问责而提高透明度还受到“实用主义准则”的挑战，被认为其会使公司失去商业竞争优势（Diakopoulos，2017）、打开诉讼的大门（Nissenbaum，1996）、成为组织提高合法性的战略（Ananny，2016）、损害用户体验（Craft & Heim，2009）等。Schudson 认为：“透明度的理想前提是启蒙的市场模型。它在提高个人权利、最小化政府干预的新自由主义国家中，主张信息掌握在公众手里就能使人们做出明智的选择，从而改善社会状况。”① 此外，公民还应当有权利在不同系统间任意比较信息，形成整体理解，进行自由讨论。但是，人民还没有为新自由主义模式做好准备，完全的透明只是一个虚幻的美梦。2015 年，Diakopoulos 在哥伦比亚大学的 Tow 数

① Schudson M. *The Rise of the Right to Know*（Cambridge，MA：Belknap Publishing）（2015），p. 2.

字新闻中心的媒体算法透明度研讨会中首次提出了“人类介入”、“数据”、“模型”、“推论”和“算法存在”五个信息公开维度（Diakopoulos，2016）。此后，Diakopoulos 和 Koliska 通过焦点小组访谈，进一步提出了“数据”“模型”“推断”“界面”四个层面中可以公开的信息（Diakopoulos & Koliska，2017）。他们认为，“数据”层面的公开应该包括数据准确性、及时性、完整性、抽样方法、数据来源等变量；“模型”的公开涉及优化内容、模型类型、信息加权方法、建模工具和建模方法等；“推断”层面包含对数值预测、错误率、纠错协议等内容的披露；“界面”维度应当关切用户是否有屏蔽或扰乱算法影响的权限。

总的来说，虽然现有研究具备对透明度的批判性思考，但是学界对新闻算法透明度的伦理研究尚处于初级阶段。目前对新闻算法透明度的研究在很大程度上忽略了组织内部复杂的调解过程。对新闻算法的披露不能单一地从数据输入输出、算法模型构架或具体代码中考察。未来围绕透明度伦理的研究需要摒弃对算法透明度或内部，或外部的简单观察，应当将透明度研究放置于算法系统所处的，由算法、人类新闻工作者、媒体组织、代理机构、程序员、服务提供商等多个行动者主体构成的人机混合网络中，在动态的联结过程中寻找解决透明度伦理问题的路径。

2. 个体自主性

如前文所言，新闻算法引发的自主性缺失问题源于新技术对行为主体的解构。人类正不断将个体权利让渡给算法，使其成为公共资源分配与社会治理的主角。对新闻业而言，传统的新闻生产、组织、分发环节变为人机协同的工作模式。算法的个性化新闻定制与内容推送同时侵犯了新闻工作者和用户的自主性。

个体自主性的缺失直接体现为新闻算法对信息多样性的影响。部分学者认为，人工智能技术提供的个性化服务窄化了信息渠道和内容多样性。通过排除与用户观点相左或没有与用户偏好建立联系的新闻，算法最终会导致观点的趋同与信息的匮乏，引发信息茧房效应（Pariser，2011；许幼飞，2018；贾军，2019）。

然而，目前关于算法技术导致信息茧房效应的经验证据较少。相反，Bruns 发现，算法系统会给不同政治倾向的选民推荐相似内容的新闻，新技术的应用没有降低信息多样性（Bruns，2019）。其他学者认为，信息茧房效应的产生因素是复杂的。方可成从算法推荐机制、社会网络关系、个人心理因素三个层面分析了算法对信息茧房的影响（方可成，2019）。陈昌凤和仇筠茜提出了算法过滤、平台过滤、个人社会关系网络过滤、用户过滤四种导致信息流窄化的机制（陈昌凤、仇筠茜，2020）。喻国明也表示："信息茧房效应是个体、社会、场景、技术等因素共同作用的结果。"（喻国明，2019）

此外，一些学者通过进一步研究发现，算法技术反而在未来提高信息多样性方面发挥着重要作用。孙少晶等人从算法技术本身出发，提出算法的多元化综合运用可以对自身进行不断优化，进而拓宽信息渠道（孙少晶等，2019）。陈昌凤和仇筠茜从三个方面提出了算法减少信息茧房效应的方法，包括：帮助用户建立信息窄化的意识、使用混合推荐等方法降低内容推荐的"准确性"并适当增强"多样性"的价值要求、激发算法提升内容"个性化"和"多样性"的双向潜力（陈昌凤、仇筠茜，2020）。根据 Beam 对详尽可能性模型（Elaboration Likelihood Model，ELM）的研究，算法的个性化推荐对个体获取信息的调节同时受到个体认知水平、信息处理方式的影响。诸如受教育水平、媒介素养等因人而异的素质表明，算法可以同时兼顾新闻推荐的"多样性"和"个性化"，为摆脱信息茧房的负面影响提供了依据（Beam，2014）。

总之，现有实证研究难以证明算法与信息茧房效应的产生具有强相关性。因此，算法技术不一定会造成新闻信息渠道窄化。由于"过滤气泡"与"回音室"概念的模糊定义，术语的混用造成了当前研究的困难，学者围绕新技术对自主性伦理规范的影响研究得出了不同的结果。可见，新闻算法对信息茧房效应的影响存在分歧。尽管如此，人工智能技术所造成的主体性危机是毋庸置疑的。Mittelstadt 等人发现：个性化推荐系统对用户施加的影响具有强制性（Mittelstadt et al.，2016）。算法构建的拟态环境将用户裹挟后，受众与媒体组织间传统的传播格局被打破，个体的自主权利不可避免地被算法包办。因此，新技术对个体自主性的影响以及对信息茧房效应的干预仍然是未来新闻算法伦理研究的重点。

四　新闻算法伦理的规制研究

针对新闻算法伦理的研究除了伦理失范原因、新技术对价值规范的影响之外，解决伦理问题的对策也是该领域研究的重点。从技术伦理学的视角出发，新闻算法伦理的构建路径研究可以分为外在主义进路和内在主义进路。

当前，外在主义进路在算法伦理的对策研究中占据数量优势。该研究路径将规范手段视为算法技术之外的约束力量，试图对新闻算法伦理失范问题进行事后监督与批判，包括伦理原则、法律法规的制定和相关组织的建立。为构建新闻算法伦理，部分学者沿袭了传统的伦理研究方式：从具体的道德理论出发，对伦理问题做德性论的道德推理。Dörr 通过对义务论、功利主义、美德伦理学和契约主义道德理论的分析，建立了新闻算法伦理框架（Dörr，2017）。Annany 通过将道义论、功利主义和美德伦理相结合发现：政策法规的制定中包含道义论的思想，技术开发阶段含有功利主义的愿望，而美德伦理一般体现在个体层面上。因此，Annany 建议从“由谁”“以何动机”“如何”“为谁服务”几个方面来构建伦理问题的分析模型（Annany，2015）。此外，其他学者还通过案例分析法、文献综述法、调查法、访谈法等展开研究。袁帆和严三九通过对新闻算法工程师对伦理的认识进行问卷调查，发展了专业伦理原则和一般性伦理原则共七个维度的价值规范（袁帆、严三九，2020）。Diakopoulos 通过对算法设计者进行访谈，制定了规制伦理失范的《算法问责报告》（Diakopoulos，2015）。他对五个算法案例进行了逆向工程分析，还提出了算法透明性伦理的规范框架（Diakopoulos，2017）。王仕勇和樊文波从行动者网络的角度，提出了透明度、公平、隐私权与知情同意、失实、冲突、安全、问责共七项算法治理维度以及由政府组织、平台机构、新闻媒体、公众组成的多主体协同治理体系（王仕勇、樊文波，2020）。

内在主义进路的研究寻找算法系统构建之初嵌入价值要素的方法，主张将伦理问题的规制从下游应用转移到上行设计中。Diakopoulos 等人从责任性、解释性、准确性、可审计性、公正性五个维度发展了《社会影响声明》，提出了每个维度的指导性问题和实践步骤，呼吁系统开发人员和产品经理以对公众负责的方式设计、编写算法系统（Diakopoulos et al.，2018）。此外，Steen 围绕信息通信技术行业的"参与式设计"、"以人为本设计"和"软件协同设计"，使用不同的道德视角，建议工程师在设计软件系统时明确系统包含的内在道德素质（Steen，2015）。

总的来说，目前，学界对新闻算法伦理困境的对策研究的角度比较单一，缺少具体的解决措施和针对性方案。未来研究应在算法工程师和新闻工作者之间构建桥梁，在人机协同的工作模式中深入挖掘、描述、分析伦理问题的解决对策。

五　展望

20 世纪 80 年代末以来，人工智能技术开始逐渐向多学科、多领域的综合集成与综合运用发展。目前，新技术已经在大型分布式协同系统和开发环境中得到运用。虽然人工智能作为我国重要的国家级战略布局已经在科技、产业和社会变革中发挥了巨大作用，但是，计算机与新闻的产业融合、学科融合仍然处于初级阶段。人工智能新闻业经历了以符号模型为基础的模仿人类阶段和以深度学习、大型数据库为基础的超越人类阶段。当前，第三代人工智能技术正面临自然语言生成系统的规范性、安全性问题（史安斌、叶倩，2020）。机器算法的伦理与善用是当下智媒时代亟待解决的课题。

本文在对新闻算法的伦理研究进行回顾时发现，当前学术界对新闻算法的研究虽然大多涉及伦理问题，但总体存在三方面的不足。首先，搭建新闻算法伦理框架的系统性研究较少。其次，少有学者将新闻算法引发的失范问题放入混合责任网络中进行规范化研究。尽管机器算法具有部分拟主体性，但是，人类与非人类行动者组成的异质网络共同影响着人类如何引导机器做出价值判断。最后，新闻算法伦理研究中围绕受众的文献较少。未来的伦理研究应当关切终端用户的使用需求，并围绕用户对伦理失范的感知进行评估。算法技术如何影响用户的满意度、接受度、信任度、使用体验等是算法新闻伦理研究的重要地带。

随着人工智能技术本身日新月异的发展态势，基于动态叙事的自动化新闻 2.0 和更智能的新闻推荐系统将不断冲击当前的新闻产业和学科组织。在新闻算法理论根基尚不坚实之时，出台规范化的新闻算法伦理条例刻不容缓。

调 查 篇

Investigation Reports

B.10
福建省县级融媒体中心建设发展的调查与对策*

课题组**

摘 要： 当前媒体融合发展进入深水区和关键期，福建省县级融媒体中心建设走在全国前列，正向县区基层纵深推进。从调查情况来看，福建省县级融媒体中心迭代升级仍存在结构性困境，

* 本文系国家广电总局2019年部级社科研究项目“以县级广播电视台为主体的县级融媒体中心建设模式研究”（项目号：GD1930）的阶段性研究成果。

** 课题组组长：张明生，福建省广播电视局副局长；课题组成员：张海波，福建省广播电视局规划财务与公共服务处处长；王威，福建省广播电视局规划财务与公共服务处副处长；王国川，福建省石狮市融媒体中心主任编辑；课题组执笔：林小勇，厦门理工学院文旅学院副院长，教授/高级编辑，福建省高校人文社科研究基地未来媒体发展研究中心主任，主要研究方向为未来媒体、广播电视与网络视听等；林朝霞，博士，厦门理工学院文旅学院副院长，教授，福建省高校人文社科研究基地未来媒体发展研究中心副主任，主要研究方向为互联网与文化产业、未来媒体文化创意等；丁智才，博士，厦门理工学院文旅学院教授，福建省社科研究基地文化产业中心常务副主任，主要研究方向为文化产业等。

传播渠道与用户群较单一，内容生产力量不足等深层次问题有待突破。福建乃至全国县级融媒体中心的持续发展可采取搭建新时代治国理政新平台、打造新型用户关系、形成多元化生产格局、建立适应新媒体发展需求的管理机制等对策，推动融合事业向纵深发展。

关键词： 县级融媒体　媒体融合　融媒体中心　福建

当前，全国县级融媒体中心建设已成为媒体融合纵深发展的关键节点，挑战与机遇并存。福建省县级媒体融合事业走在全国前列，在先行先试中形成经验也遭遇困境，对其他省（区、市）发展有一定的借鉴意义。早在两年前，福建省已实现县级融媒体全部挂牌成立，初步完成资源整合，处于从“相加”向“相融”加速奔跑的关键阶段。为了摸清家底，并考虑新冠肺炎防疫要求，项目组主要通过线上问卷方式来收集福建省县级融媒体中心发展现状的一手资料，同时结合实地调研和专题访谈形式，对全省16家县级融媒体中心分别进行深度访谈调查。在此基础上分析福建省县级融媒体中心在建设发展和疫情防控中面临的问题，并对以县级广播电视台为主体的县级融媒体中心建设提出建议。

一　福建县级融媒体中心发展现状

（一）福建县级融媒体中心建设走在全国前列

自2018年8月21日中央提出加强县级融媒体中心建设的国家战略以来，福建积极响应号召，当年底即实现84家县（市、区）级融媒体中心全部挂牌，比中央提出的“2020年底基本完成全覆盖”的目标提前两年。

福建县级融媒体中心建设以广电系媒体为主力军。其主要原因在于，不少县级广播电视台较早具备内容汇聚、数据分析、指挥调度、智能分发、资源共享、协同生产、全媒制作、监控管理、安全防护、直播联动等全方位的技术支撑能力和综合服务能力，能够满足即用即接的需求。截至目前，62 家县级融媒体以县级广播电视台成建制划转为主，整合县域媒体机构，基本完成机构重组和“一网两微一端”建设，大体实现一次生成、二次编辑和多端发布诉求，其广电内容能够成为融媒体平台中“小屏 + 网络传播”的主要视听产品，进而到达用户端。县（市、区）融媒体中心依托广电媒体整合情况分布见图 1。

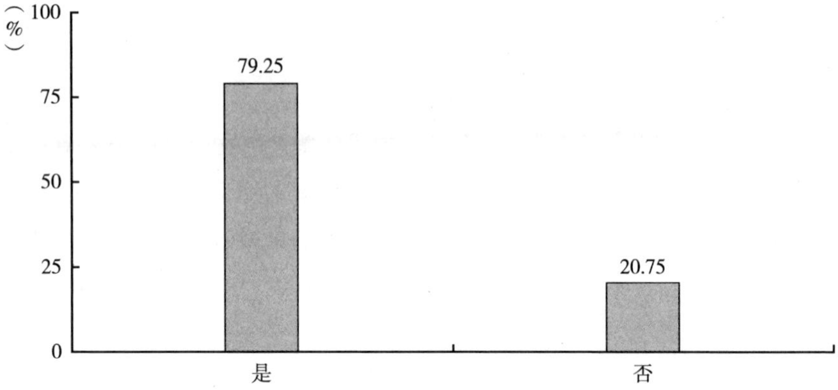

图 1　县（市、区）融媒体中心依托广电媒体整合情况分布

福建县级融媒体中心建设积极探索发展新路径。我国县级融媒体中心建设实践中主要有“省域统筹”“市域联动”“县域自主”三种模式。福建县级融媒体中心在“1”标准单位下，“N”地制宜，各显神通。其中，60.38% 的县级融媒体中心签约接入福建广电网络公司统一部署的省级技术云平台；30.19% 的县级融媒体中心选择自建；还有个别县级融媒体中心先行先试，探索与企业共建的发展模式（见图 2）。

（二）福建县级融媒体中心建设拥有良好环境

福建县级融媒体中心建设具备良好的内在、外在环境。从外部看，县级拥有存量用户和政策优势。一是县（市、区）级是未来移动用户增长的重要蓝海。Trustdata 移动大数据检测平台数据显示，2018 年上半年，中国移

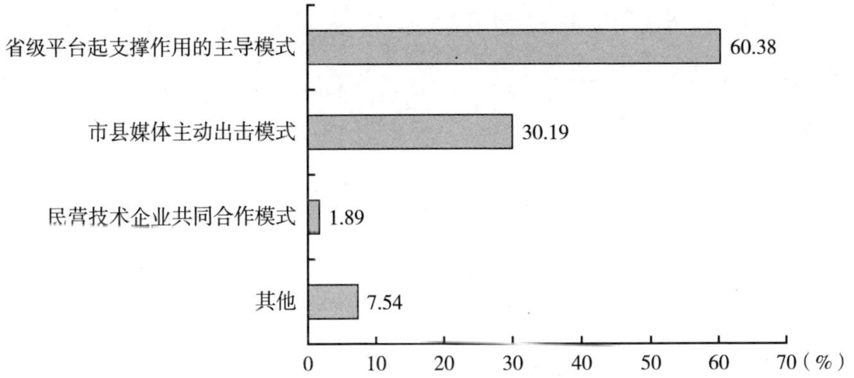

图2　县（市、区）融媒体中心三种建设模式分布

动互联网用户二、三线城市占比不断提高，分别达到35%、32%（见图3）。二、三线城市居民是近年来移动互联网用户量增的主要贡献者，未来仍然会释放出潜在能量。这部分增量用户尚未形成鲜明的互联网使用习惯，是县级融媒体中心可争取的重要潜在用户群体。二是媒体融合已然成为重要国策。全国媒体融合正处于从“相加”向“相融”加速奔跑的关键阶段。习近平总书记于2019年1月25日主持中共中央政治局第十二次集体学习时强调：“推动媒体融合发展、建设全媒体成为我们面临的一项紧迫课题。”① 县级融媒体中心建设正是打通媒体融合“最后一公里”的关键节点，意义非凡。

从内部看，福建县级融媒体中心建设具有较好潜力。一是高站位的宏观布局。福建在云平台建设上统筹部署、兼顾特色，由福建广电网络集团负责云平台建设，县级融媒体中心与之签署《县级融媒体合作协议》，打通“三屏两声”全渠道，实现资源互融、内容兼容、宣传互融、效益共融，避免重复建设问题。二是发展队伍具有年轻化的优势。调查显示，福建84个县级融媒体中心人员平均年龄为30～39岁的占比为67.92%（见图4），大学生占比约为80%（据访谈记录统计），他们具有较好的知识储备、专业素养和创新意识，为福建县级融媒体事业发展提供了坚实保障。

① 习近平：《加快推动媒体融合发展　构建全媒体传播格局》，《求是》2019年第6期。

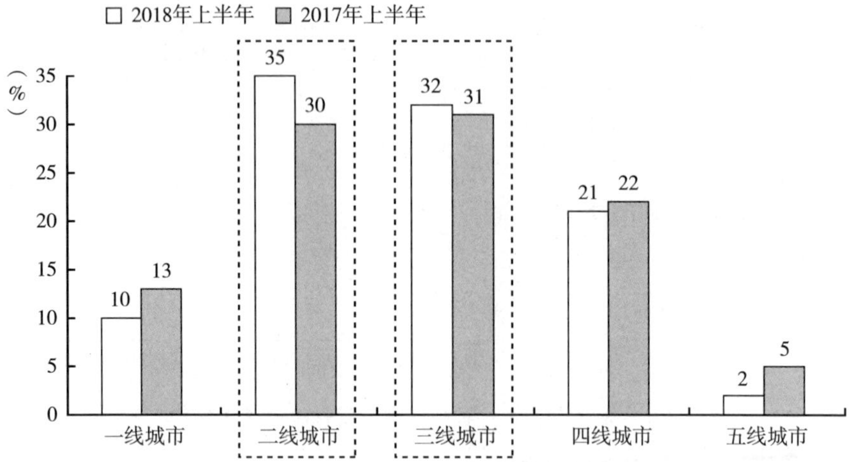

图3　2018年上半年、2017年上半年中国移动互联网用户城市等级分布

资料来源：Trustdata 移动大数据检测平台。

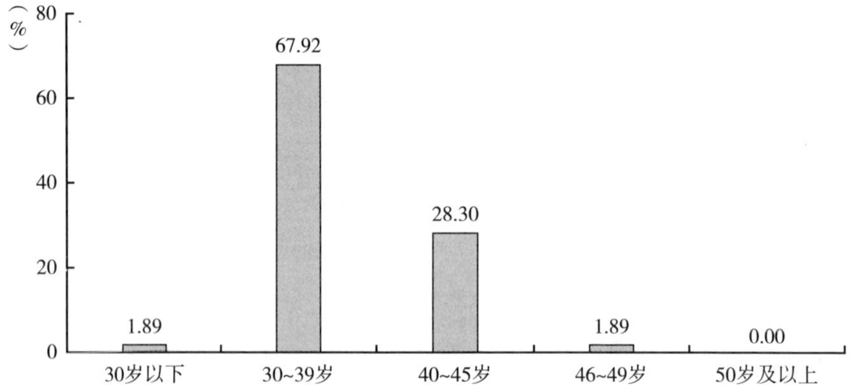

图4　县（市、区）级融媒体中心平均年龄分布情况

二　福建县级融媒体中心发展面临的主要问题

（一）县级融媒体中心迭代升级仍存结构性困境

一是传统思维惯性困境。目前福建县级融媒体建设尚未真正形成融合发展思维和互联网思维。首先，硬件建设高于软件建设。如个别市、县融媒体中心仍以传统思维去建设融媒体，将争取到的政府支持资金皆用于新大楼基建，而非移动端新技术研发或流程再造，尚未认清互联网的“牛鼻子”作用，仅把融媒体视为一种新手段或工具，尚未深刻把握融媒体中心的本质。其次，换个阵地依样画葫芦。不少县级融媒体中心把传统内容搬入互联网、移入互联网，实现了“内容＋”的目标，但缺乏以互联网来拉动内容革命的互联网思维，未能真正发挥“互联网＋”“智慧＋”在内容场景化、交互性等方面的作用，从而难以建构起“全媒体制作生产和传播矩阵”。

二是机构定位困境。媒体融合是一种断裂式的技术迭代、行业更新与社会变革。中央部署推进县级融媒体中心建设是为了加速媒体融合向纵深推进，真正实现转型升级。实际上福建县级融媒体在整合过程中出现了将大部分关注点放在人员身份、机构属性（事业性质还是企业性质）和行政级别等方面的现象。人员问题是媒体融合的核心问题，调查显示，92.45%的受访中心表示，所在融媒体中心在流程再造的过程中首先遇到的是人员方面的阻力，其次是技术、资金和设备方面的难题。全省目前挂牌的县级融媒体中心中，有56家是明确为正科级全额拨款的公益事业单位，2/3以上尚未走出传统媒体改革发展的固有路径，互联网革命性转型创新发展的推动力不足。

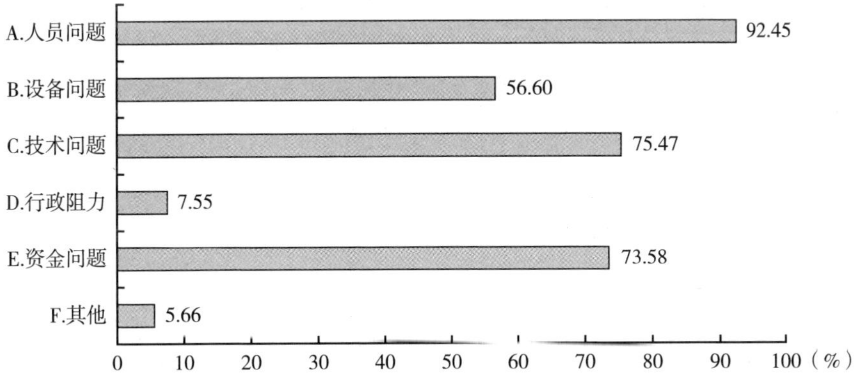

图5　县（市、区）级融媒体中心流程再造过程中的阻力分布情况

三是新媒体市场格局困境。目前，全国整个新媒体市场以商业性新兴媒体为主的格局在短时间内难以改变。福建县级融媒体中心大多由基层广播电视机构、报纸等整合、组建而来，互联网人才、技术较为匮乏，优质原创产品生产与传播能力相对薄弱，人才待遇差、存在感弱，用户量占比小等问题难以在短时间内解决。旧体制虽已破除，但新体制还不健全，如以绩效考核代替职称评定，虽能激发编外人员工作热情，但新办法的体系性、规范性不足。这反而使晋升渠道不明晰，导致中坚人才的流散。表1显示的是2015年、2018年和2019年县级广播电视台从业人员数量变化情况，其中，副高向正高晋升极其困难，四年内无新晋人员。

表1　福建县级广播电视台从业人员综合情况

单位：人

年度	从业人员			职　称				年　龄		
	人员总数	管理人员	记者编辑	正高	副高	中级	初级	35岁－	35岁＋	50岁＋
2015	4327	780	1072	2	80	497	1487	1705	1926	696
2018	4231	734	1298	0	110	474	1610	1719	1810	702
2019	4248	745	1342	0	118	515	1629	1725	1805	718

（二）县级融媒体中心的传播渠道与用户群较单一

福建县级融媒体中心建设仍处于探索时期。调查显示，58.49%的融媒体中心表示处于“中央厨房”的规划建设和流程再造的起步阶段；41.51%的融媒体中心表示尚未打通与中央、省（区、市）等媒体的技术和内容通道（见图6）。目前，县级融媒体中心正紧锣密鼓地推进媒体融合工作，但也面临诸多共性问题。

一是县级融媒体建设重点应放在组织机构融合和“一网两微一端”上，而实际建设中存在把微信公众号当成移动应用重点的误区。微信传播渠道普及度极高，其中有1个公众号的占比为50.94%，有2个公众号的占比为20.75%，有3个的占比为3.78%，有3个以上的占比为24.53%，

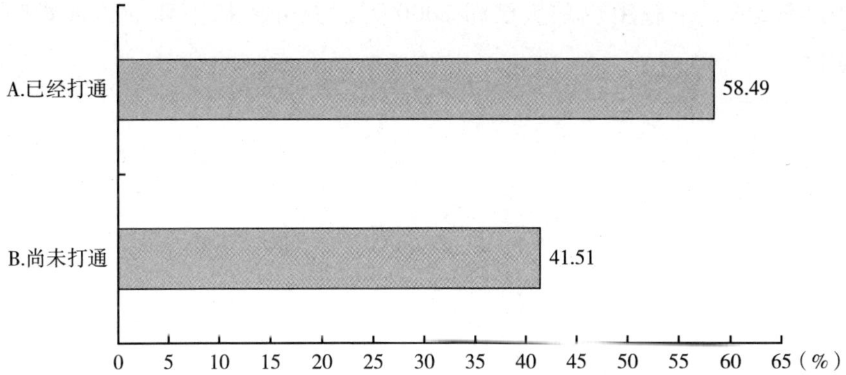

图6　县（市、区）级融媒体中心与中央、省（区、市）等媒体的技术和内容通道打通情况

达到100%全覆盖，超过电视、广播、报纸等传统媒介传播渠道，也高于网站、微博、App等新媒体传播渠道（见图7、图8）。但是微信传播存在明显的“有流量少用户”现象，各中心运营的最成熟的微信公众号所拥有的用户数也不是十分理想，71.70%的公众号用户数为1万~10万（见图9）。与之相比，2019年9月全国自媒体微信公众号百强榜中，“十点读书”高居榜首，总阅读量为2390万+，头条阅读量为300万+，平均阅读量为99622，总好看量为127万+，WCI为1473.47。[①] 把主流发布渠道建立在微信这种有流量、少用户的第三方商业平台上，可能在短时间内见效较快，但从长期来看，会受制于人。同时，县级融媒体移动端建设大多仍是传统媒体的“二次售卖”模式，鲜有“平台经济”模式，无法发挥媒体融合的优质效果。移动客户端的开发和运用情况较微信公众号差，没有开发App的占比为37.74%，用户数大多在1万及以下的占比为60.61%（见图10、图11）。相比之下，浙江县级融媒体中心的新媒体转型步子更大、速度更快，据报道，浙江各地融媒体中心主攻以客户端为重点的移动传播矩阵，90个县（市、区）共建有86个新闻客户端，占

① 《2019年9月全国微信公众号100强排行榜出炉》，https：//www.seoxiehui.cn/article-170786-1.html。

比为95.5%，下载用户总量已超2000万，充分发挥了移动传播矩阵的作用。①

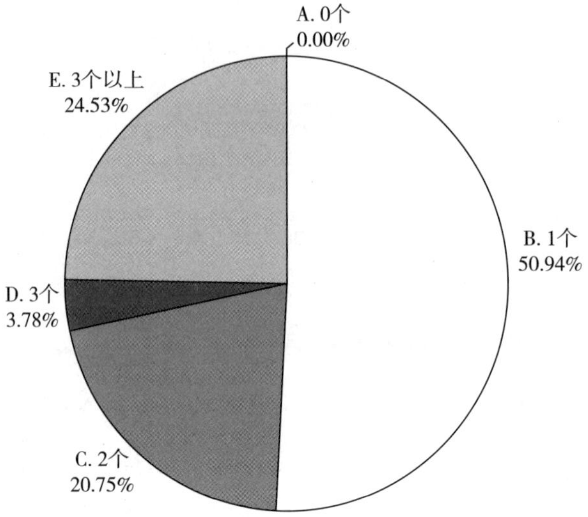

图7 县（市、区）融媒体中心的微信公众号开设情况

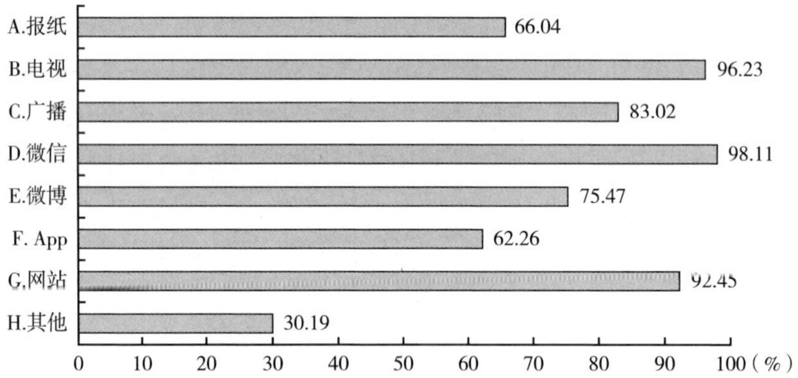

图8 县（市、区）融媒体中心的媒体传播渠道分布情况

① 《浙江90家县级融媒体中心：打通疫情防控宣传引导“最后一公里”》，https://www.yicai.com/news/100551770.html。

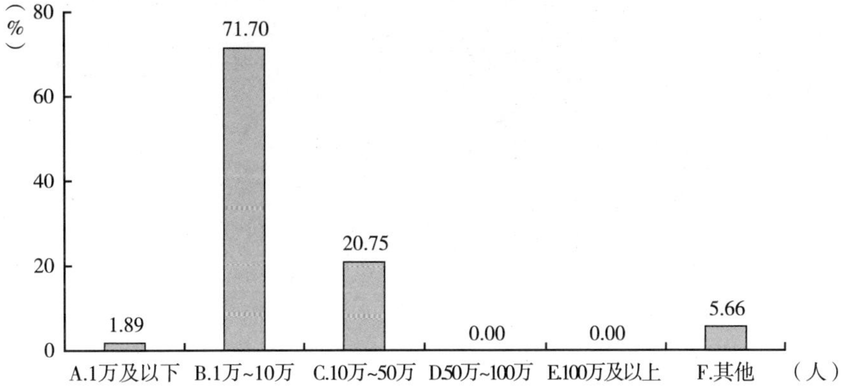

图9 县(市、区)级融媒体中心的微信公众号用户情况

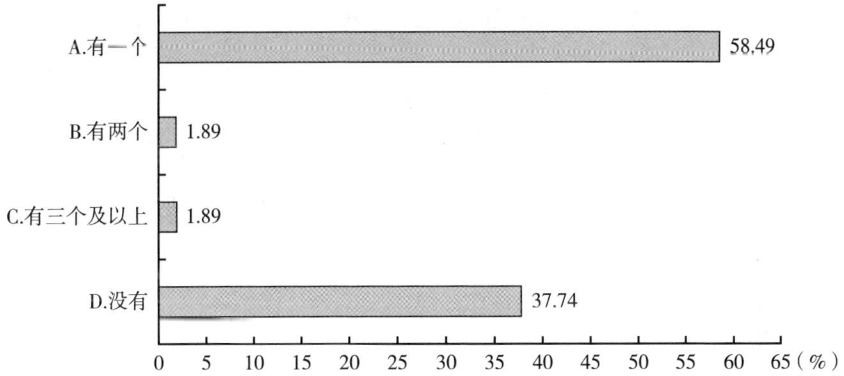

图10 县(市、区)级融媒体中心开发移动 App 数量情况

二是综合服务能力和社区枢纽作用有待提升。多数县级融媒体中心仍以信息的生产、发布为主，在发挥社区信息枢纽功能、参与社区治理等方面的表现有所不足。如由于居民的生活出行受限，社区各种自治工作复杂而繁重；再如，在新冠肺炎疫情期间，有些居民在家中看见小区内出现救护车、穿防护服的人，不清楚具体情况，很容易因猜测而引起恐慌，进而通过微信、微博等社交软件传递这种恐慌情绪，从而引发网络谣言或舆情等。而县级融媒体中心在这方面未能及时发挥作用。另外，绝大多数县级融媒体中心

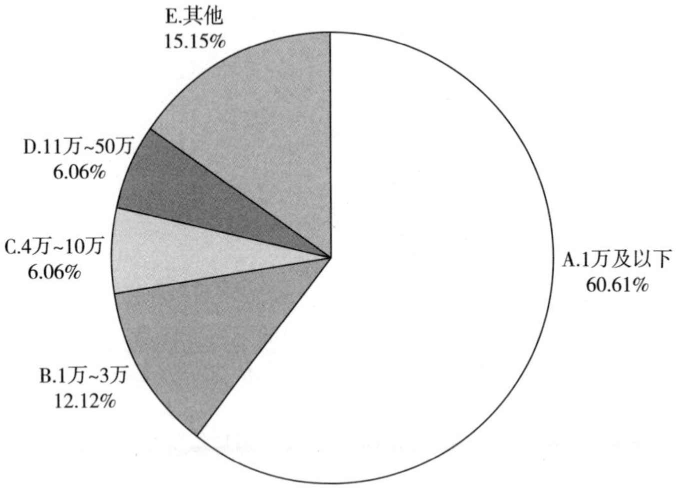

图11　县（市、区）级融媒体中心开发移动 App 用户数量分布情况

在新媒体服务上处于“独立作战”状态，尚未成为该市智慧城市建设的重要布点。问卷调查数据显示，72.73%的已开发 App 的县级融媒体中心认为，其与政务平台在服务功能上有交叉点（详见图12）。但是，26.42%的融媒体中心认为其未被纳入智慧城市的整体布局中，32.07%的融媒体中心则表示还不清楚这一情况（详见图13）。

（三）县级融媒体中心内容生产力量不足

县级融媒体中心普遍存在内容生产力量不足的问题，尤其是交互式、服务式、体验式的新闻信息生产量、制作量明显不足。调研中有16家县级融媒体中心没有通联队伍，也没有 UGC（用户内容生产）渠道。一个有近百万人口的县域，仅依靠县融媒体中心20多名采编记者来生产新闻内容，内容采编制作力量显然远远不够。如截至2019年底，福建县级融媒体中心所属广播电视的播出时长约占全省的43.5%；但移动端“二微一端”发布总条数仅占全省的11.0%。问卷调查数据显示，50.94%的受访融媒体中心未曾听说过“PGC 向 UGC、UPGC 转型”的说法，对用户参与的内容生产体

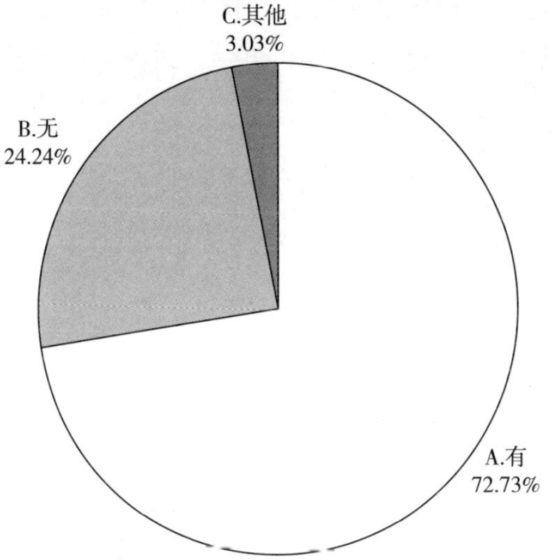

图 12　县（市、区）级融媒体中心开发 App 与政务平台交叉情况

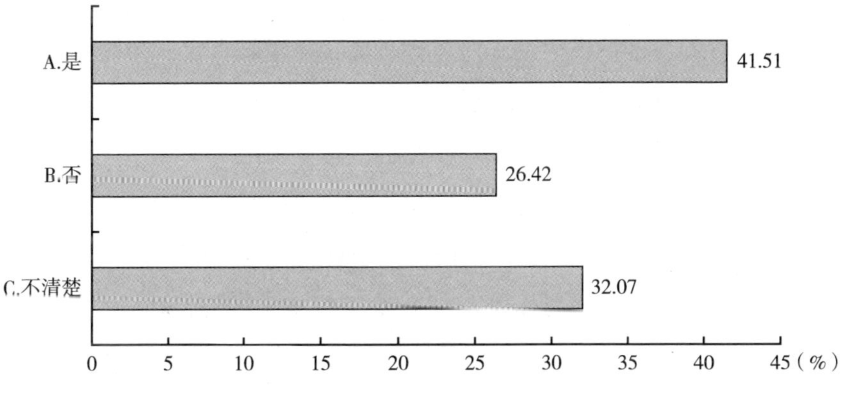

图 13　县（市、区）级融媒体中心纳入该市“智慧城市”建设情况

系感到陌生，另有 16.98% 的受访中心仍采用传统的内容采编方式（见图 14），不适应互联网背景下全民参与和共建共享的时代新特点。同时，内容形式较为单一，以广播电视、新闻报道内容生产为主，在短视频、直播方面的生产能力有限，远不及商业性媒体的传播力，难以形成持续有力的舆论引导。在疫情期间，仅在初期偶现几条带有本地方言特色的短视频，但“昙花一现”，后继乏力，且内容形式较为单一，未能与社区治理等相结合。

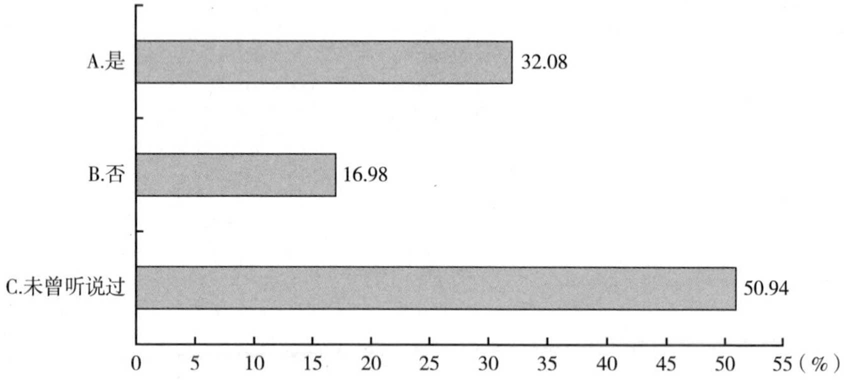

图 14　县（市、区）级融媒体中心对 PGC 向 UGC、UPGC 转型的认识情况

内容产品鲜有新技术运用和创新。县级融媒体中心的技术力量较为薄弱，有的甚至无自有技术团队。问卷调查数据显示，受访融媒体中心的技术人员主要负责设备维护、中央厨房建设、App 开发等事宜，存在人员紧缺、培训不足、技术难突破等诸多问题（见图 15）。绝大多数受访中心表示，目前遭遇的最大难题是人才、技术和机制，其中机制是根源，人才是重点（见表 2）。9.43%的县（市、区）级融媒体中心没有技术人员，中央厨房建设和流程再造几乎难以推进。这使技术革新、功能服务跟不上新的社会需求。在疫情期间，县级融媒体中心鲜有基于新技术的疫情防控创新服务亮点，如“辟谣”“行程查询”“口罩预约购买”等。可对照的例子是江西

选项	小计	比例
A. 设备维护	48	90.57%
B. App 等软件应用开发	22	41.51%
C. 中央厨房建设	29	54.72%
D. 其他	7	13.21%
E. 无技术人员	5	9.43%

图 15　县（市、区）级融媒体中心技术人员的主要工作

瑞安市融媒体中心，其通过自有技术团队，先后开发了口罩网上预约购买系统、居民出入电子通行证、企业“三返”人员防控登记系统等数十个小程序，不仅为地方疫情防控工作提供助力，而且仅一个多月就新增近10万注册用户。

表2　县（市、区）级融媒体中心对目前困境的描述（2020年）

序号	提交答卷时间	答案文本
1	7月23日22:11	人才缺失,体制机制不够完善
2	7月24日09:38	人员缺乏,尤其是相关技术经验的人员
3	7月24日11:42	技术,融合过程
4	7月24日16:32	人员不够,设备简陋,资金匮乏无法完善各项必备条件
5	7月26日19:42	薪酬制度,资金
6	7月29日09:05	全媒人才缺乏,资金缺乏
7	8月4日14:55	系统完善、设施升级、配套运营、活动策划等领域需要推进合作
8	8月5日11:12	人员、设备、技术、资金等的不足
9	8月5日15:24	人才问题
10	8月5日17:23	缺少新媒体专业人员及培训平台,受政策等条件限制,缺乏有效的正向激励机制(稿酬发放),难以调动采编人员的工作积极性
11	8月6日09:17	人才队伍不足
12	8月6日10:40	影响力
13	8月6日17:01	缺乏人才、资金
14	8月7日10:22	无
15	8月7日11:35	人员不足,技术无法突破
16	8月7日17:06	没有配套的县级融媒体发展的激励机制
17	8月7日17:18	资金及技术问题
18	8月10日09:14	人才缺乏
19	8月10日09:27	人员、资金短缺
20	8月10日10:27	缺乏人才,融合程度不高
21	8月10日10:55	资金短缺,人才流失
22	8月10日11:10	新技术的深度融合
23	8月10日16:01	专业技术人员紧缺
24	8月10日16:56	人才缺乏、激励机制缺乏
25	8月10日18:06	技术人才缺乏,没有统一的绩效管理办法
26	8月11日10:02	最大的难题是人才问题,较低的平台及薪资,引不来高端人才,流失的都是培养多年的骨干

续表

序号	提交答卷时间	答案文本
27	8 月 11 日 10:21	一是缺乏适应媒体融合发展的人才队伍。二是经费保障缺口大。三是机制创新不够
28	8 月 12 日 10:40	人才紧缺
29	8 月 12 日 11:13	资金
30	8 月 12 日 15:30	资金难题,公益一类事业单位的体制限制,创收造血难,一切经费均依靠财政
31	8 月 12 日 16:01	技术难题
32	8 月 12 日 17:16	缺乏专业人才,缺少内容创新
33	8 月 12 日 17:25	进度慢
34	8 月 14 日 07:42	待遇低、人才缺乏、专业技术人员缺乏
35	8 月 14 日 09:47	职称、新闻采访机制(无稿酬,难调动记者积极性)
36	8 月 14 日 10:51	南安市融媒体中心与海丝商报的融合、融媒体中心单位工作人员经费渠道复杂(财政拨款、差额拨补、自收自支)
37	8 月 14 日 11:07	不清楚
38	8 月 14 日 15:38	无
39	8 月 14 日 16:11	全媒体人才紧缺,绩效考评、激励机制无法突破
40	8 月 14 日 17:17	难题:技术平台不兼容,融媒体人才结构性缺乏
41	8 月 18 日 11:03	媒体间系统的互联互通
42	8 月 18 日 11:12	资金问题,人才紧缺
43	8 月 18 日 11:23	人员、设备、资金等不足
44	8 月 18 日 11:28	人员问题、设备问题、资金问题
45	8 月 18 日 11:28	一是通联渠道不畅。全区新闻采编工作主要由报道组、广电台负责,由于各镇(街道)、村居、各大自媒体、新媒体通联队伍不稳定,新闻线索意识不强,对社会动态、民生诉求反应不快,媒体耳目功能不敏,经常出现"后知后觉""通联卡顿""供料不足"等问题。二是专业人才缺乏。调查型、评论型、新媒体型记者不足,"沾泥土""带露珠""冒热气"的新闻作品生产能力不强,有温度、有韵味、有创意的网红图文、音视频作品不多。三是媒体融合不深。现有的广播、电视、报刊、微信、网站、App 等平台融合度不高,人员机制待磨合,急需创建"策、采、编、发、评、用"集成化平台、流程,确保指挥到位、调度有力、运作顺畅
46	8 月 18 日 11:30	人才缺乏
47	8 月 18 日 11:37	员工素质与全媒体的要求还有差距。采编人员对热点话题的判断和把握能力不足;宣传报道缺乏有深度的作品;在新媒体运营过程中,推送内容不够精准,用户兴趣需求把握不够到位

续表

序号	提交答卷时间	答案文本
48	8月18日11:43	专业技术人员紧缺
49	8月18日12:02	南安市融媒体中心与海丝商报的融合、融媒体中心单位工作人员经费渠道复杂(财政拨款、差额拨补、自收自支)
50	8月18日15:28	App推广难
51	8月18日16:11	人员少,专业人才缺乏
52	8月18日18:31	场地受限
53	8月25日15:36	一是技术人员缺乏;二是干部编制少;三是没有自上而下的干部激励机制

三　县级融媒体中心建设发展的对策建议

福建乃至其他省（区、市）县级融媒体中心建设的首要任务是重新定义媒体的功能和社会关系。这与其说是认知问题，不如说是实践推进问题，只有以革命自新的精神和行动，方能开辟一片新天地。

2020年9月26日，中共中央办公厅、国务院办公厅印发了《关于加快推进媒体深度融合发展的意见》，从重要意义、目标任务、工作原则三个方面明确了媒体深度融合发展的总体要求，要求建立以内容建设为根本、以先进技术为支撑、以创新管理为保障的全媒体传播体系。县级融媒体要从以下方面寻求突破。

第一，坚持新定位：新时代治国理政新平台。将自身定位与新时代治国理政新平台结合起来，加入社会治理中去，成为社会治理过程中的支撑系统。一是将融媒体中心建设与智慧城市、智慧乡村、智慧社区和智慧家庭的建设结合起来，推动县级融媒体中心建设进一步升级为“现代传播+政务服务+智慧运营”融合发展的新模式。二是将融媒体中心与“新基建”结合起来，将融媒体技术平台建设与5G、人工智能、工业互联网、物联网等新型基础设施建设结合起来。三是将融媒体中心建设与数据生产结合起来，将全媒体业务流程、中央厨房系统支撑和媒体数据化资产管理升级为“新时代治国理政新平台”，真正做到参与社会治理心中有“数”，真正成为区域综合智慧平台，在这个平台上实现信息治理体系和信息治理能力的现代化。

第二，发展用户：构建用户新型关系。一是要服务用户。除进行舆论引导和传播信息外，服务功能是县级融媒体中心区别于传统媒体最重要的地方。“只有服务群众，才能引导群众。”二是要懂用户。构建“我中有你，你中有我”的用户新关系，关键是要“懂用户”，即各县级融媒体中心要创建用户数据库，以本区域用户需求为导向，顺应用户的媒介接触行为习惯趋势，通过数据的挖掘和分析来进行信息智能匹配，分析用户的信息需求。三要精准传播。根据用户的微博微信行为、地理位置、职业、年龄、学历等挖掘用户的兴趣，精准定位人群进行传播。如借鉴“今日头条”“封面”等智媒功能，基于数据挖掘进行个性化信息推荐。

第三，创新内容：构建多元化生产格局。探索打造“新闻 + 政务 + 服务”的多元生产新模式。一是借鉴广东、湖南等的成功经验，在福建县级融媒体中心推行名记者、名主持、名编辑的融媒体工作室制度，引进人才和激发释放原有员工创新创造力并举。同时，加快实施“福建省县级融媒体人才培养计划工程”，争取在三年内培养 1000 名融合型、专家型的“融媒体骨干人才”，促进福建县级融媒体中心员工能力转型升级。二是构建县级融媒体开放式新闻协作体系，借鉴“头条号”“百度百家”等各大平台扶持自媒体的经验做法，结合福建各县（市、区）实际，尝试打造“在厝边”网络系列传播，在全省重点扶持一批导向正确、引领舆论、有公信力和影响力的自媒体入驻所在县（市、区）融媒体，探索编辑记者、公众和技术等主体之间的多元协同和智慧共享，实现内容生产主体的多元化突破。三是积极探索建设性新闻报道，如在对待疫情等突发事件时，并非对其负面信息避而不谈，而是要通过策略性的叙事，灵活调配讲故事的元素，以一种富有成效的方式提高公众的社会参与感，并促进问题的解决，从而实现新闻的人文关怀和共情传播。

第四，建立新机制：适应新媒体发展需求的管理机制。一要区分新闻宣传与商业运营的管理机制，突破现行做法，事业、产业双轮驱动，实现用人和分配的准市场化。二要建立技术团队适用的绩效评价与薪酬体系，允许一定的经营活动和用于激励的二次分配。三要建立区域性沟通合作机制，实现区域融合、抱团发展，推进各地县级融媒体中心共享发展成果。四要建立群众信息发布开放平台的严格审查机制，将矛盾化解在基层，将不良舆情的发生率降到最低，打通基层治理的“最后一公里”。五要建立激励创新内容生产传播机制，转变传播思路，善于利用“外脑”，借势、借力、借平台，利用先进技术，丰富报道手段，促使传播效果最大化。

B.11
福建省老年人媒体接触调查报告

林朝霞　林小勇*

摘　要： 中国逐步由老龄化步入深度老龄化社会，老年人数字贫困境遇日益凸显，如何对老年人进行数字扶贫进而释放银发经济能量是个重要的时代命题。项目组以福建区域老年人媒体接触情况为观测点，通过线上问卷、电话访谈等多种方式收集一手资料，发现疫情以来老年人群体面临的三大困境：两极分化的情感孤独、信息时代的弱势群体、网络安全的重灾区。对此，提出了信息扶贫、数字反哺、网络监管等多项对策。

关键词： 老龄化社会　数字鸿沟　信息反哺　银发经济

联合国规定，发达国家65岁以上人群为老年人，发展中国家60岁以上人群为老年人。我国《老年人权益保障法》确定60岁以上人群为老年人。项目组以福建省为调查范围，重点关注老年人媒体接触现状，紧扣国家信息化建设、互联网经济和网络安全等前沿问题，以区域性研究管窥中国当下老年人的媒体生存境遇，为老年人媒体用户画像，希冀在社会关怀、产业发展等方面有所建言。本报告涉及数字鸿沟、数字贫困等数字化时代社会学的前

---

* 林朝霞，博士，厦门理工学院文化产业与旅游学院副院长、教授，福建省高校人文社科研究基地未来媒体发展研究中心副主任，主要研究方向为互联网与文化产业、未来媒体文化创意等；林小勇，厦门理工学院文化产业与旅游学院副院长、教授/高级编辑，福建省高校人文社科基地未来媒体发展研究中心主任，主要研究方向为未来媒体、广播电视与网络视听等。

沿问题，属于社会学、传播学交叉学科研究。由于突如其来的新冠肺炎疫情冲击，原定的线下问卷计划被迫取消，改为线上问卷调查，辅以深度访谈，调查时间从 2020 年 1 月持续至 7 月。问卷测试中发现 60 岁以上人群参与调查的积极性较低，问卷样本量不足以支撑调查需求，故以 55 岁为界，划分两大模块，分别为对福建省 55 岁及以下人群的接触性调查和对 55 岁以上人群的体验性调查。截至 2020 年 7 月 15 日，项目组共收到有效问卷 1858 份，覆盖福州、厦门、宁德、莆田、泉州、漳州、南平、三明、龙岩，其中 55 岁及以下人群问卷数 1180 份，占比为 63.51%，55 岁以上人群问卷数 678 份，占比为 36.49%。项目组倾注大力收集乡村老年人群体的数据，55 岁以上调查人群的乡村人口占比为 50.16%，55 岁及以下调查人群的乡村人口占比为 53.58%。

一　老龄化浪潮下的挑战与机遇

2000 年前后，中国已然踏入老龄化社会的门槛。按照国际惯例，60 岁以上人口占比 10% 以上或者 65 岁以上人口占比 7% 以上，就是老龄化社会，而 2000 年第五次人口普查时中国该数据已然接近或达到老龄化标准。近 20 年，中国老年人比例呈明显上升趋势，是全球老龄化速度最快的国家之一，也是世界上唯一的老年人口过亿的国家（见表 1）。受 20 世纪 50 ~ 60 年代的高生育率、国人平均寿命增长、计划生育国策、人口出生率走低等诸多因素的影响，深度老龄化成为中国当下乃至未来长时间内必须面对和适应的社会结构性变化。1990 ~ 2017 年，中国人均预期寿命由 69.3 岁上升到 76.4 岁。[①] 目前虽已放开二孩政策，但人口出生率未有明显起色，2018 年人口出生率甚至创 1978 年以来的新低。中泰证券研究所预测，2020 ~ 2030 年是中国的深度老龄化时期（65 岁以上占比超

① 《2019 中国银发经济消费市场研究报告》，搜狐网，2019 年 5 月 31 日，https：//www.sohu.com/a/317866678_ 182272。

14%），2030～2050 年是中国的超老龄化时期（65 岁以上占比超 21%），详见图 1。

表 1　2000 年以来关键节点中国 60 岁、65 岁以上老年人数量与占比

时间	60 岁以上人数（人）	60 岁以上人口占比(%)	65 岁以上人数(人)	65 岁以上人口占比(%)
第五次人口普查(2000 年)	1. 2910 亿	10. 20	0. 8811 亿	6. 96
第六次人口普查(2010 年)	1. 7765 亿	13. 26	1. 1883 亿	8. 87
2017 年	2. 4090 亿	17. 30	1. 5831 亿	11. 40
2018 年	2. 4949 亿	17. 90	1. 6658 亿	11. 90

资料来源：根据第五次、第六次、2017 年、2018 年中国统计年鉴人口统计数据整理。

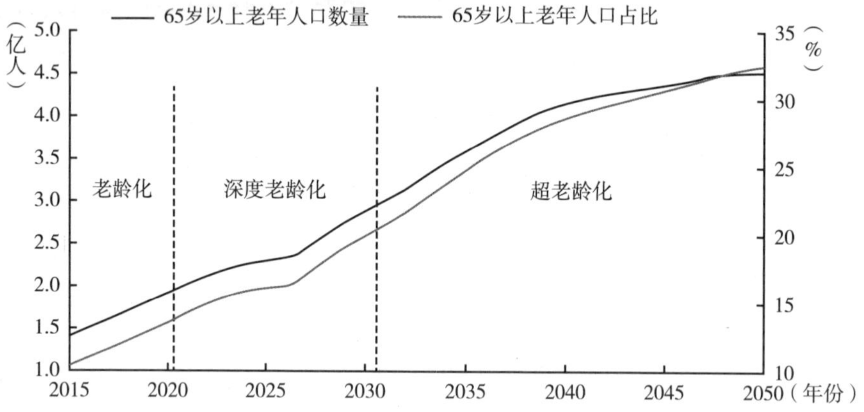

图 1　我国 65 岁以上老年人数量变化趋势预测

（一）深度老龄化的世纪大考

老龄化将对中国经济、政治、社会、文化等带来深远影响，包括劳动力成本增加、经济压力增大、社会创新力减弱、保障需求增强等，尤其是老年人留守、空巢、网络安全等问题将日益凸显。

1. 经济包袱增大

一般而言，老年人劳动能力会下降或丧失。随着老龄化程度的加深，平均人口赡养比例增大。由“80 后”双独生子女组建的家庭，最多可能需要共同赡养8位长辈（双方父母和双方爷爷、奶奶），家庭反哺压力明显大于“60后”“70后”。而中青年人口比例下降，意味着劳动人口数量减少；中青年赡养责任变重，则意味着劳动力成本的相应增长。据统计，2013～2018年，中国劳动人口数量总共减少1225万人，年均减少245万人，其中2017年和2018年分别减少431万人、472万人。[①] 对家庭而言，其影响是赡养水平和抗风险能力的下降；对国家而言，其影响是基于劳动力成本升高所带来的产业国际竞争力的下降。

2. 创新动力减弱

一般而言，老年人趋向于守成、凭借经验做事，创新动力、开拓意识不及青少年、中年。随着老龄化程度的加深，社会创新能力、改革动力、技术更新活力都会有所减弱，在一定程度上制约了社会发展。尤其是数字化加剧了社会新分层现象，当下老年人在传统农业社会里发挥的经验影响力大幅下降，而年轻人的创新动力影响力明显增强，以老为尊、以老为贵的文化取向逐渐流散。老年人因自身受教育水平较低、认知能力下降更容易滑入数字贫困社群，成为信息社会的边缘人、落伍者，与数字精英之间形成巨大的“数字鸿沟”，进一步压抑了他们的创新动力。

3. 保障压力变大

一般而言，老年人的医保费用、享受的退休金年限高于中青年。随着老龄化程度的加深，社会医疗和养老保险的压力明显增大，容易出现消耗后来者医疗保险金的寅吃卯粮问题。另外，独居、留守老人问题将日益凸显，尤其是无固定收入且子女在外务工的乡居老人，易存在物质和精神生存的双重困难。一些耄耋之年的老人因不便给子女添加过多压力而选择独居，处于低质量的生存状态，这些都成为家庭和社会难以解决的难题。

（二）深度老龄化的产业变局

人口老龄化将带动产业格局的变迁，催生“银发经济”，助推新兴产业

① 刘以雷：《约84%养老需求未满足，万亿康养产业市场进入投资风口期》，2019年12月16日，http：//finance. sina. com. cn/wm/2019－12－16/doc－iihnzahi7923848. shtml。

的发展。从收入和积蓄水平来看，老年人群体内在差异很大。据统计，到2020年，老年人的退休金总额将超7万亿元，老年人消费潜力将达到9万亿元。① 2017年家庭月收入超过4000元的老人已超过1.1亿人，其中2000万老人的家庭月收入超过了10000元（见图2），约占老年人群体的8.3%。② 这部分老年人群体绝大多数拥有一套乃至多套房产（见图3），生活压力小于无房无车的年轻人。同时，一般情况下，老年人比中青年有更多的闲暇时间，经常参与旅游、康养、娱乐、社交等活动。

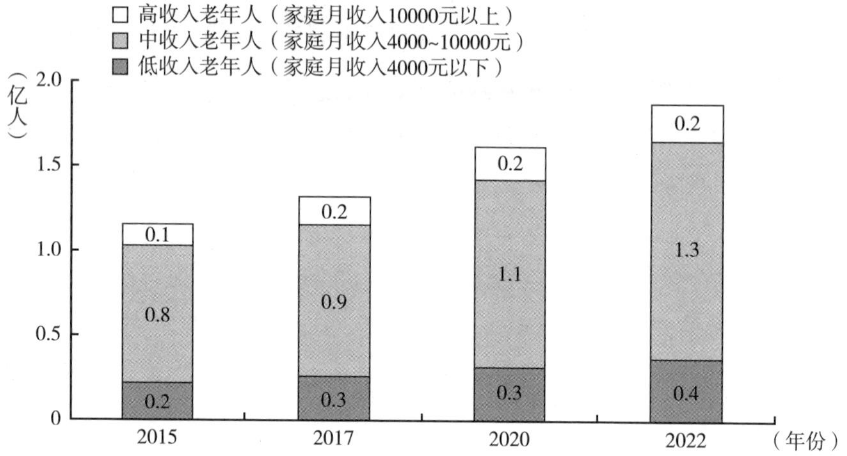

图2　2015～2022年城镇中高收入老年人口测算

1. 康养产业的井喷

国家老龄委调查显示，我国老年人旅游人数占全国旅游总人数的20.0%以上，2018年老年人旅游消费已超过4000亿元，已然成为仅次于中年旅游市场的第二大旅游市场。另外，2018年老年人养生理疗消费市场规模达到5390亿元，社交娱乐市场规模达到4800亿元，照料护理市场规模达

① 刘以雷：《约84%养老需求未满足，万亿康养产业市场进入投资风口期》，2019年12月16日，http://finance.sina.com.cn/wm/2019-12-16/doc-iihnzahi7923848.shtml。

② 《2019中国银发经济消费市场研究报告》，2019年5月31日，https://www.sohu.com/a/317866678_182272。

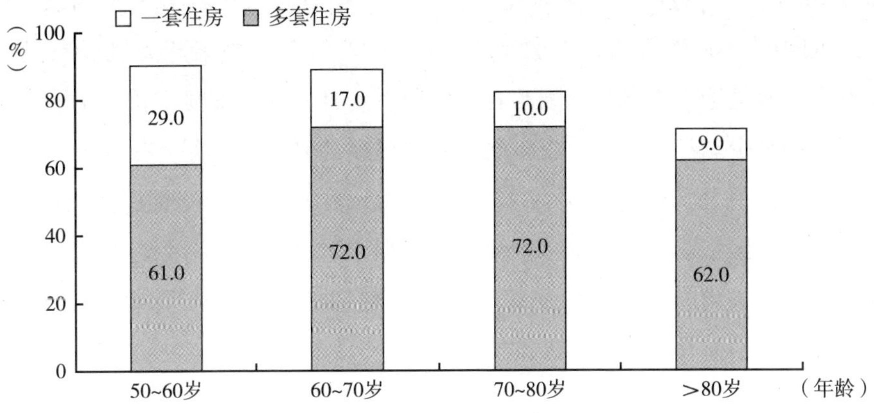

图 3　2017 年中国老年人住房拥有情况

到 2860 亿元。[①]

康养产业是融医疗、保健、养生、养老、体育、文化、旅游、休闲、娱乐为一体的新兴融合性产业，可以满足世人对高品质生活的追求，以中老年人为主要目标客户群体。目前，我国康养产业处于起步阶段。随着人口的老龄化和高收入老年人群体的增长，康养需求会越来越旺盛，面临供给侧改革的紧迫任务。新一轮科技革命和产业融合也将助推康养产业的迭代升级。康养产业的井喷式发展指日可待。

2. 互联网经济的蓝海

CNNIC 第 45 次调查报告显示，截至 2020 年 3 月，我国网民规模达 9.04 亿，较 2018 年底增长 7508 万，互联网普及率达 64.5%，较 2018 年底提升 4.9 个百分点。我国手机网民规模达 8.97 亿，较 2018 年底增长 7992 万，我国网民使用手机上网的比例达 99.3%，较 2018 年底提升 0.7 个百分点。[②] 截至 2018 年 6 月，中国 50 岁以上网民超过 8000 万，60 岁以上网民

① 《2019 中国银发经济消费市场研究报告》，2019 年 5 月 31 日，https：//www.sohu.com/a/317866678_182272。

② 《中国网民规模达 9.04 亿：手机上网达 99.3%》，2020 年 4 月 29 日，http：//digi.hsw.cn/system/2020/0429/134914.shtml。

超过4000万。① 另据《中国家庭三代数字反哺现状及影响因素》，我国60岁以上网民有0.55万人，占老年人总数的22%。② 虽然老年人网民数量占比不大，但是绝大多数是移动互联网使用者，且中度和重度互联网使用者占比很高。不少老年人为了打发时间、排遣孤独和寻求娱乐等，花费大量时间在互联网使用上。截至2018年12月，银发人群的月均互联网使用时长高达118小时，也就是日均接近4小时。③ 另据CNNIC统计，截至2018年底，我国网民的人均周上网时长为27.6小时，较2017年底增加0.6小时④，月均或日均上网时长短于老年人群体。

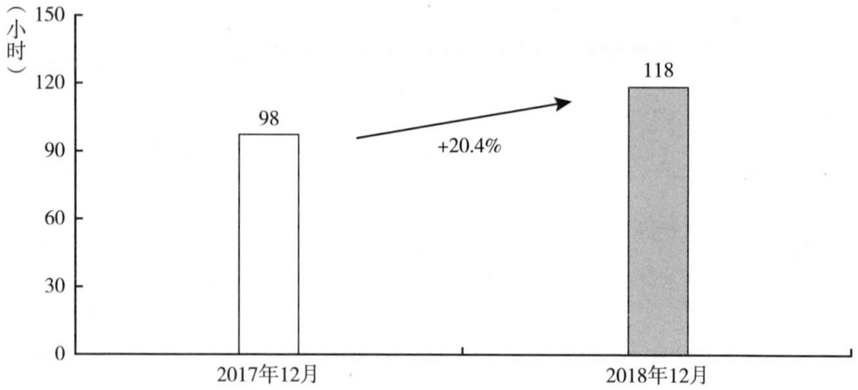

图4 银发人群移动互联网月人均使用时长

随着“60后”“70后”逐渐步入老年人行列，老年人文化水平水涨船高，互联网接受能力和水平也会逐步提升。互联网人口红利逐渐减退，年轻网民已趋向饱和，而用户占比相对较低的老年人和农村人口将成为

① 《“银发经济”：千亿级别的边缘市场，品牌们下一个开荒的远方》，2019年6月21日，http：//mini. eastday. com/a/190621094849388. html。

② 周裕琼：《中国家庭三代数字反哺现状及影响因素》，《国际新闻界》2020年第3期。

③ 《不可小觑的老年人智能手机市场》，2019年3月14日，https：//www. ithome. com/0/414/390. htm。

④ 《CNNIC互联网发展报告：中国网民达8.29亿，平均每周上网时间27.6小时》，2019年2月28日，https：//www. ithome. com/0/411/631. htm。

推动互联网使用量增长的重要生力军。其中，农村网民规模为2.55亿，仅占网民整体的28.2%，农村是互联网人口红利的最大储备池。QuestMobile在《中国移动互联网“银发经济”洞察报告》中分析了老年人在互联网社交、娱乐、购物等方面的综合情况，剖析了未来“银发经济”的可观前景。

二 福建省老年人媒体接触现状调查

媒体的革命和融合发展，正改变世人接触世界的方式。虽然老年人受思维定式和生活习惯的影响较大，但是仍然受到了无孔不入的信息化浪潮的洗礼。为了进一步了解当下老年人媒体接触习惯、信息化发展程度和内容偏好，深度剖析他们的生活习惯、精神需求、互联网生存境遇，达到关爱老年人和信息反哺的目的，项目组设计了《福建省老年人媒体接触习惯调查问卷》，对福建省老年人媒介接触方式、接触渠道、接触目的、接触类型、接触时间和时长、接触感知等方面进行较为全面的调查，借以管窥老年人群体的媒体接触现状。老年人使用智能手机者占比不及年轻人群体，且受文化、视力、操作等条件限制，填写线上问卷的意愿相对较低，因此项目组设计了两套方案：一是针对老年人群体的直接问卷，二是针对老年人亲友的间接问卷。两套方案的调查结果十分接近，项目组主要采用直接问卷数据来分析，而把间接问卷数据作为参照数据附于文后。

（一）传统媒体为主，移动媒体崛起

截至2020年7月，老年人最常接触的媒体渠道是电视、手机、报纸和广播。首先，最主要的媒体渠道是电视，占比高达84.98%，与青少年媒体受众以互联网为主的媒体选择形成明显差异。其次，手机移动媒体以其便捷性在老年人群体中呈现出强劲的生命力和渗透力，其发展势头不容小觑，76.36%的老年手机用户使用的是智能手机，其中选择将手机作为媒体接触渠道的老年人的占比为60.38%，仅次于电视。再次，报纸、广播等传统媒

体仍有较多老年用户。最后，户外大屏、网络大屏、智能音箱等新兴媒体在这一群体中的使用率较低，只有少数城市老年人开始接受它们，一般而言，他们的受教育程度较高，为事业、企业单位退休人员，能在子女的帮助下使用智能媒体。

项目组3月的调查数据显示，老年人媒介接触的比例普遍较低，占比最高的电视也仅有45%（见图5）；而7月数据显示，媒介接触比例普遍有所上升，尤其是接触手机的老年人数量由27%上升为60.38%（见图6）。其原因在于，老年人原有线下丰富多彩的健体、娱乐、康养活动因疫情被迫暂停，只能“宅”在家中，倒逼他们接受信息化洗礼。不少老年人在子女或朋友的帮助下下载新闻、音频、健身、短视频等App，开始上网课、网购、云K歌、听云广播、刷微视频、看直播等，逐渐成为活跃网民。尤其是复工复产之后，中老年人成为网络活跃用户增长主力，且呈现出由大城市向中小城市、乡村拓展的趋势。《北京青年报》指出，中老年活跃用户由大城市向三、四线城市下沉，同比增长37%，四线及以下区域活跃用户同比

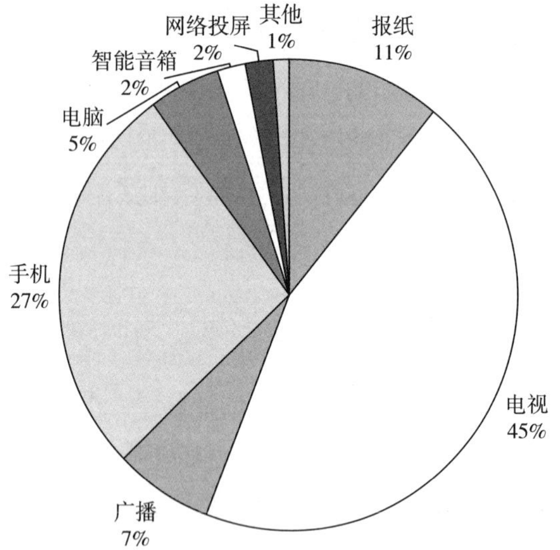

图5 福建省老年人媒体接触渠道分布

资料来源：此图根据3月问卷数据整理而成。

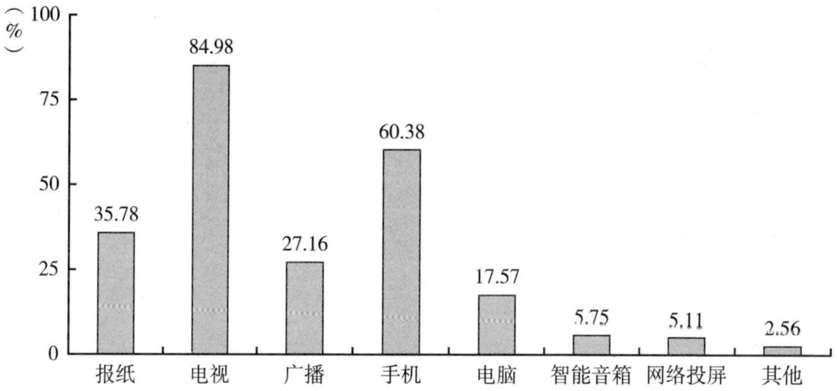

图6　福建省老年人媒体接触渠道分布

资料来源：此图根据7月问卷数据整理而成。

增长38%。[1]

老年人通常在家中接触媒体，其次是公园等休闲场所，详见图7。这和他们习惯于看电视、听广播和运用WiFi上网有密切关系。老年人信息来源以被动接受为主，在关于“媒体信息来源”的问卷调查中，80.83%的老年人选择电视、广播和报纸等媒体，48.56%的老年人选择亲友推送，而经常自动搜索信息者仅占31.31%（见图8）。

（二）娱乐目的为主，辅以其他需求

老年人接触媒体的首要目的是娱乐，紧接着是新闻阅读和社交，还有健康养生、便利生活、提高学习技能等其他需求，详见图9。老年人在App手机客户端安装上首选QQ、微信等社交类客户端，占比为60.06%；其次，新闻类客户端也有一定的覆盖面，占比为47.28%；再次，娱乐类客户端占比为31.31%，金融类客户端占比为25.88%；最后，交通类、外卖类、语音类客户端占比分别为14.38%、11.50%，这与老年人的娱乐、新闻阅读、

① 王珉：《被“逼”上网？新一批老人成了活跃网民》，《北京青年报》2020年5月8日。

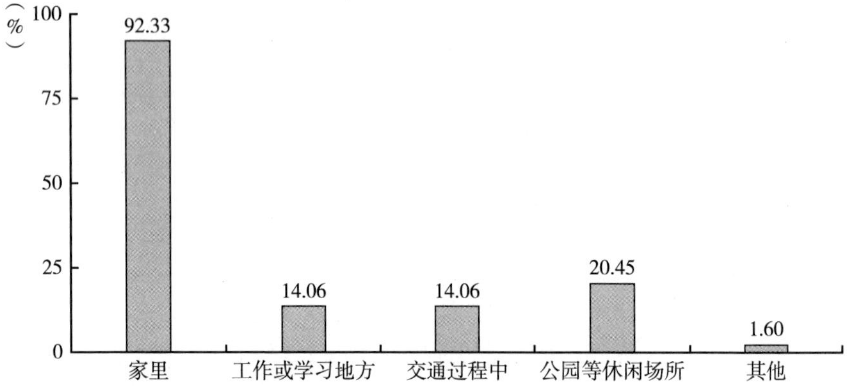

图7　福建省老年人媒体接触场所分布

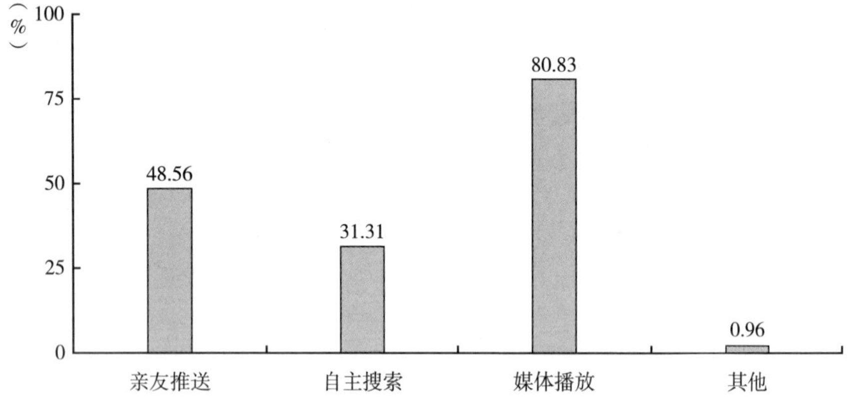

图8　福建省老年人媒体信息来源分布

社交二大需求大致吻合。另外，值得关注的是，目前仍有 19.17% 的老年人不使用任何 App，详见图 10。73% 以上的老年人经常使用微信，他们最常使用的微信功能包括即时通话、文字交流、推送文章或视频链接等，而其他便利生活的功能使用面仍然较窄，详见图 11。他们关注微信公众号类别的先后顺序是新闻、科普、娱乐、故事、情感和其他，详见图 12。上述统计数据可以和 QuestMobile 的《中国移动互联网“银发经济”洞察报告》进行互看。QuestMobile 的数据显示，银发人群在即时通信、新闻资讯和短视频

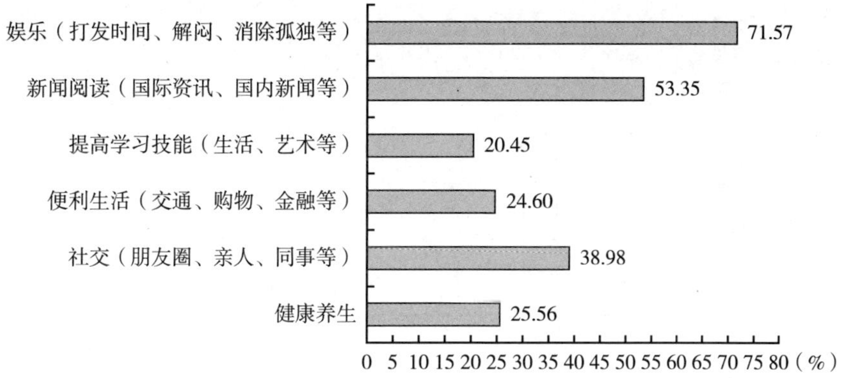

图 9　福建省老年人媒体接触目的情况

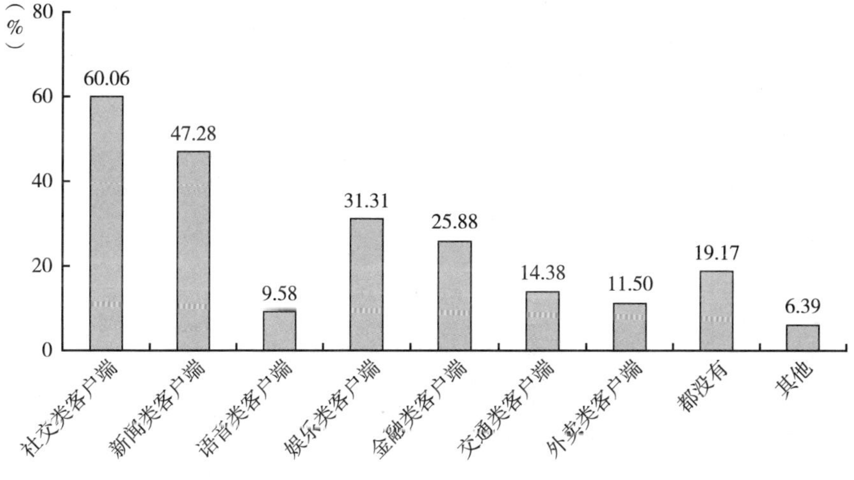

图 10　福建省老年人 App 手机客户端安装情况

三大重点行业的人均使用时长高于普通人群，而在手机游戏、在线视频、浏览器、运动健身、搜索下载等领域人均使用时长明显低于普通人群，这也反映出老年人对微信等即时通信（社交）、新闻资讯、短视频观看（娱乐）等方面的偏好。相较而言，年轻人在理财、购物、交通、看病、学习、拍照修图等方面表现出更强劲的偏好。

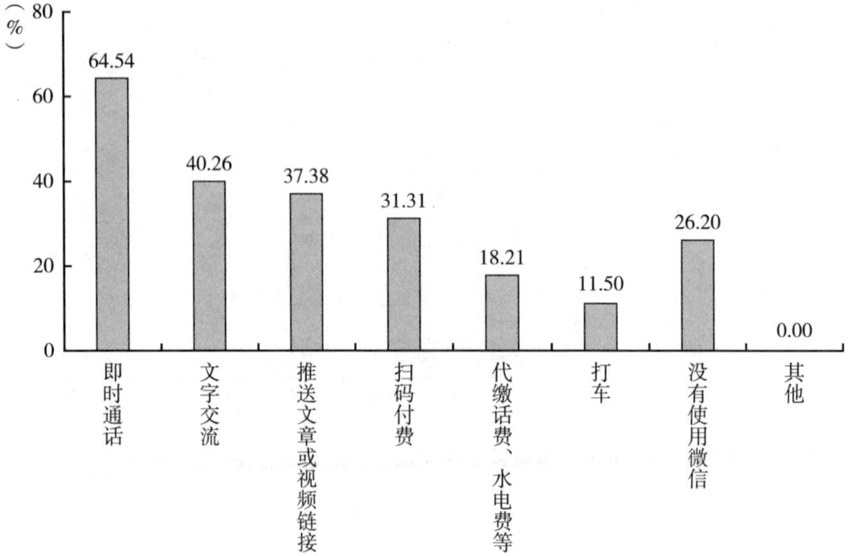

图 11　福建省老年人微信功能使用情况

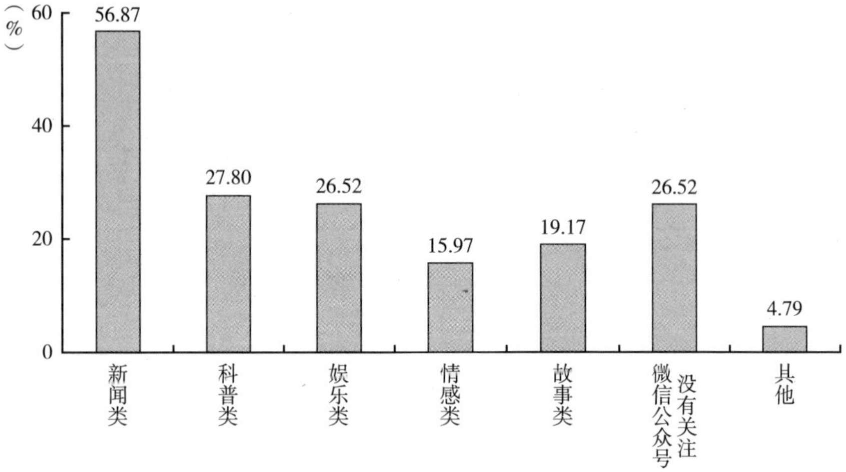

图 12　福建省老年人关注的微信公众号类别

（三）媒体接触时间较长，中重度网络使用者增多

老年网民以移动网民为主，虽然在移动互联网功能使用上不及普通人群，

QuestMobile 的数据显示，2018 年银发人群月平均打开 App 应用的数量为 15 个，要远低于全体网民 21 个的平均水平（见图 13），但其使用时间却值得关注。通过统计每个受访老年人日均接触媒体的时长，项目组得出老年群体日均接触媒体的时长在 3 小时左右。每日使用移动网络 1 ~ 2 小时、2 ~ 3 小时者在老年移动网民中占比最高，合计占比 48.88%，还有 21.72% 的老年人属于重度互联网用户，详见图 14。360 互联网安全中心于 2014 年曾发布《90 后移动互联网调研报告》，指出六成“90 后”患有严重“手机依赖症”，每天手机上网时间超过 3 小时。而如今，老年移动网民也出现了这一趋势。

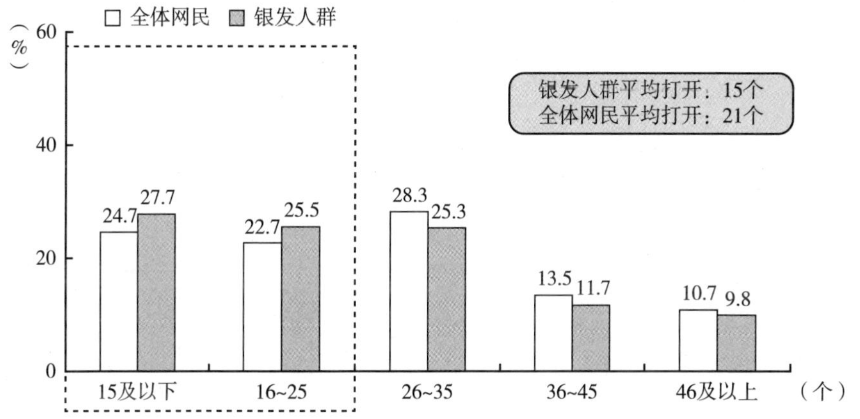

图 13　2018 年 12 月银发人群与全体网民安装 App 数量分布比较

首先，晚上 5 ~ 8 点、8 ~ 11 点是老年人媒体接触高峰期，这与其他年龄段的表现大致相同；其次，上午 8 ~ 11 点和下午 2 ~ 5 点，占比略低于晚间，与老年人锻炼、买菜、午休、收拾家务等有一定关联；再次，12.78% 的老年人在早上 5 ~ 8 点接触媒体，而 11 点过后的深夜用户则极少，详见图 15。总体而言，老年人接触媒体时间分布较为均匀，这与他们闲暇时间较多、习惯早起、生活较有规律有一定关联。

（四）轻松愉悦、形象易懂的内容为上

老年人媒体接触的内容偏好表现明显。一是关心国内外大事和当地民生

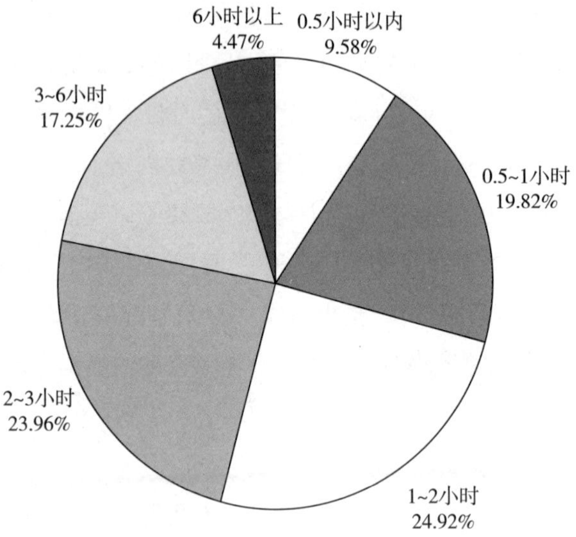

图 14　福建省老年人移动互联网每日使用时长情况

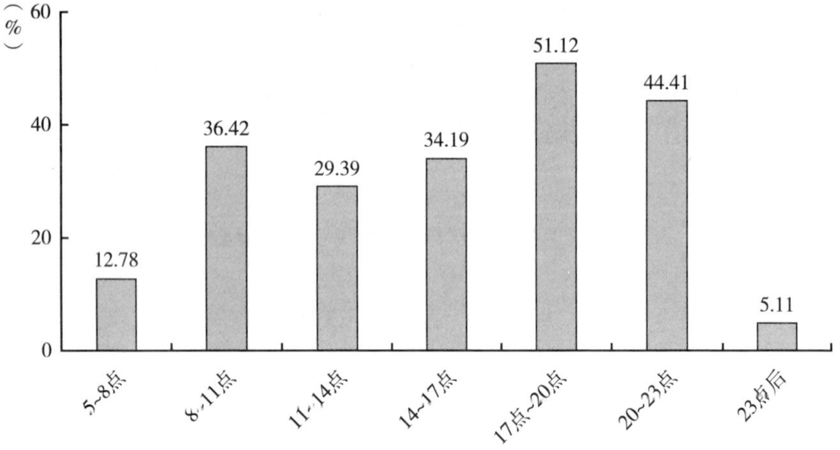

图 15　福建省老年人媒体接触时间分布

新闻。二是观看各类娱乐性节目，如电视剧、综艺节目、体育赛事等。三是关注健康养生类内容（见图 16）。相较而言，他们并不热衷于教育类、烧脑性的内容。

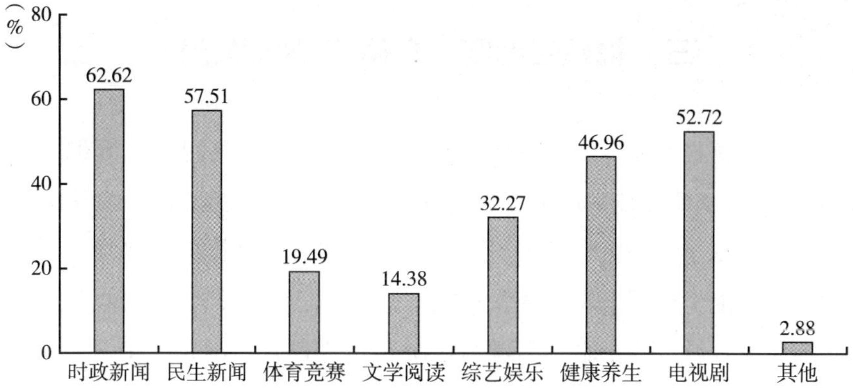

图 16 福建省老年人媒体接触内容偏好情况

另外，老年人倾向于形象易懂、简单明了的内容呈现方式。视频为首选，占比为 81.47%（见图 17），西瓜视频最受欢迎；图像次之，占比为 46.01%；音频又次之，占比为 30.67%；文字、直播再次之。原因在于，视频、图像的呈现方式最为直观、接受门槛最低，即使是文化水平较低的老年人也能较为轻松理解图像、视频所展现的内容；音频的形象性不及视频、图像，对老年人普通话、方言的掌握程度有一定要求；文字对老年人文化水平、理解能力则有更高的要求，选择面较窄；直播兴起较晚，但在老年人群体中已有少量渗透。

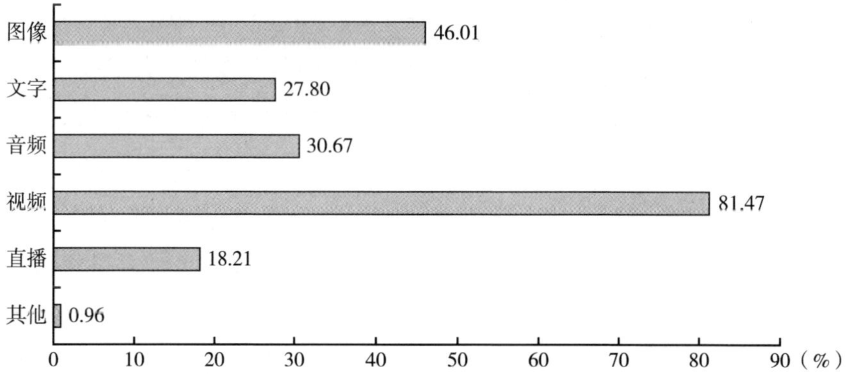

图 17 福建省老年人喜欢的媒体内容呈现形式

三 福建省老年人媒体接触问题分析

技术更新迭代加速媒体变革和融合，尤其是互联网、大数据、物联网、区块链、5G 等技术改变了媒体的呈现形态，改变了每个个体的生存方式，也改变了人与人、人与世界的交往方式。在这样的大变局时代，老年人的认知能力较弱、文化层次较低、思维定式较强、信息接收渠道较闭塞，容易成为被忽视的群体。项目组梳理了福建省老年人媒体接触的现存问题，总结如下。

（一）两极分化的孤独者

福建省老年人媒体接触存在明显的两极分化现象。一是部分老年人受客观或主观原因的影响，被拒于新媒体的门槛之外，无法拥有电脑和智能手机，也不会使用微信等即时通信工具，偶尔观看电视、听戏、听广播等，与世界处于隔绝或半隔绝状态，如乡村独居、留守老人，无亲人照顾和陪伴，长期处于物质贫困、知识匮乏、信息闭塞和精神孤寂状态，逐渐滑入与现代化、全球化全然隔离的处境。早在 20 世纪 80 年代，国外已出现了“信息穷人”（information poor）的提法。美国国家通信与信息管理局（NTLA）最早发现“数字鸿沟”问题，于 1995 年发布《在网络中落伍：一项有关美国城乡信息贫困者的调查报告》（“Falling Through Thenet：A Survey of the“Have Nots”in Rural and Urban America”），首次提及因数字设施、数字技术掌握、信息服务需求以及互联网运用而产生的信息落差及贫富两极分化问题。段鹏在《空间与权力：数字鸿沟背景下的阶层壁垒——兼谈电影〈寄生虫〉的空间叙事逻辑》中探讨了数字化所导致的社会阶层分化和固化问题，底层民众努力接入互联网以寻找短暂的就业机会，数字精英则掌握着最新的数字技术，两者之间形成了比物质差异更可怕的数字鸿沟。随着我国信息化浪潮的到来，老年人信息孤岛、数字赤贫问题日益凸显，出现物质贫困和信息贫困相交织的现象。2019 年短片《啥是佩奇》迅速走红于网络，通过刻画一位四处寻求“啥是佩奇”答案的老者形象来揭示乡村老年人中的信息孤岛现象，引发关爱老年人数字话题的再度热议。二是部分老年人沉浸于互联网娱乐社交，成为中重度网络依赖者，他们以网络虚拟生存来弥补现实生活中少人陪伴、无人倾诉的缺憾，借助刷屏来打发时间、排遣孤寂、慰藉心灵、消除无聊，他们表面上看上去十分乐观和新潮，实则有可能陷入“微笑型抑郁”的困境。这是老年人缺失天伦之乐、内心孤独的两种表征形态，同样不容忽视。前者一般生活于乡村，无固定收入，以种地或打零工为生，调查显示，无固定收入者占比为三到四成，处于物质和精神双重匮乏状态；后者大多生活于城镇，有一定退休金，调查显示，有2000元以上固定收入的老年人占比超过六成，在无重疾、能自理情况下较少面临生活之忧，但存在不同程度的精神孤寂问题。前者需要家庭和社会的信息扶贫，后者则需要精神关爱。

访谈时，一些老年人表示，子女在外打拼不容易，不会轻易告诉他们自己心中的烦恼和不适感，给他们增添心理负担，因而尽量压抑自己，不让自己的孤独、愁闷、无助、沮丧心理表露出来，或者自我寻求解脱之道，通过看电视、刷视频、阅读新闻等方式来排遣苦闷、打发时光，久而久之就形成手机依赖症或网瘾，容易出现伴着手机入眠、早起刷屏的现象。

（二）新媒体的弱势群体

福建省老年人信息化程度低于一般人群，属于新媒体的弱势群体，其内因是老年人较难接受新鲜事物，外因是社会对老年人信息化问题的关怀不足。老年人接触最频繁的媒体是电视，这与电视在我国的普及程度高，电视传播的直观性、丰富性及收看电视对人的身体条件、受教育水平等方面的要求较低密切相关。83.39%的受访老年人表示，智能手机应用未能关注和解决老年人的特殊需求（见图18），他们在智能手机使用中容易遭遇各类困扰。其中，操作困难占比最高，如不熟悉输入法、功能操作复杂等，接近50%，导致他们被排挤在信息化的大门之外，落伍于时代，享受不到智慧城市的“温度”；虚假信息也是他们经常遇见的困扰，因老年人接收的信息量较小和仰赖心理较强，对质量参差不齐的网络信息缺乏分辨能力；还有广告弹幕影响了他们媒体接触的心理体验等。

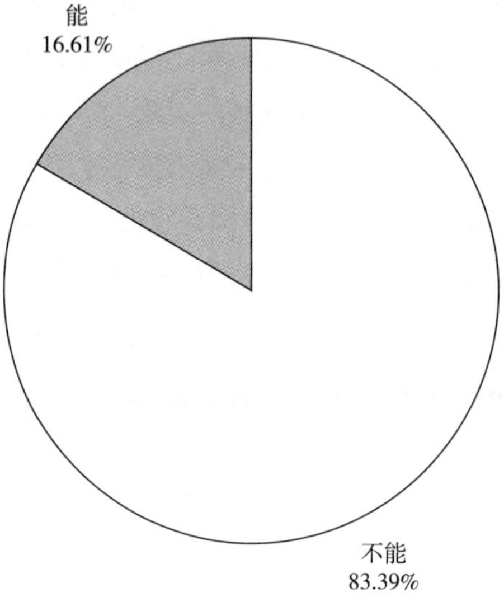

图 18　福建省老年人对智能手机应用是否能关注和解决老年人需求的看法

在深度访谈中，受访的老年群体进一步表示他们在新媒体的使用上有一定障碍，往往反应迟钝，并且学习速度不快，记忆力差，经常刚学会的方法两天没有使用就会遗忘；他们的分辨力比较低下，常常无法分辨真实信息和虚假信息、真实官方公众号和假冒公众号，导致他们在接收信息时常常被虚假信息干扰。而对于虚假信息他们通常深信不疑，还会主动转发给其他的老年朋友，以至于造成传播虚假信息的不良影响。他们也提出，智媒时代下不懂得网络购票、预约看病、约车、微信支付等，比过去更加寸步难行，发现超市卖场不好花钱、窗口排队买不上票、路边打的招不上车等，有种被时代抛弃的感觉。

（三）网络安全的重灾区

福建省老年人的网络安全问题也值得关注。老年人接收的信息量较小、操作能力较差，又容易对关爱他们的人产生仰赖心理，容易成为各类网络诈骗者瞄准的目标，调查发现，33.55%的老年人自述受到过购物陷阱的困扰（见图19），36.88%的年轻人认为自己家中的老人受到过购物陷阱的侵害。

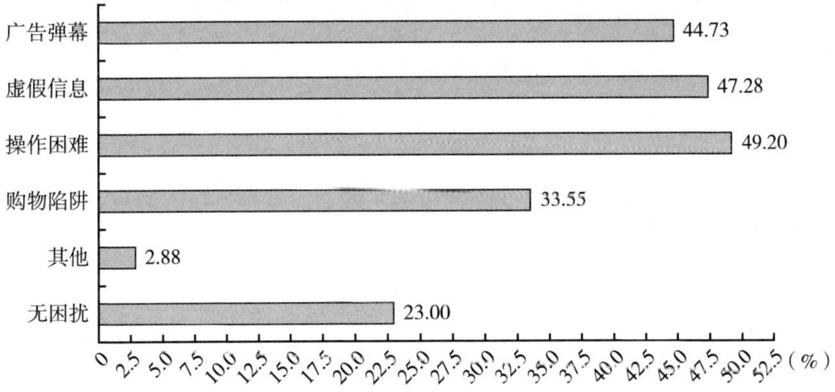

图19　福建省老年人在新媒体接触中遇到的困扰

另据《中国青年报》调查，74.6%的受访者觉得老年人最常被养生保健类骗局迷惑，其他类别依次有：投资理财（50.6%）、祛病消灾（42.0%）、假钱币（28.0%）、旅游购物（26.4%）、金银首饰（24.5%）、亲友求救（21.4%）、古玩字画（19.9%）、彩票中奖（18.8%）、慈善捐款（14.6%）、高薪工作（5.7%）和出版发表（4.6%）等。[①] 2018年腾讯发布的《中老年人上网状况及风险网络调查报告》中也显示，30.4%的中老年网民遭遇过保健品诈骗，25.1%遭遇过红包诈骗，24.2%遭遇过中奖诈骗，也有不少中老年网民遭遇过网络传销（16.9%）、理财欺诈/非法集资（16.4%）、仿冒公检法类的诈骗（15.3%）、网购诈骗（14.9%）、游戏诈骗（6.5%）和婚恋诈骗（6.1%）等。[②]《中老年互联网生活研究报告》的数据显示，在互联网中上当受骗过或者疑似上当受骗过的中老年人比例高达

① 风青杨：《为什么老年人容易上当受骗》，2017年8月1日，https：//www.sohu.com/a/161337412_115381。

② 费倩文：《中老年人上网状况及风险网络调查报告》，2018年6月28日，https：//www.sohu.com/a/238281064_100106801。

67.3%，受骗信息类型排名前3位的依次是免费领红包、赠送手机流量和优惠打折团购商品，分别占60.3%、52.3%和48.6%。[①]

网络不安全是妨害老年人对互联网美好体验的重要障碍。访谈中，部分老年人表示，因看到身边发生的互联网诈骗、信息泄露事件而拒绝使用智能手机，宁可不方便也不轻易下载各类App。

四 福建省老年人媒体接触问题的对策建议

（一）有效陪伴，推动信息反哺

老年人成为信息孤岛或者网瘾用户，原因在于家庭和社会对老年人的关爱和陪伴不足，要么将老年人置于缺爱、缺沟通、缺信息交融的境地，非但没有为他们打开一扇通向信息化的大门，推动他们融入时代，反而是把他们当作难以沟通的落伍者避而远之；要么将他们交给新奇的互联网世界，任其在里面消磨时光，以免其干扰年轻人的生活，导致老年人因上网过度而影响健康、因防骗术不足而落入各类网络陷阱等问题的频生。

因此，家庭和社会应增强对老年人的有效陪伴，一是情感交流，多倾听他们的声音，做他们的坚强后盾，帮助他们抵御衰老、病痛、孤独等身体和精神折磨；二是信息反哺，即互联网时代的“反向社会化”，将子孙辈的互联网生存能力反向教授给长辈，包括普及互联网知识、介绍互联网工具、教授互联网技能，降低他们的上网障碍，提高他们对各类网络诈骗的防范意识。《国际新闻界》2020年第3期《中国家庭三代数字反哺现状及影响因素研究》《数字反哺与群体压力》《城市老年人的智能手机使用与实现幸福感》等多篇文章专版论述老年人的数字生存现状，引发广泛关注。《中国家庭三代数字反哺现状及影响因素研究》指出，数字反哺与城

① 汪元蒙：《老年人网络生活越来越“潮” 提升网络安全素养是关键》，2018年6月16日，开封网，http://news.kf.cn/2018/0616/321453.shtml。

市环境、家人亲密程度、经济收入水平呈正相关，城市越发达、家人越亲密、交流越频繁、经济收入越高，数字反哺越顺畅，但应警惕晚辈对长辈数字反哺的不彻底。以微信为例，晚辈完成了“领路人”的任务之后就悄然退场，此后该如何使用微信则主要依靠老人自己琢磨。这种“不彻底”的反哺使长辈进入泥沙俱下的微信世界后行为失范，甚至成为受谣传谣的主力军。①

（二）目标定位，开发老年项目

老年人普遍认为，现在的智能手机没有考虑他们的心理、知识、情感等方面的特殊需求，因此，应设计出适合他们的产品。77.06%的老年人认为，应针对他们文化程度较低、操作能力较差、文字认知困难等客观因素来进行产品的设计和开发，如简化交互界面、增加语音播放、设置方言转化等；59.08%的老年人认为，应根据老年人的认知水平、情感偏好创作他们喜闻乐见的内容；还有49.54%的老年人认为，应加强对已有互联网应用工具（如使用面极广的微信、QQ等）的功能传授和普及（见图20）。

基于老年人需求的互联网“银发经济”潜力巨大，“老有所养”“老有所乐”“老有所学”中蕴含着无限商机。《线上生活消费数据报告》显示，60岁以上的老年人在2018年的线上销售额较2017年增长超65%。《老年群体旅游行为报告》显示，65%的受访老年出游用户每年出行3次以上。② 老年人智慧旅游为大势所趋，但目前老年人是智慧出行的弱势群体，容易受操作困难、信息闭塞、虚假广告、购物陷阱等的困扰，是信息和智慧扶贫的重要对象。国内外旅游市场缺乏基于老年人旅游群体需求的智慧旅游App，已有的智慧旅游App也存在针对性不强、性能不够完善等问题，因此，开发老年人专属的智慧旅游项目和App产品会是大势所趋。

---

① 周裕琼：《中国家庭三代数字反哺现状及影响因素》，《国际新闻界》2020年第3期。

② 《互联网+“新老年人”消费有点潮》，《经济日报》2019年11月29日。

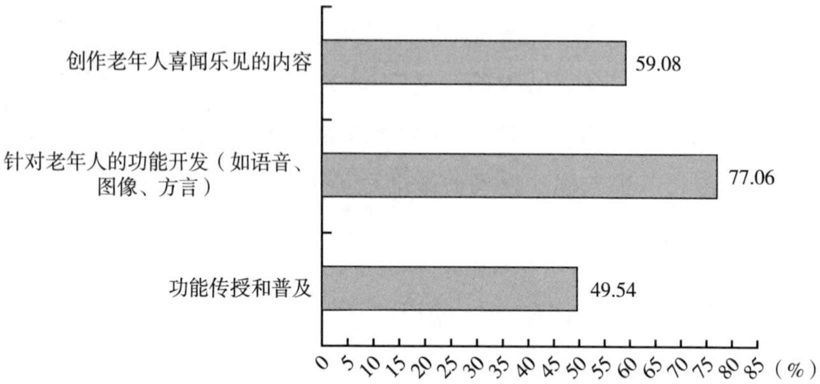

图 20　福建省老年人对智能手机应用开发的建议

（三）多管齐下，维护网络安全

老年人上网风险比较突出，是网络安全应重点关注的人群。应使科技、立法、科普等措施多管齐下，维护互联网秩序，保障老年人网络安全。

首先，创新核心技术，更好地保障网络安全。基于老年人网络安全隐患，发挥大数据、区块链等技术在网络信息审查中的作用，快速过滤、甄别、追踪和截断虚假、诈骗信息，让网络骗子无处藏匿。其次，加大立法普法力度，完善《网络安全法》的实施细则，树立全社会的网络安全意识，增加网络犯罪成本，推动网络安全审查制度的建构。最后，通过社区、家庭、老年大学等，对老年人进行网络安全教育，提升他们的网络安全素质。

结　论

老年人在数字信息供给、数字信息获取和数字信息应用等方面的能力相对较弱，容易成为信息社会的边缘和弱势群体，同时与数字精英之间的数字鸿沟会越来越深，出现信息化进程中的马太效应。同时，老年人群体内部也在经济收入、数字接受能力等方面存在一定差异，城市老年人信息化程度相对较高，而很多农村老年人身陷通信工具、信息接受能力局限导致的信息孤岛处境。福建省老年人对媒体接触渠道的首选是电视，其次是手机；媒体信息来源以被动为主，媒体播放和亲友推送占比很高；媒体接触地点主要是家中，较少在户外；媒体接触目的以娱乐为主，其次是新闻阅读，再次是社交；媒体接触时间相对均匀，以晚间为主；媒体接触倾向于轻松愉悦、形象易懂的内容，对时政新闻、民生新闻、电视剧等比较热衷，喜欢视频、图像等可视化的呈现方式。目前，福建省老年人媒体接触存在不触网和网瘾两极分化、信息化程度较低、网络安全重灾区等问题，需要家庭、社会、国家通过反向社会化、信息反哺、技术更新、立法维护等途径对其加以数字扶贫。

交 流 篇

Communication Reports

B.12 韩国智慧媒体发展报告（2019 ~2020）

贺 莹*

摘 要： 韩国媒体在 AI 技术进步的带领下呈现持续的爆发态势，其内容生产方式、传播形态等发生了根本性变化，韩国智慧媒体正蓄势待发。本文首先从产业发展背景和政策支持出发，探讨了韩国政府发展 AI 的战略方向。其次，从媒体应用人工智能技术的角度探究了当前韩国智慧媒体的发展现状及 AI 主播、AI 平台等实际案例应用的现状。最后，提出韩国智慧媒体未来将会积极打造“人工智能 + 传媒”的产业生态系统，推进媒体的新一轮革新。5G 将开启以实感内容和实时互动内容为中心，不断增加用户体验价值的时代，AR 和 VR 会成为 5G 时代的杀手级内容。但也需要警惕 5G 技术在不断进化中产生新的安全

* 贺莹，博士，厦门理工学院文化产业与旅游学院副教授，主要研究方向为智慧媒体应用及文化产业竞争力研究。

威胁。可以考虑通过研发区块链技术、量子密码等具有新的安全技术的引导性应用来加强5G网络的信息安全保护。

关键词： 韩国　智慧媒体　5G　人工智能

一　韩国人工智能的发展背景和政策支持

“人工智能”（Artificial Intelligence，AI）作为新一代信息技术，一度消解了传统的、曾经的传播力界限。当前，越来越多的人见证了人机合一、感官延伸，各种媒体的边界正在消失，世界的连接方式正在重建。

韩国非常重视发展人工智能产业，不断出台政策文件加强顶层设计，成立专门机构推进人工智能战略的实施，鼓励和引导各类资金和资源投入人工智能领域，进行科技创新和产业升级。

（一）政策支持

韩国早在2013年5月就启动了开发专业领域人机交流的自然语言对话系统，即Exo－brain计划。随后几年鼓励发展人工智能产业的文件也陆续出台：2014年从国家层面整体推进机器人产业与其他制造业或服务业相结合；2015年通过发布AI Star Lab软件研发项目来整体推进人工智能发展；2016年发布了《智能信息产业发展战略》，积极构建智能信息产业生态系统；2017年出台《国家信息化基本法》和《信息通信融合法》来完善相关企业成长环境；2018年发布《面向I－Korea 4.0的人工智能研发战略》；2019年12月17日公布了《人工智能国家战略》，提出构建人工智能生态系统，将韩国从“IT强国”发展为“AI强国”，力争把信息通信技术、半导体、人工智能等领域的核心竞争力提升到世界领先水平。

（二）资金支持

自2013年以来韩国政府持续发布了有关人工智能的相关战略，也在一直扩大 AI R&D 方面的投资。《面向 I－Korea 4.0 的人工智能研发战略》在2018 年5 月被韩国政府提出，计划到2022 年之前投资20 亿美元来促进人工智能在人才、技术和基础设施这三大方面的发展，争取早日迈入全球人工智能强国之列。随后，韩国科学技术信息通信部于 2019 年 1 月推出《推动数据、人工智能、氢经济发展规划》，提出了“2020 战略投资方向”。拟订今后向相关领域投入4.71 万亿韩元，其中在数据、5G、AI 等“DNA”领域投入1.7 万亿韩元，在系统芯片、生物保健、未来汽车等三大新产业领域投入3 万亿韩元。①

2019 年 12 月 17 日，韩国政府公布了最新的“人工智能国家战略”，提出在人工智能生态系统构建和技术研发领域成为全球领先国家，到2024 年建立光州人工智能园区，到2029 年为新一代存算一体人工智能芯片的研发投入约1 万亿韩元。

（三）人才支持

在人才方面，由于韩国国内 AI 人才培养机构和高校明显存在其 AI 核心技术学院的 AI 课程设置不足的问题，AI 专业人才（高级融合人才）培养体系整体比较脆弱，难以确保高级 AI 人才的可持续培养。为此，韩国政府计划在2022 年之前，新设6 所人工智能研究生院，重点推进5000 名人工智能人才的培养（高级人才1400 名，融复合人才3600 名）。

对外，韩国政府积极寻求全球合作，通过国际共同研究、举办优待海外知名教授的招聘会来推进和强化 AI 技术的国际力量。对内，韩国政府通过产学研合作，强调开展以企业需求为基础的研发及以现场为中心的硕士、博士级高级产业合作活动。此外，韩国政府还新设人工智能核心高级人才培养中心，支持人工智能研究生院的发展，支持的时间最长可达10 年，每年的支持资金为20 亿韩元（第一年为10 亿韩元）。

---

① 《韩国将投入4.7 万亿韩元推动5G 等产业发展》，新浪科技，https：//tech.sina.com.cn/roll/2019－08－27/doc－ihytcern3829311.shtml。

具体来说，第一，在全球ICT人才培养方面，韩国计划到2022年支持100多名AI人才参加全球AI先导企业、机构的“驻留式”规范化培训，培养具备国际业务能力的AI人才。第二，在AI先导研究型人才培养方面，计划到2022年培养350多名国际先导AI高级人才。第三，在国际共同研究人才培养方面，优先支持与美国、中国、法国等国的大学中与AI相关的研究机构或中心合作的研究，计划到2022年培养50名与海外AI优秀机构紧密合作研究的人才。第四，在AI硕士、博士级人才培养方面，通过国内大学的人工智能研究中心，计划到2022年培养870多名AI硕士、博士级人才。①

二　韩国智慧媒体的发展现状

（一）韩国互联网使用概述

第六届世界互联网大会对外公布的2019年各国互联网水平排行榜单显示，美国位居第一（63.86分）、中国位居第二（53.03分）、韩国位居第三（49.63分），可见韩国的互联网发展水平还是较为突出的。

韩国2018年互联网调查报告显示，截至2018年7月，全国互联网用户为4612万人，全国有99.5%的家庭，即1964万个家庭接入了互联网。韩国所有家庭可以通过无线局域网接入互联网，99.9%的家庭拥有移动互联网，80.8%的家庭拥有FTTx（公寓局域网Apartment Lan、FTTH、千兆互联网Giga internet）。②

2019年，韩国家庭的媒体设备中数字电视、笔记本电脑、平板电脑的保有率呈逐年增长趋势，而台式电脑的保有率呈逐年下降趋势。2019年数字电视的保有率较上年有小幅增长，为90.4%（见图1）。桌面电脑的保有

① 韩国科学技术信息通信部：《为了实现I－Korea 4.0人工智能R&D战略》，韩国第4次产业革命委员会印刷编制，2018，第19～22页。

② 韩国互联网安全局：《韩国2018互联网调查报告》，2019，第52页。

率为56.6%，该项数据在2011年以后就呈现出逐渐下降的趋势。笔记本电脑与2017年相比有小幅增长，保有率为31.0%，平板电脑的保有率为14.3%，同比约增长了6个百分点。①

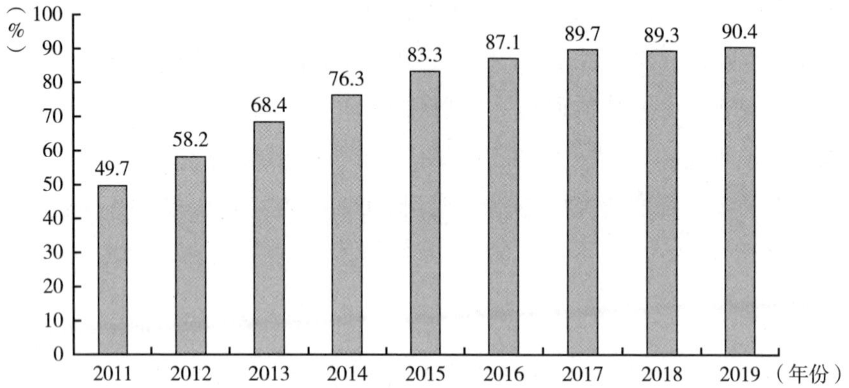

图1 2011～2019年韩国家庭的媒体设备中数字电视保有率的变化情况

资料来源：韩国信息通信政策研究院《韩国2019年媒体使用的面板调查报告》，第3页。

个人手机的保有率从2011年（89.2%）开始就呈现出稳步上升的趋势，2019年的保有率为96.5%（见图2），拥有的手机类型中智能手机（5G智能手机、LTA智能手机、LTE智能手机、3G智能手机）的比重逐渐增长。智能手机使用者使用最多的应用程序是KAKAO TALK（卡考说），即时信息应用以37.7%的占比位列第一，门户网站应用程序（17.3%）和游戏（7.9%）依次排在第二位、第三位。②

2019年韩国社交网络服务（SNS）的利用率为47.7%，对比2017年的48.2%略有小幅下降，自2011年以后首次呈现出下降趋势。其中Facebook（脸书）占29.6%、Kakao Story（卡考的故事）占26.3%、Instagram（照片墙）占19.3%、Naver（世联互动网络）占10.6%、Twitter（推特）占5.3%。可以看出，虽然Facebook和Kakao Story的利用率最高，但是最近3

① 韩国媒体面板调查研究课题组：《2019年韩国媒体调查报告》，韩国信息通信政策研究院编制，2019，第45～52页。

② 韩国互联网安全局：《韩国2018互联网调查报告》，2019，第52页。

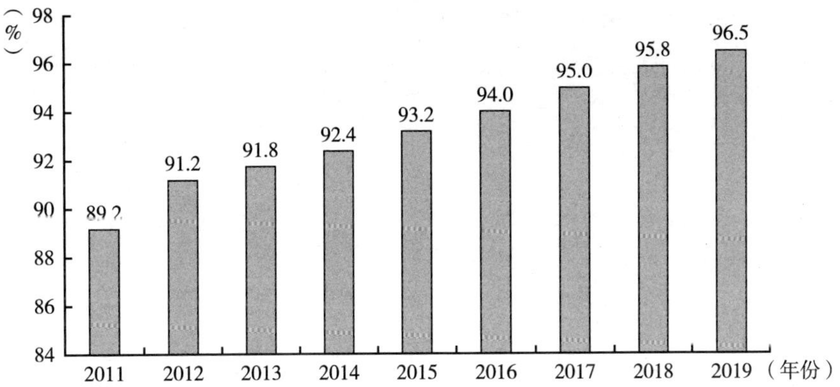

图2　2011～2019年韩国个人手机保有率的变化情况

资料来源：韩国信息通信政策研究院《韩国2019年媒体使用的面板调查报告》，第4页。

年有下降的趋势。与此相反，Instagram的利用率在服务上市后持续上升，呈现出大幅增长的趋势。①

（二）韩国广播电视业发展概述

以2018年末为准，韩国广播电视业销售额为17.3057万亿韩元，增幅为4.8%，广播事业企业共有420个（其中放送事业者除外），收费广播（综合有线广播、卫星广播、IPTV、转播有线广播）从业者人数为37288名（以IPTV、CP除外的378个为基准），广播出口额为32680万美元，与2017年相比增长14%。② 根据收费广播类型在2019年的加入率，有线电视和卫星广播在减少，而IPTV的加入率则在2011年以后呈现持续上升趋势（见图3）。由于近些年韩国的电视频道企业数和IPTV企业数不断增长，从业者和广播事业的销售额近4年都在连续增长，收费广播电视用户比2017年增加了3.5%，广播电视的输出额与2017年相比也增加了14.4%，萎缩的国内电视节目流通市场也呈现出逐渐恢复的发展态势。

① 韩国媒体面板调查研究课题组：《2019年韩国媒体调查报告》，韩国信息通信政策研究院编制，2019，第52页。

② 韩国放送通信委员会：《2019韩国放送产业调查报告》，第54页。

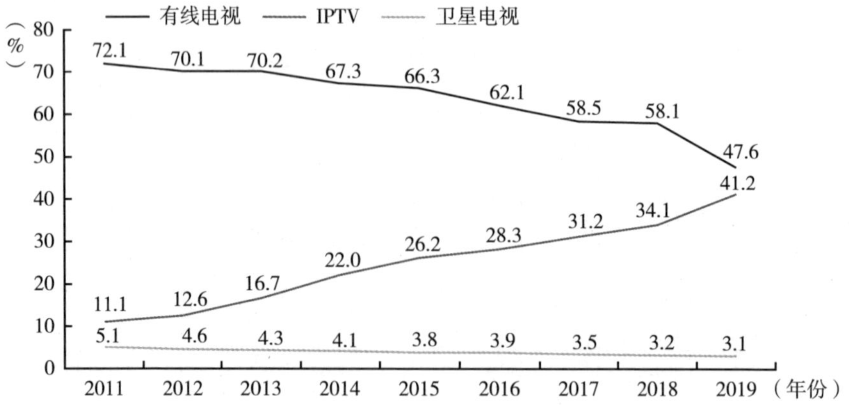

图3 2011~2019年韩国收费广播电视加入率的变化情况

资料来源：韩国信息通信政策研究院《韩国2019年媒体使用的面板调查报告》，第7页。

从主要媒体的每天平均使用时间来看，电视（3小时2分钟）、电话机（2小时）、电脑（1小时9分钟）仍然被广泛使用。但受数字媒体和智慧媒体的冲击，韩国纸质媒体所发挥的影响力在逐渐衰减，纸媒的日均使用时间从2011年（53分钟）后就开始呈现出持续减少的趋势，2019年的日均使用时间仅为29分钟。①

（三）韩国智能终端设备中媒体利用形态概述

韩国智能手机日益普及主要受到社交媒体、通信、移动视频和游戏的推动。另外，高速移动宽带的普及也是推动韩国人使用智能手机的重要因素。2019年智能手机利用率为90.6%，其中男性利用率比女性高一些，到60岁为止有80%以上的利用率。通过智能手机收看电视节目的频率为每周5天以上，其他视频（YouTube、非洲电视等）以33.0%的收视率高于电视节目的收视。此外，对智能手机媒体功能在“家”中的利用率最高，收听广播或音乐在“移动中”的利用率也很高（见表1）。

① 韩国互联网安全局：《韩国2018互联网调查报告》，2019，第52页。

表1　2019年韩国人对智能手机媒体功能的利用率

单位：%

	家	公司及学校	移动中	市内空间	路边及室外场所
收听电视节目	69.7	14.6	34.8	17.6	9.0
收听广播	55.7	9.6	42.4	8.9	9.1
电影	71.0	13.6	24.3	14.0	11.4
检索和阅读新闻/信息	80.7	33.1	37.8	24.1	11.8
音乐	65.3	19.4	45.3	17.5	13.9
游戏	76.0	18.8	31.1	23.4	9.7
电子书	58.7	25.5	38.1	20.8	10.6
其他视频内容	82.4	26.2	32.4	22.2	7.8

资料来源：韩国放送通信委员会《2019年韩国放送媒体利用形态调查报告》，第141页。

韩国人使用智能平板的整体利用率为5.3%，男性比女性多。按照年龄段来看，10～30岁人群的比例较高；按学历来看，大学及以上人群的比例较高。同时表现出受访者的收入越多，智能平板的利用率就越高的特征，使用者每天平均使用1小时的智能平板。韩国人通过智能平板电脑播放“其他视频内容”的比例最高，为24.9%（每周5天以上），其次为“检索新闻/信息”，占22.1%，“TV节目”占12.6%，具体如表2所示。

表2　2019年韩国人智能平板的媒体功能利用率

单位：%

项目	TV节目	广播	电影	检索新闻/信息	听音乐	游戏	电子书	其他视频内容
比例	12.6	3.3	3.7	22.1	11.3	6.9	6.3	24.9

资料来源：韩国放送通信委员会《2019年韩国放送媒体利用形态调查报告》，第143页。

三　韩国人工智能技术的媒体应用领域

当前人工智能技术正在日益更新迭代，AI会引发全产业和社会所有领域的范式变化。各个产业都在积极转型升级，希望通过 AI 来突破、解决本领域的困境和问题，传媒业也不例外，正积极利用 AI 技术来推动自身的发展。韩国传媒业在面临转型升级的压力下，亟须充分应用 AI 技术手段为内容生产、信息传播及服务进行不断提升与优化。

（一）AI 主播

2019 年 12 月 11 日，韩国 Infostock Daily 公司发布了以人工智能主播为主的新闻广播节目，这是韩国媒体首次通过人工智能主播来制作和播报新闻。

AI 主播主持的节目是《经济发布会》，是 AI 主播首次在媒体正式节目中投入实战的栏目。从 2019 年 12 月 23 日开始首播，每周一、周三、周五三集，通过 NAVER TV、YouTube、NAVER 音频回形针等平台播出。①

Infostock Daily 公司的总经理李亨振表示："虽然在初期，AI 主播无法正确阅读一些经济用语，但是公司通过数月的模型演练和深度学习，终于使 AI 主播可以播报详细的经济术语，并利用波形建模技术生产音频，提升了音频的表现力，使音质更具情感。"②

这位 AI 主播是 Infostock Daily 公司与创业公司金融智囊（Money Brain）携手共同生产的媒体产品。金融智囊公司是一家 2016 年在首尔成立的创业公司，公司的团队致力于语音合成技术，涉及聊天机器人应用程序、平台和框架，用自然的语言进行技术处理，并基于先前对话的连续机器学习，将其连接到通过聊天平台或内部系统来执行任务的灵活 API（编程接口）。这次合作首次实现将人工智能真人形象与实时音频、视频进行融合，成为韩国新闻行业内的先锋和表率。

AI 主播其实是一位仿真的虚拟主播，它的脸活用了 KBS 播音员出身的

① 《国内首次推出 AI 主播新闻》，ZD 网络韩国，https：//www.zdnet.co.kr/view/？no = 20191211170345。

② 《新闻主播也由"机器人、AI"代替》，韩国看商业网站，http：//news.bizwatch.co.kr/article/mobile/2020/05/15/0010/naver 2020/05/15。

金贤旭的样子，并拥有与实际新闻主播一样的语音和语调，它的播报不仅要保证口型或发音准确度，还要根据报道内容正确表达感情。

在新闻播报中应用融合人工智能的语音合成技术，不仅能发挥新闻播报时效性和发音稳定性的优势，还能提高新闻播报整体的工作效率。因此，当前及以后的日子里，AI 主播完全有能力取代新闻播报中部分简单和机械的工作。

（二）新闻写作机器人

韩国其实是比较早地将机器人产业作为国家战略产业的国家，早在 2004 年就将智能机器人作为经济发展的十大增长引擎之一，2008 年还通过立法来推动智能机器人的发展。韩国最新发布的《机器人制造业发展蓝图》显示，预计到2023 年，扩充年收入1000 亿韩元以上的机器人制造企业至20家，整体市场规模达 15 万亿韩元。[①] 同时，韩国产业通商资源部计划在 2020 年起的 7 年内，拨款 1000 亿韩元用于研发机器人核心部件技术，促进机器人产业的快速发展。

当前，机器人不仅应用和服务于工业、服务业、商业等领域，更是在新闻生产领域产生了重要影响，几乎重构了新闻写作生态。机器人新闻是一种新闻撰写演算法，它能够自动收集数据、分析数据，找出数据中的重要部分，并以此为基础来判断整体的新闻基调，最后自动连接语言库编写文章，并可以自动发送文章。

韩国经济类报纸《财经新闻》自 2016 年 1 月开始采用由韩国首尔大学李俊焕教授研究团队开发的机器人记者——“FNBOT”，由其进行财经新闻的播报工作。这名写作机器人在每天股市收盘时，基于韩国当天证券交易所的数据，自动完成一篇关于股市实况的新闻报道。随后，韩国的其他财经类报纸也陆续引入了新闻写作机器人，例如《每日经济》引入“M－Robo”来

① 《韩国政府再出手 20 家 1000 亿机器人企业》，深圳国际会展中心，http：//www. are－expo. cn/cn/show. php？ itemid＝406。

撰写财经新闻，《电子新闻》引入“Etbot”来撰写企业投资类新闻。

新闻写作机器人不仅被各大报纸媒体应用于财经领域，其在体育赛事领域同样受到高度关注。例如地方性报纸《大邱日报》就自主开发了写作机器人“Ape”。“Ape”不仅能对比赛当天的赛况进行实时报道，还能够在赛后做出完整的数据分析报告。韩联社（Yonhap）也引入“Robot”，其曾经在平昌冬奥会和残疾人奥运会期间使用算法的自动新闻报道系统，“上传”了上千篇奥运会比赛相关报道。

（三）AI 翻译服务

从技术的角度，让计算机处理人类语言是人工智能领域的一个重要课题，而 AI 翻译就是离用户最近的一项人工智能技术。随着机器深度学习能力的提升和进步，AI 翻译也从实验室走向了普通用户。

在这一背景下，韩国的研究机构及企业也纷纷开发了 AI 翻译产品。

韩国电子通信研究院（ETRI）和韩国的办公室软件开发商 Hancom 一起开发了人工智能翻译系统 Genie Talk。在平昌冬季奥运会期间，Genie Talk 就已经对当地特产、运动员名称和专业运动术语等进行了翻译服务。

首尔创业公司 Flitto 从全世界各种语言使用者可以互相要求翻译或提供集团性翻译服务开始，业务逐渐扩展到专业翻译和 AI 翻译领域。目前，该公司已经建立了 1 亿个以上的翻译相关数据库（DB），支持韩语、英语、汉语、西班牙语、土耳其语等 25 种语言。以 2019 年为基准，Flitto 的大部分收入来自于出售语料库，有 173 个国家的 1030 万名使用者正在使用。

韩国最大的搜索引擎网站 Naver 也成功推出自主 AI 翻译应用程序 Papago（帕帕果），这款翻译应用程序内含一套人工神经网络，于 2017 年 7 月正式上市。帕帕果是一种世界语，意思是“鹦鹉”，这意味着就像鹦鹉可以模仿人类说话一样，其可对人类语言进行翻译。帕帕果月刊的实际使用者（MAU）在 2019 年 3 月突破了 1000 万名。以移动设备中可用的应用程序为基准，累计下载数超过 2000 万次。截至 2019 年 4 月 24 日，帕帕果已可支持对 13 种语言进行翻译。翻译最多的语言是英语，接下来依次是日语、汉语、越南语等。英语翻译用量比排在第二位的日语多3倍，在韩国国内翻译应用程序中排名第一。

帕帕果基于Naver旗下的技术研究所“Naver Rap”而自主开发的人工神经网（Artificial Neural Network，ANN）技术，可以让机器人自己学习大数据，并以此为基础提供最新的神经机器翻译服务（Neural Machine Translation，NMT）。借助这项NMT神经机器翻译技术，这套翻译系统可以自行判读前后文、不同语意、字词和语序，因此翻译结果也变得更自然。原有的方式是以词为单位来翻译句子的，而NMT掌握了整个句子，因此能够提高翻译的准确度。

据市场调查企业App Annie透露，韩国国内App标准帕帕果的MAU在2018年8月以4538046人，超过谷歌通、翻译应用程序的4317058人。2019年3月，Papago用户人数为5654592人，比谷歌（4731492人）多了将近100万人。帕帕果超越全球通用、翻译信息技术（IT）服务强者谷歌，成为一项被投资人重点关注的成果。

（四）AI平台

Kakao集团是韩国著名的互联网企业，2019年的年销售额为3.898万亿韩元，营业利润为2066亿韩元①，比2018年分别增长28%和183%，是创立公司以来的最高业绩。② Kakao集团积极与SK电讯、三星电子构建AI联盟，合作开发一种人工智能解决方案，并不断寻找新的商业机会。

Kakao集团旗下不仅拥有韩国国民通信软件“Kakao Talk”（目前拥有3900万个月活跃用户），还拥有Kakao Bank、Kakao Game、Kakao Taxi、Kakao Mobility、Kakao Map、Kakao Brain等业务。与此同时，集团积极推进

① 《Kakao母公司KAKAO2019年报摘要》，知乎，https：//zhuanlan. zhihu. com/p/124256379，最后访问日期：2020年5月3日。

② 《Kakao在10年时间里增长了100万倍》，ZD网络韩国，https：//biz. chosun. com/site/data/html _ dir/2020/05/01/2020050100787. html? utm _ source = naver&utm _ medium = original&utm_ campaign = biz。

并完善AI平台的生态系统，于2017年2月1日以200亿韩元资金设立了持股100%的子公司Kakao Brain，于2019年12月成立了AI实验室，展开Kakao i（AI平台）和Kakao Mini C（智能音箱）的业务。

Kakao i是Kakao的AI核心技术集成平台，业务涉及语音引擎、视觉引擎、对话引擎、推荐引擎、翻译引擎等，承载了多种复杂的AI训练和AI推理应用。例如，Kakao i基于AI研发的语音识别技术，就是通过研究理解人的语言，使机器像人一样运用语言。基于对理论和原理的深入理解，探索适用于相关应用领域的方案，最终以自然语义理解模式为基础，打造一种语言生成模式和人工智能交互模式。

Kakao i拥有将语音转换为文本的语音识别技术、对给定文本正确并自然地朗读的语音合成技术，以及将语音转换为其他风格的语言转换技术。Kakao i是一个基于智囊云的为深度学习提供资源和环境的云平台，可将图形处理装置（GPU）资源的使用效率最大化，同时集中于对提高研究者使用便利性和提高研究速度的多种功能的开发。

因此，Kakao i是Kakao各类应用的人工智能中枢，是一种人工智能生态系统，具有更强的计算性能和更灵活的互联性。从硬件到平台、算法到应用层，Kakao i在Kakao集团已经得到体系化的应用，可以为集团旗下如地图导航、游戏、购物等场景提供充足的计算服务力。

四　韩国智慧媒体的发展趋势

人工智能技术积极应用和融入媒体中，媒体也在技术进步的带领下呈现持续的爆发态势，其内容生产方式、传播形态等发生了根本性变化。韩国智慧媒体正在蓄势待发，将提供更多与用户需求相匹配的多元化信息产品及服务。

（一）积极打造“人工智能+传媒”的产业生态系统

当前，韩国政府在推动媒体传播和发展过程中加强对人工智能技术的应用，并将全面开放公共数据，以5G环境和云为基础，携各方力量搭建大数据平台和视频平台，建设“AI+媒体”的生态共同体。例如，由韩国电信、LG电子和LG Uplus联合打造的名为“AI One Team”的开放式创新平台，由SK电讯、三星电子和Kakao组建的AI联盟，都在致力于提出新的人工智能解决方案，积极推动智慧媒体不断向前快速发展。

（二）“5G+AI”技术将带来新的网络安全威胁

5G技术的衍化与人工智能、机械学习相结合，将加速智能机器人、增强现实等相关产业的发展，促进智慧媒体产业生态系统的全面变革，但也存在很大的隐患——个人信息及网络安全问题。

用户在应用智慧媒体并享受其为自己提供服务的同时，自己的消费习惯、喜爱偏好等涉及私人内容的信息会随之在网络中摊开，个人信息及网络安全正遭受个人信息泄露和网络诈骗等的威胁。当前是5G技术和服务发展的初始阶段，今后，随着5G不断进化，新的安全威胁也会产生。5G网络可能引发个人数据、位置数据、ID数据等个人信息侵害行为。在5G移动网络的物理层中，用户的网络访问算法可能会泄露使用者的位置信息。例如：系统（Sematic）信息攻击、时机攻击、警戒（Boundary）攻击等主要就是以使用者的位置信息为攻击对象的。

此外，在上一代的通信网络上，移动通信公司可以直接接触并控制其所有的系统构成要素，但是在5G生态系统中，移动通信公司、通信服务提供商（CSP）与其他参与的企业相互依赖，不能自主地完全控制系统。因此，在不同参与企业共享一个5G基础设施的环境下，用户的个人信息将会受到严重威胁。

因此，未来为了对5G网络进行更好的应用，应考虑研发新的安全机制应用，比如，根据5G服务的特性，考虑研发区块链技术、量子密码等具有新的安全技术的引导性应用。区块链作为分布记账，具有不可变更、保障匿名性，其可有效弥补交易体系存在的缺陷。相信未来基于区块链的通信网络，是一种可以有效保护5G网络中的个人信息的有力手段。

（三）5G 技术将开启实感内容时代

韩国政府曾宣布将以培养 5G 时代真实感内容领域为目标，建立 300 亿韩元规模的基金（韩国科技信息通信部，2019）。5G 时代是以实感内容和实时互动内容为中心，不断增加用户体验价值的时代。5G 之所以能够开启实感内容，与 5G 具有的特性有紧密关系，即高速率、大容量、低时延，这让 5G 可以保证实时使用内容的基本速度。当很多人一次性消耗数据时，速度变慢的现象会得到改善。用户在普通游戏中，能够享受游戏的最小延时速度为 50ms；在 VR 游戏中用户不会感觉到延迟，最小速度为 20ms；而在 5G 下，其速度可以降到 5ms，已经达到了毫无障碍地体验 VR 游戏的水平。

5G 还可以一次性处理各种传感器和机器的数据，创造了更多实感内容被使用的机会。例如，当与多个用户交互，享受实时流媒体的 VR 交互游戏时，应通过感应器快速输入并进行传送和处理，5G 确保了能够正确处理这些过程的连接性。

同时，5G 与云计算等技术相关联，将扩大与现有的数据库的连接性。线上和线下都有 5G 网络，就可通过实感内容对零售产品的销售量做出贡献。例如，VR 本身并不是商品，但是会给产品提供间接经验，从而起到提高销售量的催化剂作用，今后会有公司将 5G 和数据库、VR 等融合在一起，为来到线下卖场的顾客提供沉浸环境的服务，帮助其确定产品购买的方向。因此，5G 将开启实感内容时代，AR 和 VR 会成为 5G 时代的杀手级内容。

B.13
芒果 TV：融合升级下的生态破局

郑华平*

摘　要： 2019 年，视听领域竞争日趋白热化，芒果 TV 一方面与湖南广电齐头并进，共同做青年文化引领者；另一方面借助芒果超媒生态，打通 IP 产业上下游，进一步释放芒果生态聚合效能，在传播矩阵、内容布局、创收业务、技术创新、新产业拓展、人才机制、开放合作等维度全面升级，取得“品牌新身份”“业绩创新高”“融媒新发展”三大新成果，在经济增速放缓的大环境下一路逆风奔跑。当下，芒果模式已经成为内容品牌创新的新引擎，其不仅让芒果 TV 成功实现自我破局，而且带动整个行业在提质增效中开创新的生态格局。

关键词： 芒果 TV　媒体融合　自制综艺　芒果模式

2014 年，湖南广电深入学习领会习近平总书记关于媒体融合发展的论述要求，深刻洞悉行业发展趋势，超前布局“一体两翼、双核驱动”双平台，以湖南卫视为核心的传统媒体板块继续保持行业引领，以芒果 TV 为核心的新媒体板块抢占互联网视频新阵地，力求重构中国互联网视频行业的规则、定式。

不管是“抢占”还是“重构”，这些目标都要求芒果 TV 必须具备精准的战略目光，行动上敢于一马当先，从而探索一种全新的发展模式，实现利用“新引擎”跑出“加速度”的效果，助其真正成为媒体融合先锋军、行

* 郑华平，芒果超媒股份有限公司副总经理、芒果 TV 副总裁。

业领跑者。

2019 年，芒果 TV 进入发展的第五个年头，也是芒果超媒上市的第二年。这一年，芒果 TV 坚持“天生青春”的品牌定位，在经济增速放缓的大环境下一路逆风而行，实现了传播矩阵、内容布局、创收业务、技术创新、新产业拓展、人才机制、开放合作等维度的全面升级，营业收入和净利润双双大幅增长，展示出芒果模式“新引擎”的强劲上升能力。

一　逆风奔跑 2019，芒果 TV 三大“新成果”

第一，品牌新身份。2019 年 8 月，芒果 TV 挺进国家工信部发布的“中国互联网企业百强”，成为唯一进入 20 强的国有互联网企业，同时在《世界媒体 500 强》中位列亚洲互联网新媒体领域的前十。湖南广电的媒体融合芒果实践被国家广电总局评价为“广电行业融合样板”和“标杆级案例”。

第二，业绩创新高。2019 年，芒果超媒营业收入正式迈入百亿时代，达到 125 亿元，同比增长 29.40%；全年归属上市公司股东净利润达到 11.56 亿元，同比增长 33.59%。2020 年第一季度，芒果超媒营收达到 27.27 亿元，同比增长 9.74%，保持稳健增长态势；净利润达到 4.80 亿元，同比增长 14.82%，平台营业收入较上年同期增长 10.76%。如今，芒果 TV 广告业务、会员业务、运营商业务均实现快速增长，会员业务增幅超过 100%，已成功跻身中国网络视频行业前四，稳步进入视频行业第一阵营，成为中国最早一家实现盈利的视频网络媒体。

第三，融媒新发展。2019 年，台新闻中心、卫视、经视、都市等兄弟单位与芒果 TV 全方位融合，借助芒果超媒生态，打通 IP 产业上下游，打造独家“芒果模式”，释放芒果生态聚合效能。截至 2019 年 12 月，芒果 TV 手机 App 下载安装激活量超 8.45 亿次，全平台日活量突破 7966 万，有效会员数突破 1750 万，互联网电视终端激活用户数达 1.60 亿，运营商业务全国覆盖用户数达 1.48 亿。

二　专业性加成创新力，全面引领行业生态

责任新担当、青春正能量、年轻新风尚、市场新动能，既是芒果TV一直坚守的价值理念，也是芒果生态的核心优势。2019年，芒果TV取得的这三大“新成果”正得益于其坚守主流媒体初心，承担主流媒体责任，同时善于在传播、运营、内容、技术等方面采取一系列创新举措，而这些多维度的新升级，也在引领整个行业步入新生态。

（一）坚守责任，壮大主流舆论阵地

1. 反应迅速，全力以赴迎战突发危机

面对突如其来的新冠肺炎疫情，芒果TV迅速反应，展现出了作为主流媒体的反应力、行动力。在新冠肺炎疫情防控的宣传中，芒果TV率先开展了不限地区“春节七天芒果TV免费看”活动。1月27日国务院发布延长法定春节假期的通知，芒果TV主动提供延长会员期限的福利，免费提供全平台优质视频资源，加强整合编排，丰富广大用户的精神文化生活。

在“移动优先，融合传播”理念的指引下，芒果TV快速整合央媒、湖南卫视、湖南经视等内外部优质新闻资源，第一时间推出专题“防控新型冠状病毒感染的肺炎疫情”，通过全端口重点推荐、错峰编排、福利加更、会员定制、免费活动等策略，为用户提供多元化的内容服务。芒果TV累计投入价值10亿元的广告资源，推广疫情防控专题内容。

3月5日起，芒果TV手机端和电视端同步开设“湖北人民免费看”专区，提供热播的付费电视剧、综艺、动画片、电影等百余部重磅精品。4月4日上线全国首创的抗疫短剧专题系列之《总有一天会胜利》，保障优质内容供给，为宅家抗“疫”的湖北人民提供文娱精神力量。

与此同时，从线上助学到助力复工，芒果TV多措并举彰显主流担当。对依托于AI技术的精准化本地服务等进行多方面探索，芒果TV在智慧大屏端充分发挥互动性，通过系列公益举措践行主流媒体责任，深入布局在线

教育，推动教育均衡化，解决民生刚需，保障复工复产，公益推动实体企业助力经济快速复苏，比如前瞻布局在线教育行业，保驾护航“停课不停学”；启动“春种有你，温暖同行”公益计划，助推社会经济快速复苏。

2. 精心策划，重大事件全方位报道

受新冠肺炎疫情的影响，2020 年的全国两会成为相对特殊的一届。根据大会安排，芒果 TV 提前筹备，精心策划了丰富多样的全国两会系列内容，在平台推出了专题、专栏、主旋律大片等主流内容，以及竖版微视频、动画小视频、创意 H5 等互动产品，充分发挥融合传播、视频传播、矩阵传播优势，展开了全方位、多角度、多层次的全国两会报道。

其间，芒果 TV 在网站页面（PC）、移动客户端（App）、互联网电视端口（OTT）、IPTV 端口均开设了全国两会专题或全国两会专属频道，并充分重视海外融合传播的外宣功能，在芒果 TV 国际 App（MangoTV）推出全国两会专区，实现全端口覆盖传播。

其中，芒果 TV 网页端创新融媒体专题形态，推出“学习时刻”“要闻聚焦”“热点关注”“两会时间”“融媒体验区”“决胜新湖南”六大版块，联动大小屏，做到多维度、多样化地呈现全国两会报道。除网页端口的内容外，芒果 TV 同样在移动客户端搭建了多元推荐专题，涵盖了诸多垂直细化内容，也更强调移动端的灵活性、时效性，突出碎片化的传播，集纳电视媒体播出的块状内容线性传播，分拆成点状但具有连贯性、主题性的互联网短视频新闻资讯，以实现在移动端口的快速分发和传播。

（二）全面发力，致力于八大维度升级

1. 内容升级：优化制播，口碑流量双丰收

芒果 TV 以自制综艺为核心突破口，发挥影视剧生态聚合优势，在内容生产和版权引进上多元发力，采取有针对性的内容与编排规划，实现了口碑和流量的双丰收。目前，芒果 TV 已组建近 20 支综艺自制团队，并有针对性地增强剧集实力，着力打造以高门槛、长视频为主的核心竞争力。

芒果 TV 在规避同质化竞争的过程中逐渐形成了以“亲综艺”为核心聚

焦、特色垂直综艺同步发力的芒果特色自制综艺图鉴。《明星大侦探》《妻子的浪漫旅行》《野生厨房》《变形计》等“综N代”持续火热，《女儿们的恋爱》《密室大逃脱》《我最爱的女人们》《一路成年》《哈哈农夫》等创新综艺走俏市场，《头号嫌疑人》《NZND破冰演唱会》《快本超时营业中》等IP衍生节目不断孵化升级。

在2020年上半年的前十名综艺中（台综+网综），芒果TV占据6款，前20名综艺中，芒果TV占据15款，其中，《乘风破浪的姐姐》更成为现象级综艺；整体综艺有效播放量同比增长16%。

在影视剧方面，芒果TV在2019年共计推出30部自制剧，总规模是2018年的3倍。《你好，对方辩友》《陪你到世界之巅》《奋斗吧，少年！》《我的波塞冬》《海棠经雨胭脂透》等独播剧集表现亮眼；主投剧《我们都要好好的》在北京卫视上档后取得CSM55城收视冠军、连续12日均破1的好成绩；外购版权剧《奈何boss要娶我》投产比高达400%，《一夜新娘》上线2周后，同期收入高出《奈何boss要娶我》同期28.3%，主动购买拉动能力达63.86%，高于同期其他剧类。

芒果TV在2020年上半年共上新42部剧集，包括《下一站是幸福》《我才不要和你做朋友》等，有效播放量同比增长56%，增速远超爱奇艺、腾讯视频和优酷。有业内人士认为，2020年或将成为公司剧集产品爆发元年。

另外，芒果TV发力动漫领域，开启“星芒漫创计划”，孵化头部项目；升级“芒果赋能”合作策略，从丰富版权采购形式拓展到IP全产业链合作；在电影方面打造芒果TV独家影院品牌，引进独家内容。

2. 传播升级：全面融合，引领正向价值

2019年湖南省两会、全国两会期间，芒果TV联手湖南都市频道重拳打造“芒果新闻”这一新闻融媒体品牌，成为两会湖南报道的独具一格的报道主体；为献礼新中国成立70周年，开启包括专题报道、纪录片、剧集、电影、综艺等在内的多种类型内容的产出和传播，以主旋律内容为主，突出其他内容中的正能量和积极元素，构建起平台内容矩阵，得到湖南省广电局和国家广电总局的高度肯定。

此外，推出《我爱你，中国·人间正道是沧桑》《我的青春在丝路》（第三季）等主旋律新闻大片，其中多部作品被列入第一批《庆祝新中国成立70周年优秀网络原创节目目录》，尤其是《我的青春在丝路》荣获第二十九届“中国新闻奖”一等奖，彰显芒果TV守正创新的高度责任担当。

在国际传播方面，芒果TV不断开拓和深耕海外市场，与新加坡、马来西亚、巴西及中东地区的多个国家合作，进一步扩大中华文化国际影响力。例如，芒果TV与Discovery跨国制作《功夫学徒》，该节目采用真人秀竞赛形式，让外国观众“沉浸式”地体验中国的多种行业，感受中国发展脉搏。

3. 运营升级：精准定位，激活UGC创作模式

面对激烈的市场竞争，芒果TV全面回归用户，瞄准“年轻人”“女性”等特色群体，以“运营+产品”双驱动战略，深入分析受众，精耕细作，寻找年轻用户情感的共鸣点和缺失点。在QuestMobile发布的《2019年半年度中国移动互联网实力价值榜》中，芒果TV位列“Z世代”偏好Top10 App榜第五，是最受“Z世代”欢迎的视频类App。

针对用户、社区运营，一方面，芒果TV激活平台UGC模式，激励多元化内容生产，打造基于内容的兴趣圈层，以兴趣标签、关注关系为基础的智能推荐体系，实现UGC的精准分发，使用户和内容之间的匹配效率和效果最大化；另一方面，引入、完善用户生命周期和行为管理，并以此对用户进行分层、分类，以精细化内容策略深耕平台用户，为UGC增长搭建内容、艺人双驱动引擎，最终实现全平台社交化。

4. 创收升级：品效合一，用户客户齐增长

会员业务是平台壮大的核心增长力。线上，基于自制优势、芒果系大IP和优质会员专享内容聚合，根据会员喜好探索多元衍生体系，强化品牌输出；线下，布局多元互动场景，夯实“1+9”会员权益体系，开发明星资源，强化“青春芒果节”“芒果会员开放日”“芒果盒子校园跑”“直通马栏山”等品牌活动。截至2019年12月，芒果TV会员用户数突破1750万。

广告业务是内容商业化的重要输出。在广告市场下行的情况下，芒果TV 2019年广告营收达34.70亿元，相比于2018年的24.16亿元，同比增长44%。同时，芒果广告定制节目系列走向成熟，品牌与内容共建，经济效益和社会效益双效合一，如智育观察类型的脱口秀节目《童言有计2》，既获得了品牌认可，又收获了社会上的良好口碑，被主流媒体"点赞"。

智慧大屏业务是多屏互动的关键布局。目前，大屏业务年流量同比增长50%。芒果TV大屏业务团队坚持深耕用户体验，完善内容建设，优化产品格局，打造大数据平台，实现业务精细化运营；提供4K直播服务能力和每月6000小时高标清节目的更新能力，在内容运营、业务模式创新、增值服务等方面探索出独特发展路径。在硬件业务方面，发挥牌照和内容优势，不断寻找运营商业务的新增点。同时，上线牛奶OS系统，"内外连轴，竞合并举，开放共赢"，抢占大屏市场。

5. 技术升级：前沿应用，赋能内容新突破

平台坚持以技术推动产品研发和创新，以产品更新换代推动技术和平台升级。第一，整合平台运营中心、运营商网络中心、智能硬件中心中具有公共性的、同时服务多中心业务的产品技术及团队，融合成为产品技术中心。第二，增强产品运营紧密性，对产品技术生产体系进行重新调整，按照技术架构层级、业务条线等，分区块设置垂直细分产品技术团队。第三，布局前瞻性技术，与国内高校合作成立联合实验室，在AR/VR、5G、光场技术、全息智能影像视觉等领域展开研究。

此外，借助智能算法、人工智能和大数据，平台通过建立一套内容端、用户端标签系统，使机器学习不断提高算法推送准确率，由此建立了一套从专业化运营到优质内容产出，到算法精确触达，再到数据反哺运营的精细化运作闭环，从而降低用户信息触达成本，提高内容推送的准确率，最终提高用户的覆盖率以及增加其观看时长。

6. 新产业升级：盘活动能，探寻营收增长点

芒果TV组建新的产业发展中心，开启内容生产、内容分发和商业化模式等全方位的产业改革，应对时代发展带来的挑战，并以"创新"为基调，

孵化和管理创新项目，实现公司营收新格局。在“芒果好物”衍生品零售、芒果钱包、文学领域和App产品矩阵进行分步骤拓展，在市场和资本上寻求价值、流量变现的全新增长点。

同时，“大芒计划”全新启航，以优质KOL打造“大芒计划”，打造营销新模式，凭借优质平台资源和内容为“网红”赋能，同时给客户提供全面营销整合方案。KOL项目上线3个月，合作总额已达千万量级。

7. 人才升级：创新管理，全方位资源支撑

芒果TV不断通过建立独特造血机制和开放、创新的人才激励机制，夯实公司在内容制作、技术、管理方面的核心人才竞争力。如以“发现人才、发现问题、发现状态”为宗旨的“芒果青年说”已成功举办四届；面向芒果超媒青年员工征集多元新模式和新创意，成为公司常态化机制；面向海内外知名高校启动“青芒计划”，以全方位培养高素质储备人才。

在内容制作上持续推行“工作室制度”。目前在芒果TV内部现已成立16个内容工作室团队，2020年将组建20个自制节目团队，形成良性的竞争与淘汰机制，为孵化新IP提供了持续的动力。同时，芒果TV发布“新芒计划”，通过战略工作室的合作模式，不断锁定市场上有潜力的新锐影视剧公司核心团队，目前已与观达影视、颖立传媒、星莲影视、晨星盛世、霄然影业、同旭传媒、华晨美创等公司签约成立新的战略工作室，自有与外部影视工作室已达15个。

8. 合作升级：开放共赢，提振市场竞争力

作为内容工业体系的谋划者，芒果TV保持开放共赢的姿态，“合伙人”已完成从圈层生态内的合作到跨界、跨产业链的拓展。

2019年5月，中国移动子公司以16亿元入股芒果超媒，成为芒果超媒第二大股东。6月，芒果超媒、咪咕文化围绕基础电信业务、优质版权内容、“5G+”超高清、家庭产品、海外拓展和其他增量等开启战略合作。另外，芒果TV在海口市成立子公司，与海口市在加强文化产业合作、共同构建“网红”经济试点等方面拓展新型商业模式。

三　战略定盘："独"行其道，动力无限

2019 年，长短视频平台终于开启正面对垒，竞争日趋白热化，攻守与突围都变得更为艰难，但芒果 TV 的发展劲头却愈加迅猛：借助芒果超媒生态打通 IP 产业上下游，进一步释放芒果生态聚合效能；与湖南广电齐头并进，共同做青年文化引领者。在市场机构与主流媒体的双向评价体系之中，芒果 TV 都在以引领者的姿态搅动旧有行业生态，为互联网视频行业、主流媒体融合探索一番新天地。

对于一家企业来说，价值追求决定战略定位，而战略定位能够明确发展方向。处于湖南广电"一体两翼"的构建下，芒果 TV 不仅要在内容上继续巩固湖南广电的内容优势，更要在渠道、平台、管理、技术、业务等多层面，助力湖南广电芒果生态圈的打造。从诞生之日起，芒果 TV 就势必要走出一条不同寻常的创新之路。

（一）"独播"起步，融合发展以我为主

2014 年 4 月，芒果 TV 上线，一年后，芒果超媒背后的湖南卫视开启了撒手锏——独播战略，即在湖南台内具有独家版权的节目，将只由芒果 TV 独家播出，以独播立平台，坚持"以我为主、为我所有、为我所控"。从短期来看，湖南卫视放弃了每年至少几亿元的版权收入，这无疑是巨大的冒险，但不到三年时间，芒果 TV 用实践证明了独播战略的正确性。

在内容融合上，芒果 TV 与湖南卫视以及湖南广电旗下各省级地面频道，实现内容采编、文艺创作、剧集采制、生产方式的双向输送、互为补充；在渠道融合上，独播为芒果 TV 带来了大量的点击量和用户，芒果 TV 着手直播屏、IPTV、OTT、Pad、App 五端互联互通；在经营和管理融合上，芒果 TV 紧密依循市场规律，推动组织架构、产品推广、用人机制，乃至商业模式的全新建构、融通，并且在导向管理、顶层设计、管理经验、人才培养等方面开始实施双向齿轮型配置。

伴随着独播战略收获红利，芒果 TV 得到迅速成长，与湖南卫视一起构成“双核驱动”，湖南广电也因此实现从传统电视大屏到移动小屏，从 IPTV 到 OTT，从国内到国际，所有渠道全部融合打通，“一云多屏”格局初显。

（二）“独特”突围，生态破局内容为王

独播入局，但破局还是要靠独特。芒果 TV 通过“精品自制”和“优质精选”，建立起涵盖综艺、影视剧、少儿、电影等各个领域的多元化内容矩阵。

一方面，筑牢舆论主阵地，弘扬青春正能量。芒果 TV 全力构建新闻宣传矩阵，推出“芒果新闻”等融媒体产品，优质完成全国两会、新中国成立 70 周年等重大事件的主题宣传；积极推出《我爱你，中国・人间正道是沧桑》《我的青春在丝路》《功夫学徒》等系列主流大片。

另一方面，深耕内容自制，网综剧集全面开花。芒果 TV 大力推行工作室制度，促进良性的竞争与淘汰机制，释放创新源泉与团队活力。在 2019 年全行业头部优质综艺作品中，芒果 TV 贡献份额超 50%；在影视剧方面，芒果 TV 2019 年推出自制剧 30 部，有 14 部进入全网热度电视剧 Top50。

（三）“独创”壮大，创新引领青年文化

芒果生态全面提升各内容业务版块的综合竞争力，以平台引领、版块赋能的集约式发展理念，充分发挥芒果内容领域全产业链协同优势，推动影综内容生产体系新跨越。

第一，垂直、年轻的用户群体为芒果生态打通创造条件。芒果 TV 24 岁以下用户占比达到 65%，其中女性用户占比达到 69%，平台以“天生青春”为品牌定位，在深耕内容的基础上，不断优化针对用户的整体运营服务，并且通过探索短视频、KOL、芒果文学等新业务，升级“大芒计划”，创新“IP+KOL”模式等，为用户提供更多货真价实、超预期、超价值的体验。

第二，新技术、新传播为芒果生态进化注入动力。芒果 TV 在技术研发上坚持“走出去、引进来”，从聚拢核心技术人才，到构建大数据平台，再

到一云多屏的发展战略，提升芒果TV个性化观看服务和多元化媒体服务。

第三，新机制、新业态为芒果生态升级提供战略引擎。如坚持以创新视频产品为芒果生态核心，多维促进各子公司核心业务与新生业态升级迭代。围绕自制IP，打通多方渠道，向上挖掘网文、动漫，向下延伸到游戏开发、电商变现、衍生品生产等领域，推动内容生态良性循环。

结　语

从马栏山这个传统广电大院走出的芒果TV，从“独播”起步，“独特”突围，“独创”壮大，不断变阵和探索。芒果模式已经成为内容品牌创新的新引擎，其不仅让芒果TV成功实现自我破局，而且在这一模式下释放出的芒果生态禀赋和文化优势，也带动整个行业在提质增效中开创新的生态格局，持续激发产业的创新活力。

“不创新，毋宁死”是芒果TV与生俱来的基因。在2020年及以后，芒果TV将秉承这一精神、态度，以创新为重要战略支点，在努力探索内容形式、业务形态和产品技术创新的基础上，牢牢把握AR、VR、互动剧等5G时代下的新契机，始终保持活力、不断进取、不失韧劲，探索更多发展路径，提升公司未来的整体运营能力和运营效率。

B.14

云知声："务虚"时代，AI 改变传播

陆 阳　肖凤荣*

摘　要： 语音作为人类最自然的交互方式，作用愈加凸显，语音交互成为人工智能的第一入口。以语音交互为基础，兼备图像、自然语言理解、虚拟现实等技术的人工智能对媒介的渗透及影响日益加深，对内容生产、传播过程、终端媒介和交互方式产生影响，由人工智能构建的虚拟传播环境影响未来的媒介生态构建。

关键词： 人工智能　虚拟现实　智媒体　AI 合成主播

近年来，伴随着大数据、云计算、深度学习等技术日益成熟，计算机等终端的硬件性能不断提升，人工智能技术进入迅猛发展期。目前，人工智能早已渗透到工业、医疗、教育、政务等各个领域，为产业发展带来巨大的变革，为人们的工作和生活带来全新体验。媒体行业也不例外，人工智能技术正不断为新闻传播领域赋能。

媒体融合发展在过去经历了从早期全媒体到融媒体再到智媒体的三个阶段，早期全媒体是媒体融合的阶段，追求媒介形式的"多、全"，是一种物理形式的相加；融媒体是媒体融合的发展阶段，是一种化学反应，各种要

* 陆阳，人工智能独角兽企业"云知声"创新事业部副总裁、云知声东南总部（厦门云知芯智能科技有限公司）总经理，主要研究方向为智能语音等；肖凤荣，云知声东南总部传播与新媒体运营主管，主要研究方向为智能语音。

素、资源重新组合嫁接，形成合力；但从现在到未来，推进的是主流媒体与人工智能的深度融合，媒体人的专业主义优势将与AI的高效智能生产完美地结合。在智媒时代，技术催生了多元化的内容生产主体、多样化的播报形式、全新的视听体验、精准的内容推荐、高效的传播互动，推动智媒的深度融合与发展。

2017年，美联社发布的《人工智能工作手册》指出，新闻业应用最频繁的人工智能分支技术包括机器学习、语言技术、语音技术、机器视觉和机器人技术等。人工智能技术和虚拟现实技术紧密结合，是未来新闻报道的重要趋势。

一　智能语音成为最成熟的人机交互方式

（一）智能语音的低准入门槛

人工智能技术包含声纹识别、语音识别、语音合成、图像识别、视觉识别等不同方面，其中最为成熟的是智能语音。语音作为最原始、最自然的交互方式，不论性别、年龄、学历，各个群体都可以方便使用，低门槛性使语音交互更易获得大规模用户。近几年大数据得到突飞猛进的发展，大数据作为人工智能的土壤，为语音交互提供了充足的燃料，促使语音交互成为人工智能的第一入口。

云知声是一家拥有完全自主知识产权、世界顶尖智能语音技术的人工智能企业。从交互入口，云知声构建了语音感知、认知与表达、超算平台与图像、机器翻译等多模态人工智能硬核技术，提供跨硬件平台、跨应用场景，端云一体的人工智能整体解决方案，广泛应用于家居、医疗、金融、教育、交通、汽车、传媒等领域。云知声搭建的厦门人工智能超算平台，是进行以深度学习为代表的智能计算和海量数据分析的超算平台，极大地提高了语音、图像、自然语言处理等高性能计算的处理能力。

（二）智能语音的先天传播优势

智能语音有着庞大的市场规模和用户需求，埃森哲《重塑关联度》报告显示，在受访的中国消费者中，使用智能语音助手的比例是77%，超过全球平均比例（50%），排名全球第一；中国用户对于独立智能语音助手的满意度高达97%，并期待更多设备与之集成。巨大的用户需求，不断推动语音识别的深度学习算法取得突破性进展。目前，云知声的中文及英文语音识别字准确率≥95%，使用文件转写功能上传100条中文普通话语音，共识别1609个字，识别正确1546个字，识别错误63个字，识别字准确率为96.08%。

此外，语音作为一种天然的信息传递方式，具有低注意损耗和高情感陪护的特征。正如美国学者尼古拉斯·尼葛洛庞帝在《数字化生存》一书中指出："声音渠道不仅传递信号，同时也传递了所有随之而来的理解、深思、同情或宽容。声音中潜藏了能唤起感觉的信息。"① 在用户角度的语音交互中，用户首先会进行中英文语种的识别，再进行文本内容识别、说话人识别、语音评测和情绪识别。声音具备的音色、语气语调、内容、表达方式，塑造了人机交互过程中的性别、年龄、性格、关系的"默认人设"，用户可在使用过程中感知语音塑造的"人设"，并对其"人设"表达喜好的态度。

二　以智能语音为核心的媒介智能化

人工智能对媒介的渗透及影响日益深入，在智能语音加持下，兼备图像、深度学习、虚拟现实等的人工智能技术正对媒介内容生产、传播过程、终端媒介和交互方式带来影响。

---

① 〔美〕尼古拉·尼葛洛庞帝：《数字化生存》，胡泳、范海燕译，电子工业出版社，2017，第144页。

（一）智能语音技术变革内容生产方式

智能语音是人工智能领域的重要组成部分，智能语音技术包含语音识别（ASR）和语音合成（TTS）。人们说话时发出的声音，搭载了丰富的信息文字信息、情绪信息、说话人身份信息、语种信息，语音识别能够提取语音中的文字内容信息，实现语音到文字的转换。据了解，记者平均每周花 3 小时进行访谈，然后至少需要花费 2 倍时间来处理访谈录音，将录音转换为文字材料。目前，云知声的语音理解准确率高达 95% 以上，输入 100 句文字指令，能成功识别 95 句以上，机器翻译准确率达行业领先水准。云知声智能语音转写方案提供了实时的汉英转写和互译功能，可以为记者提供访谈记录实时转写翻译等服务，将记者从烦琐的重复劳动中解脱出来，能为记者每周节省至少 6 个小时的访谈记录书写时间。

语音合成是将文本状态的文字信息转化为可听的声音信息——"机器会说话"。评判语音合成的标准包含三方面：可懂度，即能否准确传达文本信息，体现听写正确率；自然度，合成语音是否能像真人一样自然流畅，不机械；相似度，合成语音音色是否接近目标人。当前，云知声 AI 开放平台可配置男女播音员、男女童声、甜美女声、活泼女声等多种朗读音色，并支持定制化音色，合成语音在音色、自然度、流畅度等方面均接近人声，达到了与真人无异的效果。语音合成技术可将新闻媒体的文本内容进行转化，应用虚拟合成声音推送给用户。在新闻工作中，大量新闻资料需要主持人解说播报，但是主持人资源十分紧张，其工作压力也非常大，通过智能语音合成技术，可以快速将文本素材整合成高质量的解说语音，提高新闻制作效率和准确率。

建立在智能语音交互技术上的人机交互变革了新闻生产方式，由传统单一的专业生产内容（PGC）转变成专业生产内容与机器生产内容（MGC）并存。MGC 的应用能通过抓取和处理千万量级公开数据的技术能力，使机器在新闻资源占有过程中直接以真实的数据为基础，将新闻本真进行还原呈现，能从客观上摒弃传统传播过程中的主观价值判断，实现传播内容向事实判断的价值复归。[①] 利用语音识别和语音合成技术，通过关键词搜索实现新闻内容的“开源”和“深挖”，快速精选编辑，大大提高了内容的生产效率。

（二）智能语音设备用户规模不断扩大

诉诸声音的媒介形式具有场景和行为的伴随性特点，用户可以在任何场景和行为状态下收听音频内容。艾媒咨询数据显示，2018 年中国在线音频市场用户数为 4.25 亿，2020 年用户规模或达 5.42 亿。[②] 随着智能语音技术的成熟，智能音箱等终端设备得到广泛应用。数据机构 Strategy Analytics 的研究报告《中国 2019 智能音箱用户调查》指出，中国约有 3500 万个家庭已配备智能音箱，90% 的用户表示智能音箱的功能体验超过了他们的预期，59% 的用户表示现在已经无法离开智能音箱。用户选择收听广播内容的设备正逐渐转移到智能音箱上。美国国家公共广播电台（NPR）和研调机构 Edison 的报告曾指出，70% 的智能音箱用户会比以往收听更多内容，且收听内容类型多为音乐、新闻与访谈、博客（Blog）和有声书。

目前，智能音箱的功能也日渐丰富，云知声联合京东生产的京鱼座音箱，在语音交互的基础上，其除了能进行音频内容的播放外，还能实现语音控制，串联起灯光、空调、电视等智慧家居物联网。在传统广播中，播音主持人是广播电台传播新闻资讯、与听众互动沟通交流的重要桥梁，在长期的收听互动中，与听众建立了信任与好感。智能音箱的数字化特性与智能助理的角色，使其担负起传统播音员的重要职责。

“万物有灵且美”，云知声在智能音箱产品的研发过程中，也一直追求如何让智能产品具有“类人能力”，如通过音色、表达方式、五官表情、肢体或者动作等特征，透过声音的独特魅力，给予机器人“心智”。“小京鱼”更像是一个忠实的陪伴者，拥有邻家女孩一般清脆的音色，平易近人的昵

---

① 喻国明、兰美娜、李玮：《智能化：未来传播模式创新的核心逻辑——兼论“人工智能 + 媒体”的基本运作范式》，《新闻与写作》2017 年第 3 期。

② 《2019 ~ 2020 年中国在线音频专题研究报告》，艾媒大文娱产业研究中心，https://www.iimedia.cn/c400/67192.html。

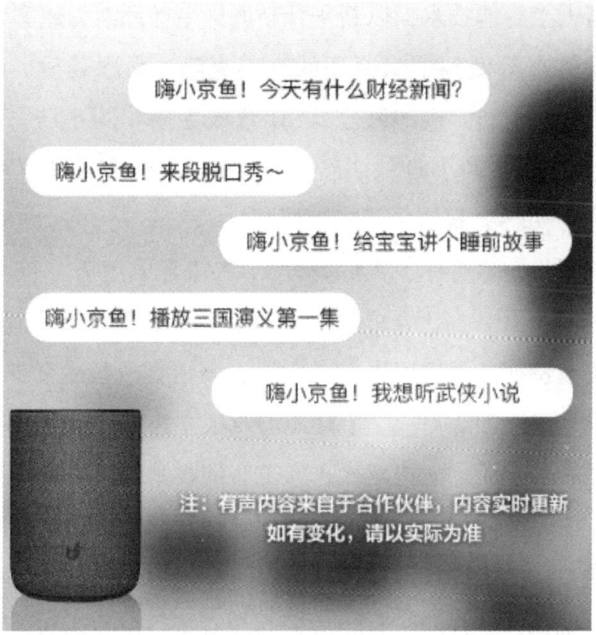

图 1　云知声与京东联合研发的京鱼座智能音箱

称，其在与用户的长期交互中，引导用户想象，通过多次反馈给用户的综合印象，建立起虚拟"人设"形象，与用户建立情感体验。人机对话的内容和收听数据将成为传播内容优化和用户精准推广营销的利器，机器人通过对话、收听数据来丰富用户画像，对海量用户使用数据进行处理及优化后，为用户提供智能化推荐，从而实现"人工智能 + 用户调研""人工智能 + 营销"等广阔应用前景。

不断普及中的智能音箱等场景化智能设备，伴随着在线音频内容的进一步开放，以及用户对场景的更多需求而得到进一步挖掘，网络音频能够触达的用户规模依然在不断壮大，以智能语音技术为核心的智能终端市场有望保持稳定快速的增长态势。

（三）AI 合成主播助推新闻采编融合发展

2018 年 11 月，新华社发布全球首个"AI 合成主播"，其联合搜狗公司，运用最新人工智能技术，以新华社新闻男主播邱浩为原型，从声音、形象到播音中的体态都做到了对原型的完美克隆。紧跟其后，2019 年 2 月，新华社在北京发布全新升级的站立式 AI 合成主播“新小浩”，并推出全球首个 AI 合成女主播“新小萌”。“新小萌”的人物原型是新华社新闻女主播屈萌，在全国“两会”报道中正式上岗。①

麦克卢汉曾将技术看作“人的延伸”，“AI 合成主播”也不断丰富着人类对未来媒体的想象。“AI 合成主播”主要依靠提取真人主播声音、唇形、表情动作等关键特征，再运用语音、唇形、表情合成技术和深度学习技术，通过联合建模，最终训练而成，展现出与真人主播无异的信息传播效果。AI 主播是具备了智能化人格的机器人，人工智能技术赋予主播智慧与人格。除了大量数据，由专业知识和动作表情构建的知识图谱，让主播通过语言、动作表情来表达自己，表露自己的性格特点，在与用户的不断交流互动中，丰满自己的用户画像，实现对于自我的认知和对于用户的认知。随着人工智能技术的不断进步，AI 主播将以更拟人的形象、性格、神态、情感表达出现在荧幕中。

云知声针对厦门广电集团需求，定制开发的 AI 虚拟形象视频播报产品方案，是一套能够将文本转换成虚拟形象播报视频的应用工具。其中包含客户端、解析合成服务模块、语音合成（TTS）模块、风格及动作定制服务，旨在为厦门广电提供一套视频制作简单（文字编辑）、虚拟 IP 互动性强、生产成本低的模板化视频内容制作工具。

“AI 合成主播”方案采用云知声最新的 AI 虚拟形象技术，结合语音识别、语义理解、语音合成、虚拟形象驱动等多种 AI 核心技术，将文本资料转化为语音，实现流畅、人性化的 AI 专业播报。

在音视频录制方面，首先需要寻找主播原型，在云知声确认符合技术要求后，双方开展录制工作，包含多角度播报视频数据以及大量的高质量音频

---

① 《全球首个“AI 合成主播”在新华社上岗》，新华网，http：//www. xinhuanet. com/2018 - 11/07/c_ 1123678126. htm。

数据。同时，广电集团提供专业新闻语料文本，特别是在实际使用场景中高频出现的句式。为了满足主播既能播报中文又能播报英文的多语种播报需求，在录制过程中，真人主播至少录制了 8000 句中文以及 2000 句英文，中文平均句长 15 字，英文平均句长 12 词，整个录制过程都在云知声团队的专业指导下进行。在整个过程中，技术人员一边录制、采集数据，一边对录制数据进行筛选、标注。

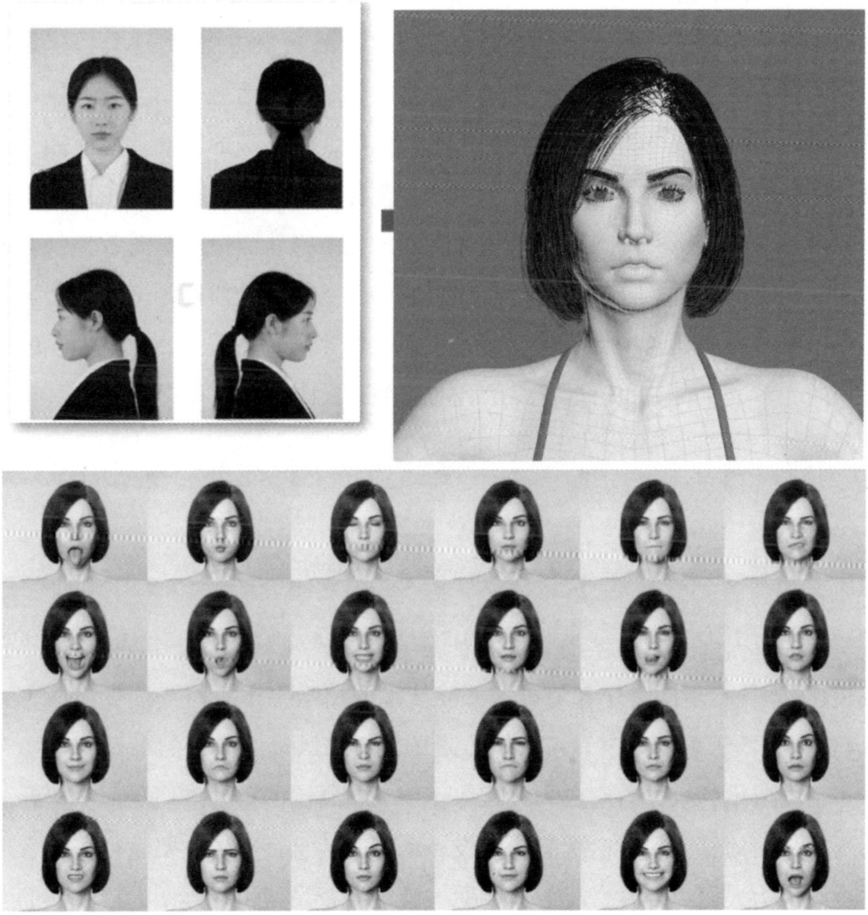

图 2　"AI 合成主播"及主播原型

注：厦门广电集团提供 4 张模特照，由云知声完成虚拟主播建模以及其他技术搭建，最终实现语音或文本驱动虚拟主持人的效果。

为了满足闽南语 AI 主播的市场需求，促进闽南文化和中国语言文化传承，云知声与厦门广电还就支持闽南语的“AI 合成主播”进行开发研究。闽南语语音采集和智能语音合成较标准普通话有更大难度，需要采集足够多的有效数据，再基于采集的有效数据进行模型训练。数据采集过程中需要考虑闽南语的发音特征，收集包括发音字典、语法特征、录音数据、语音文本标注等全方位的数据。

“AI 合成主播”是一个“全媒体”记者，拥有采、写、编、播的超强能力。基于大数据、深度学习等核心技术的“AI 合成主播”，还具备超强的信息理解、信息监测和动态更新能力，能够随时监测信息变动，进而更新新闻报道，相对真人主播能承受更高的工作强度，在特殊的新闻播报时能进行夜以继日的连续工作，出错率低。“AI 合成主播”的推广应用，一方面将对新闻内容生产与传播模式产生重大影响，大大增强新闻报道的时效性，降低新闻制作成本；另一方面还可以有效解决特殊场景下的播报困境，如在突发事件、灾难灾害新闻场景中代替真人主播，快速生成高质量、时效性强的视频新闻。“AI 合成主播”是智媒融合的典型，在未来新闻播报场景中具有不可限量的未来。

三　结语

彭兰曾提到未来媒体的三大特征是“万物皆媒”、“人机共生”和“自我进化”，预示新闻工作者与机器智能技术的相互协作、相互进步将成为主流趋势。[①] 人工智能为声音带来了无限可能，以语音为核心的媒介为传播带来了新的应用场景，语音成为人机协作、人机共生的重要传播载体。语音成为新闻采编的重要形式，智能语音设备也成为信息接收的主要途径。语音助手逐渐成为人们与外界交流的新界面，智能语音设备正在逐渐走进我们的生活。智能音箱让人类获取信息的方式变得更简单、直接，不同品牌的智能车

---

① 徐峰：《彭兰：未来媒体发展趋势是“万物皆媒”》，《新闻论坛》2015 年第 6 期。

机被安装到汽车上，这意味着信息突破了地点的局限性，更加唾手可得。人类的生活正在被以语音为核心的信息界面重塑，正如陈卫星教授所说："不同的媒介提供不同的信息界面，不仅仅是接受方式，也包括接近成本。信息界面的单调与丰富、单一和多元，对人们的思想状态产生不同的影响。"①

人工智能与媒介融合发展是未来的必然趋势，大数据、深度学习推动了内容生产的智能化过程，拓宽了信息采集广度，数据挖掘、算法推荐提升了传播的精准化……，但人工智能终究还是以人为本的智能化，还需要媒体人的把关，克服机器生产传播的模式化，以促进高质高效的人机合作下的智媒的发展。

① 陈卫星：《新媒体的媒介学问题》，《南京社会科学》2016年第2期。

Abstract

From 2019 to 2020, under the promotion of mobile Internet, big data, artificial intelligence, virtual reality and other technologies, the future media will span the new generation of information technology industry, high-end intelligent manufacturing industry, digital creative industry, and even extend to new energy vehicles, new materials industry, etc. The future media industry is not only a new media industry, but also an important content and composition of strategic emerging industries part. Under the guidance of relevant national strategies, such as media integration development, information development and strategic emerging industries development, the future development of media and strategic emerging industries presents the characteristics of integration, intelligence and globalization.

Annual Future Media Research Report In China (2020) consists of five parts: general report, industry section, hot spot article, investigation section and communication section. The "general report" shows that under the guidance of relevant national strategies such as media integration development, information development and strategic emerging industry development, the future development of media and strategic emerging industries will present integration, intelligence, globalization and other characteristics from 2019 to 2020. Combined with the development of strategic emerging industries in Fujian Province and intelligent audio-visual industry in Xiamen, the future media and strategic emerging industries are discussed Finally, it puts forward some suggestions. The "industry section" focuses on analyzing the current situation and characteristics of China's future media development before and after 2018 from the aspects of media 5G application development, intelligent audio, short video, mobile news client products, and future media intelligent terminal innovation. The "hot topic" focuses on the hot issues of media scene analysis, intelligent media technology analysis and algorithm news ethics research review and prospect in the "5G" era. Through a large number of first-hand survey data, "survey" analyzes the current situation of the construction and development of county-level financial media center in Fujian Province and the status quo of media contact of the elderly in Fujian Province, and puts forward countermeasures and suggestions. "Communication" selects some typical representative cases of South Korea's intelligent media development and mango TV, cloud Zhisheng and other typical industry development cases this year, trying to analyze their development experience from different aspects and perspectives.

This report points out that there are three major hot spots in the future development of media from 2019 to 2020: first, the integration and development of future media and strategic emerging industries will continue to deepen. The Internet is moving from the consumption Internet to the consumption Internet plus industry internet, and the development of intelligent industry and cross-border integration has become a major trend. In the future, the trend of integration and interaction between media industry and strategic emerging industry will be more and more obvious, and the mutual influence between them will be more and more great. Second, under the 5G era, the development of media application innovation in the future will continue to accelerate. The report points out that the development of 5G business is a whole system and ecological process, and the 5G application of media will certainly reshape the influence, guidance and brand power of media in the new communication space and time. The environment of media receiving field changes, and the frequency of media receiving also changes. In a person's day, there are up to 180 times of contact with the mobile Internet (mobile phone, iPad, etc.). According to Huawei's prediction, by 2025, each person will have 5 intelligent terminals on average. In addition to 8 billion smart phones, the number of personal PCs, tablets, VR glasses, smart watches, smart screens and other intelligent terminals will exceed 20 billion. Through 5G, video call, video entertainment and personal data can be seamlessly switched between different terminals. Third, in the future, the intelligent development of media will gradually accelerate, and the financial media will gradually develop into intelligent media. Since the beginning of 2019, the intelligent audio industry presents a "blowout" development trend. Intelligent audio from the initial stage of the pursuit of intelligent voice content, form, equipment, technology and so on gradually to focus on how to connect with everything, from intelligent to intelligent pace of change.

This report also focuses on strengthening empirical investigation and research, focusing on the construction and development of county-level financial media center and the status quo of media contact of the elderly as the breakthrough point. Through a large number of first-hand survey data, this report analyzes the current situation of the construction and development of county-level financial media center in Fujian Province and the status quo of media contact among the elderly in Fujian Province. The report makes an in-depth investigation and Analysis on the current situation of 84 county (urban) level financial media centers in Fujian Province, and finds that there are still structural dilemmas, single communication channels and users, and insufficient content production force. Taking the media contact situation of the elderly in Fujian as the observation point, through online questionnaire, telephone interview and other ways to collect first-hand information, we found three major dilemmas faced by the elderly since the epidemic: emotional loneliness of two-level differentiation, vulnerable groups in the information age, and severe disaster areas of network security, and put forward a number of countermeasures such as information poverty alleviation, digital feedback and network supervision.

Annual Future Media Research Report In China (*2020*) is jointly compiled by Xiamen University of Technology, Future Media Development Research Center of Fujian Education Department Research Base of Humanities and Social Sciences, Fujian Province Network Audio-Visual Application Innovation Key Laboratory, Cultural Industry Research Center of Fujian Provincial Social Sciences Research Base, The Academy of Cross-Strait Cultural Creativity of fujian Colleges and UniversitiesLiterary New Characteristic Think Tank.

Keywords: the Future Media; Short Video; Intelligent Audio; Mobile News Client

Contents

I General Report

Abstract: The future media industry, driven by mobile Internet, big data, artificial intelligence, virtual reality and other technologies, spans the new generation of information technology industry, high-end intelligent manufacturing, digital creative industry, etc. , and even extends to new energy vehicles and new materials industries. The future media industry is not only a new media industry, but also an important content and part of strategic emerging industries. Under the guidance of relevant national strategies such as the development of media integration, informatization and the development of strategic emerging industries, the development of future media and strategic emerging industries is showing the characteristics of integration, intelligence and globalization. This report Combining with the strategic emerging industries in Fujian Province, takes the smart audio-visual industry in Xiamen as an example to discuss the integrated development of future media and strategic emerging industries, and propose countermeasures.

Keywords: Future Media; Strategic Emerging Industries; Media Convergence; Fujian

Ⅱ Industry Reports

B. 2 Report on the Development of Media 5G Application (2019 -2020)

Ding Mai, *Zhou Xinxin* / 035

Abstract: The commercialization of 5G technology will have an in-depth impact on the video industry and will bring about both opportunity and challenge to the traditional TV Screen media by the combined performance of 5G and AI technologies. In the arena of 5G technology, TV screen becomes the dual-function device for both live media and VOD contents. Media market and the consumption of video contents will be a different picture with the regression of high-profile audience who are younger and better-educated, and there must be a re-evaluation of the Ad-value and audience flow by the at-home TV media. The development of 5G technology is a total ecology evolution and the Application of 5G technology in the media industry will definitely enhance TV media in terms of media influence, guiding ability and brand promotion capabilities. Abstracts: The commercialization of 5G technology will have an in-depth impact on the video industry and will bring about both opportunity and challenge to the traditional TV Screen media by the combined performance of 5G and AI technologies. In the arena of 5G technology, TV screen becomes the dual-function device for both live media and VOD contents. Media market and the consumption of video contents will be a different picture with the regression of high-profile audience who are younger and better-educated, and there must be a re-evaluation of the Ad-value and audience flow by the at-home TV media. The development of 5G technology is a total ecology evolution and the Application of 5G technology in the media industry will definitely enhance TV media in terms of media influence, guiding ability and brand promotion capabilities.

Keywords: 5G; AI; TV Screen; IPTV/OTT Interactive Platform

Abstract: Since the beginning of 2019, the intelligent audio industry has presented a "blowout" development trend. Compared with the previous initial stage of pursuing the extensive involvement of intelligent voice content, form, equipment, technology and other aspects, at the present stage, intelligent audio pays more attention to how to match the pace of the Internet of everything from intelligence to wisdom. Therefore, this report not only reviews the rich development achievements of various kinds of intelligent audio, but also summarizes the characteristics of them. The problems and development difficulties exposed by intelligent audio in the process of human-computer fusion to the advanced stage are also sorted out, so as to put forward four upgrading paths, including highlighting voice advantage, broadening scene entrance, encouraging scientific and technological innovation, and transmitting voice temperature. Intelligent audio system will become a thing of the past, and smart audio system implementation, need all parties to pay attention and contribute strength.

Keywords: Smart Audio; Man-Machine Fusion; Intellectual Media Literacy

Abstract: In recent years, with the progress of Internet information technology, the short video industry has been unprecedentedly developed. By June 2020, the number of short video users in China has reached 818 million, and the average daily use time is 110 minutes.

The macro environment of the short video industry shows the following characteristics: 1. The Internet penetration rate is increasing, and the Internet penetration rate will reach 64.5% in March 2020. The high-speed growth of high-quality entertainment products is urgently needed. 3. The epidemic has led to the explosive growth of online education. 4. Digital construction of government service platform. 5G, big data, rapid development of artificial intelligence technology. Under this background, the macro development of short video industry shows the following characteristics: the market pattern of two dominant companies has basically formed, overseas expansion has encountered pressure, the poverty alleviation effect of short video is prominent, the sinking market space needs to be developed, and the integration of short video and education.

In the micro industry, the characteristics are as follows: pan entertainment oriented, short video platform began to bring goods, participate in social public affairs, and the epidemic situation promoted the development of short video.

In terms of the development trend, short video shows the characteristics of diversification and verticality, and has begun to compete with e-commerce giants.

Keywords: Short Video; Pan Entertainment; E-commerce Platform

Abstract: Mobile news App enters a steady development period. It has been new normal that web traffic market changed to stock users market. With intensify industry competition, deep web traffic operation becomes the key to success. As a dimension and Approach to media convergence, mobile news App is constantly presenting the form of all-media. During response to the outbreak and spread of COVID -19, mobile news App also became the main source of information for Chinese. By making sustained efforts to create quality content and reshaping brand value and constantly innovating technology application, it continues achieving breakthroughs with more open and cooperative attitude towards the future. With 5G era coming, mobile news App is during the transition period between converged media and smart media.

It will be a new opportunity and challenge for the development of mobilenews

App in the future, that make efforts to improve technology with focuses on users and to enhance the constructive media function of risk social.

Keywords: Mobile News App; All-Media; Media Convergence

Abstract: "Smart +", with its strong economic driving force and subversive effect on traditional industries, has become a new engine for China's new round of consumption expansion and quality improvement and the core driving force for the global economy, which has been hit hard by the epidemic, to make progress again. The intelligent terminal is not only the touchstone of this technological change, but also the bridge between the carrier and the intelligent scene on which the intelligent service is provided. In the future, with the process reengineering of content, service, hardware and software and the integration of multi-screen, multi-channel and multi-scenario intelligent terminals, everything is media and media is everything.

Keywords: Intelligent Terminal; 5G; Everything is Media

Ⅲ Hot Spot Reports

Abstract: Every economic and social change, including technology change, affects the external performance and internal structure of the media. The scene change in the 5G era has become the first feature of the media ecological revolution. Media organizations should start from the thinking of scenes, from the audience's feelings and market changes, and gradually move towards media integration.

Keywords: 5G Era; Media Context; Media Transformation

B. 8 The Development of Intelligent Media Technology Based on Procedural Thinking in 5G Era

Li Jianxun / 157

Abstract: Good vehicles need to be driven on high roads to perform well. Similarly, highway auxiliary functions with high information degree also require vehicles to have certain information accessories to complete the realization of all its functions. Today's 5G era has initially completed the construction of the information superhighway, but on the smooth, broad highway with all kinds of black technology accelerators, there are few new media technologies that can give full play to its performance. In other words, how to make full use of this new 5G communication remains to be explored. For this purpose, the whole society needs to be mobilized to form a virtuous circle in the process of continuous upward progress, trial and error, and error correction, so as to achieve the progress of the whole society. Therefore, this paper, from a special perspective, tells how to break out of the comfort zone, break the old thinking stereotypes and habits, acquire the rapid development mode, and strive to get out of the current "road without cars" dilemma.

Keywords: Communication of 5G; Media Technology; Programmed Thinking; Internet Thinking

B. 9 Reviews and Prospects of the Ethical Research News Algorithm

Su Junbin, *Guo Xiangyu* / 173

Abstract: With the progress in the logic of natural language, the conceptual representation of characters, and deep semantic analysis techniques, algorithm as the key part of artificial intelligence technologies is increasingly applied in the procedure of news collection, production, distribution and feedback. There emerges a series of new ethical concerns. What are the ethical challenges of news algorithm ever discussed? What research topics should we focus on in the future?

This study summarizes the representative periodicals of ethical researches of news algorithm via literature analysis. The result indicates that the ethical research on news algorithm can be divided into three aspects: explanatory study of the internal mechanism of journalistic algorithm ethics, study of anomie in journalism caused by algorithm, the regulation study of news algorithm. At the same time, the ethical framework for news algorithm, norms in mixed responsibility networks, and how heterogeneous networks of human and non-human actors together affect human value judgments are still missing. Authors believe that the focus of attention to the terminal user is the development trend of future research. The needs of terminal users and the perception of ethical deviation, including how algorithm affects user's satisfaction, acceptance, trust, experience, etc., are important questions to be answered in future research.

Keywords: Artificial Intelligence; News Algorithm; Professional Ethics of Journalism

Ⅳ Investigation Reports

Abstract: At present, the media integration development has entered the deep water area and the key period. The construction of Fujian county-level media center is in the forefront of the whole country. According to the investigation, there are still some deep-seated problems to be solved, such as single communication channel and users, insufficient content productivity, etc. . The sustainable development of the county-level media centers in Fujian and even the whole country can take such countermeasures as setting up a new platform for governing the country in the new era, building a new type of user relationship, forming a diversified production pattern, and establishing a management mechanism to meet the needs of the development of new media, we will promote in-depth development of the cause of integration.

Keywords: County-level Fusion Media; Media Fusion; Fusion Media Center; Fujian

Abstract: China has gradually stepped into a deep aging society from aging. The situation of digital poverty of the elderly is increasingly prominent. How to carry out digital poverty alleviation for the elderly and then release the energy of silver hair economy is an important topic of this era. Taking the media contact situation of the elderly in Fujian as the observation point, the research group collected first-hand data through online questionnaires and telephone interviews, and found three major dilemmas faced by the elderly since the epidemic: emotional loneliness of two-level differentiation, weak position in the information age, and severe disaster areas of network security. Based on this the report puts forward some countermeasures, such as information poverty alleviation, digital feedback, network supervision and so on.

Keywords: Aging Society; Digital Divide; Information Feedback; Silver Economy

V Communication Reports

Abstract: Led by the progress of AI technology, Korea media is showing a continuous outbreak trend, and its content production mode and communication form are undergoing fundamental changes. Korea smart media is getting ready for

high performance" and "new development of financial media", obtained great results in the general environment of economic slowdown. At present, the Mango Model has become a new engine for content brand innovation, not only allowing Mango TV to successfully realized self-breakthrough, but also driving the entire industry to improve quality and efficiency and create a new ecological pattern.

Keywords: Mango TV; Media Convergence; Homemade Variety Show; Mango Model

B. 14 Unisound: AI will Change the Future Communication in New Era

Lu Yang, Xiao Fengrong / 256

Abstract: As the most natural interaction method for human beings, voice has become more prominent, and voice interaction has become the first entrance of artificial intelligence. Based on the speech interaction, and taking Image, natural language understanding, virtual reality, artificial intelligence has generated increasing impact upon the media, and affected content production, communication process, multimedia terminal and interaction. The virtual communication environment constructed by artificial intelligence constructs the future media ecology.

Keywords: Artificial Intelligence; Virtual Reality; Intelligent Media; AI Virtual Anchor

皮书

智库报告的主要形式
同一主题智库报告的聚合

❖ 皮书定义 ❖

皮书是对中国与世界发展状况和热点问题进行年度监测，以专业的角度、专家的视野和实证研究方法，针对某一领域或区域现状与发展态势展开分析和预测，具备前沿性、原创性、实证性、连续性、时效性等特点的公开出版物，由一系列权威研究报告组成。

❖ 皮书作者 ❖

皮书系列报告作者以国内外一流研究机构、知名高校等重点智库的研究人员为主，多为相关领域一流专家学者，他们的观点代表了当下学界对中国与世界的现实和未来最高水平的解读与分析。截至 2020 年，皮书研创机构有近千家，报告作者累计超过 7 万人。

❖ 皮书荣誉 ❖

皮书系列已成为社会科学文献出版社的著名图书品牌和中国社会科学院的知名学术品牌。2016 年皮书系列正式列入“十三五”国家重点出版规划项目；2013~2020 年，重点皮书列入中国社会科学院承担的国家哲学社会科学创新工程项目。

S 基本子库
UB DATABASE

中国社会发展数据库（下设 12 个子库）

整合国内外中国社会发展研究成果，汇聚独家统计数据、深度分析报告，涉及社会、人口、政治、教育、法律等 12 个领域，为了解中国社会发展动态、跟踪社会核心热点、分析社会发展趋势提供一站式资源搜索和数据服务。

中国经济发展数据库（下设 12 个子库）

围绕国内外中国经济发展主题研究报告、学术资讯、基础数据等资料构建，内容涵盖宏观经济、农业经济、工业经济、产业经济等 12 个重点经济领域，为实时掌控经济运行态势、把握经济发展规律、洞察经济形势、进行经济决策提供参考和依据。

中国行业发展数据库（下设 17 个子库）

以中国国民经济行业分类为依据，覆盖金融业、旅游、医疗卫生、交通运输、能源矿产等 100 多个行业，跟踪分析国民经济相关行业市场运行状况和政策导向，汇集行业发展前沿资讯，为投资、从业及各种经济决策提供理论基础和实践指导。

中国区域发展数据库（下设 6 个子库）

对中国特定区域内的经济、社会、文化等领域现状与发展情况进行深度分析和预测，研究层级至县及县以下行政区，涉及地区、区域经济体、城市、农村等不同维度，为地方经济社会宏观态势研究、发展经验研究、案例分析提供数据服务。

中国文化传媒数据库（下设 18 个子库）

汇聚文化传媒领域专家观点、热点资讯，梳理国内外中国文化发展相关学术研究成果、一手统计数据，涵盖文化产业、新闻传播、电影娱乐、文学艺术、群众文化等 18 个重点研究领域。为文化传媒研究提供相关数据、研究报告和综合分析服务。

世界经济与国际关系数据库（下设 6 个子库）

立足“皮书系列”世界经济、国际关系相关学术资源，整合世界经济、国际政治、世界文化与科技、全球性问题、国际组织与国际法、区域研究 6 大领域研究成果，为世界经济与国际关系研究提供全方位数据分析，为决策和形势研判提供参考。

法律声明